스포츠에
날개를 달다

들어가는 말

사람들은 누구나 성공을 꿈꾸며 남에게 뒤처지거나 지는 것을 싫어한다. 모두가 승리하고 일등을 하고 싶어 하지만 일상적 실재에서의 승리와 일등은 유한자원이기 때문에 선택된 소수의 사람에게만 주어지는 결과이다. 스포츠에서도 모든 선수가 승리와 일등을 바라고 추구하는 보편적 욕구를 가지고 있지만 그것을 실현하는 전략의 선택과 행동의 차이에 따라 서로 다른 결과를 얻게 된다.

일등과 꼴찌의 차이점은 서로가 선택한 전략이 다른 것이고 공통점은 각자가 선택한 전략에 최선을 다하는 것이다. 이처럼 원하는 성취를 바라면서 모두가 최선을 다하지만 서로 다른 성취결과를 얻게 되는 것은 선택한 전략이 서로 다르고 그 선택한 다른 전략에 모두가 최선을 다하기 때문이다.

즉, 승리한 선수는 승리할 수 있는 전략을 선택하여 그 전략에 최선을 다하기 때문에 승리라는 결과를 얻을 수밖에 없게 되고 꼴찌 하는 선수는 꼴찌 전략을 사용하여 그 전략에 최선을 다하기 때문에 꼴찌라는 결과를 얻는데 성공할 수밖에 없는 것이다. 모두가 자신이 선택한 전략에 최선을 다했다면 그 결과가 승리이든 패배이든 그 결과는 자신이 선택한 전략에 성공한 것일 뿐이다.

스포츠에서 원하는 승리의 결과를 얻기 위해서는 운동수행과 경기력을 높일 수 있는 승리 전략의 선택이 중요하다. 선수의 운동수행능력과 경기력은 다양한 생리적, 역학적, 신체적, 전술적, 심리적 요인 등이 복합적으로 작용하여 결정되지만 그중에서도 심리적 요인이 가장 큰 비중을 차지한다고 볼 수 있다. 선수가 수많은 반복 훈련을 통해 체력과 기술, 전술 등을 완벽하게 익혀도 이 모든 것을 전체적으로 통합하여 가장 적합한 운동수행을 통해 원하는 결과를 얻게 하는 것은 심리적 요인이기 때문이다.

선수의 운동학습과 수행, 경기력 향상에 가장 적합한 심리적 상태를 만들어주기 위해서는 코치의 멘탈코칭능력이 그 무엇보다 중요하다.
많은 선수들이 평소 훈련과정에서는 좋은 성적을 내다가도 막상 중요한 시합을 앞두고 지나친 긴장과 불안 때문에 자신의 실력을 제대로 발휘하지 못하는 경우가 많다. 이러한 불안심리가 생기는 이유가 시합상황에서는 안정된 심리상태에서 빠른 판단력과 상황 대처능력을 가져야 하는데 평소 훈련과정에서 이러한 능력을 향상시키는 체계적인 멘탈트레이닝을 받지 못했기 때문이다.

모든 스포츠는 멘탈 스포츠라고 말할 정도로 스포츠에서 멘탈이 차지하는 비중이 절대적인데도 불구하고 코치나 선수가 멘탈을 강화하는 트레이닝 방법에 대해서 전문적이고 체계적인 언어코칭법과 훈련법을 제대로 알지 못하는 경우가 많다.

이러한 현실은 학교 선수부나 아마추어 선수들을 지도하는 코치 자신이 선수생활을 거쳐 지도자가 되는 과정에서 운동실기에 대한 코칭능력은 탁월하지만 멘탈코칭에 대해서는 체계적이고 전문적인 교육을 제대로 받지 못했기 때문에 생긴 결과이다. 코치 자신이 선수생활 과정에서 체계적이고 전문적인 멘탈트레이닝을 받아본 경험이 부족하고 전문적인 교육을 받지 못했다면 선수들의 훈련과정에서 멘탈코칭이 제대로 이루어지기 어렵다.

이번에 출간되는 '스포츠에 날개를 달다'라는 책이 코치의 언어코칭법과 멘탈코칭능력을 향상시켜 선수들의 수행을 돕는 역할과 더불어 승리 전략의 길잡이가 되기를 기대한다. 이 책은 멘탈사용설명서인 NLP와 뇌과학, 스포츠 심리학, 일반 심리학, 최면 등의 탁월한 원리와 기법을 활용하여 스포츠 코치나 선수뿐 아니라 학부모와 스포츠에 참여하고 있는 모든 사람들의 멘탈코칭능력 향상과 체계적인 훈련에 도움이 될 수 있는 길잡이가 될 것이다.

특히 멘탈강화를 위한 멘탈언어코칭법과 실기적인 내용을 많이 수록하여 누구나 쉽고 간단하게 멘탈트레이닝을 학습하고 훈련할 수 있도록 구성하였다. 저자가 이 책을 집필하게 된 동기는 한국스포츠멘탈코칭협회에서 스포츠 선수들의 멘탈트레이닝을 진행하면서 코치의 멘탈코칭능력에 따라 선수의 경기력과 목표성취가 달라지는 것을 보며 멘탈코칭의 중요성을 너무나 잘 알고 있기 때문이다.

이제 스포츠에서 멘탈코칭은 선택이 아니라 필수이다.
저자는 대한민국 멘탈마스터 1호로써 스포츠 코치나 지도자, 선수들에게 쉽고 간편한 내용으로 멘탈코칭에 대한 길잡이의 역할을 할 수 있는 프로그램의 필요성을 느끼며 이론적인 접근보다 실용적인 관점에서 이 책의 내용을 구성하기 위해 노력하였다.

양자적 세계

CR+NCR

CR(consensus reality)

일상적 실재로서 현실적이고 물질적인 것이며 입자의 형태를 띠고 있다.
CR은 유한자원이며 대부분 누군가의 소유로 존재한다.

공간, 나이, 신체, 기록, 순위, 근육, 관중, 경기장 등과 같이 눈으로 볼 수 있고 만질 수 있는 일상에서 사실로 존재하는 것이다.
CR은 항상성을 유지하려는 고정된 패턴을 가지고 있다.

NCR(non-consensus reality)

비일상적 실재로서 가상적이고 비물적이며 파동의 형태를 띠고 있다.
NCR은 무한자원이기 때문에 선택을 통해 자신의 소유로 만들 수 있는 것이다.

사명, 꿈꾸기, 느낌, 목표, 신념, 감정, 희망, 자신감 등과 같이 눈에 보이지 않고 만질 수는 없지만 비일상적 사실로 분명히 존재하는 것이다.
NCR은 끊임없이 팽창하려는 확장성과 강력한 끌어당김의 자성을 가지고 있다.

CR + NCR = 성취 · 행복

스포츠멘탈코칭의 원리

스포츠멘탈
코칭

자원의 활용
선수의 CR과
NCR적 자원

선수의 주도성
코치가 답을 찾아주는
것이 아니라 선수 스스로
답을 찾도록 도움

통섭능력
전체는 부분의
합보다 크다

최선의 선택
최선이 아니면
차선에서 최선을
선택

긍정적 관계
라포활용 및
멘탈언어

PART 1
멘탈의 이해

- 코칭이란 13
- 스포츠멘탈코치의 능력 14
- 스포츠멘탈코칭의 중요성 15
- 스포츠멘탈코칭의 이해 16
- 마음과 이미지 트레이닝 17
- 마음의 변화 23
- 멘탈코칭의 기대효과 28
- 코칭철학 33
- 시각화와 뇌 37
- 멘탈언어 41
- 긍정의 언어 45
- 긍정의 멘탈 48
- 운동학습과 멘탈 51
- 학습과 반응 54

PART 2
뇌과학과 스포츠

- 신경계의 구성 61
- 뇌의 신경가소성 62
- 신경의 진화 65
- 헵의 학습 68
- 선택과 훈련 71
- 심상훈련 73
- 학습과 기억 78
- 기억과 운동수행 80
- 스트레스 89

PART 3
불안의 극복

- 각성과 불안 95
- 불안과 운동수행의 관계 98
- 운동수행과 각성 109
- 경기불안의 해소 112
- 멘탈코칭의 적용 121

PART 4
리더십

- 코치의 리더십 131
- 코치의 리더십 유형 134
- 경기에서의 리더십 140
- 코치의 리더십 지침 143
- 긍정코칭 리더십 148

PART 5
NLP와 스포츠

- NLP란 무엇인가 157
- NLP전제조건 158
- 라포형성 173
- 선수와의 갈등해결 189
- 선호표상체계 195
- 목표설정 209
- 상태조절 217

PART 7
멘탈트레이닝 실기

- 스포츠 멘탈트레이닝의 필요성 297
- 자기 확신 멘탈트레이닝 297
- 신체이완기법 307
- 점진적 멘탈이완기법 316
- 집중력 향상을 위한 멘탈훈련 321
- 자율훈련법 347
- 앵커링 362
- 기타 멘탈트레이닝 기법 369

PART 6
멘탈언어코칭법

- 말이 가진 힘 229
- 멘탈언어의 중요성 233
- 마음읽기 235
- 수행자 상실 240
- 인과관계 243
- 복문등식 246
- 기본가정 250
- 포괄적 수량화 252
- 서법기능어 256
- 비구체적 동사 260
- 부가의문문 262
- 참조색인결여 265
- 비교생략 268
- 현재경험에 맞추기 270
- 이중속박 273
- 의문문형 진술문 275
- 과다인용 278
- 선택제한침해 281
- 명사화 283
- 모호성 286
- 활용 290
- 말의 성취력 293

PART 1

멘탈의 이해

코칭이란

코칭은 현재의 상태에서 원하는 목표상태로 가는데 필요한 잠재된 내적자원을 발견하여 성공을 위한 변화와 성장을 지원해주는 코치의 총체적 행위이다. 즉, 교육을 받은 전문코치가 피코치의 변화와 성장을 이끌어내어 성공을 지원하는 것으로 사회의 모든 분야에 적용된다.

통섭적인 관점에서 코칭은 철학, 인지과학, 뇌과학, 감성과학, 커뮤니케이션, 리더십 등의 학문과 기법들을 모두 포함한다. 코칭은 사회과학이면서 응용심리학으로서 사람의 행동형성과 수정, 상담, 소통, 목표달성, 인성 등의 세부적인 요소까지 광범위하게 포함하며 궁극적으로 사람의 긍정적인 변화와 성장을 서포트하는 코치의 행위이다.

스포츠멘탈코칭은 응용심리학 분야로서 사람들이 스포츠 활동에 참가하는데 관련된 심리, 뇌과학, 전문기술, 전략, NLP기법 등을 체계적이고 과학적으로 습득하여 선수 및 스포츠 참가자의 건강증진과 운동수행능력을 향상시키는 코치의 행위라고 할 수 있다.

스포츠멘탈코칭을 스포츠 현장에 효율적으로 활용하기 위해서는 코치가 운동수행에 필요한 전문기술뿐만 아니라 자신감과 리더십, 주의집중, 심상훈련, 멘탈언어코칭법, 인간관계 기술에 관한 폭넓은 심리적 지식을 포함한 통섭적인 능력을 갖추어야 한다. 어떤 특정한 운동수행을 향상시키기 위해서는 선수의 신체기술적인 측면과 더불어 심리기법과 라포를 전제로한 인간관계 능력을 포함한 전체성을 바탕으로 통섭적인 전략과 기술이 필요한 것이다.

스포츠멘탈코치의 능력

- 스포츠멘탈코치는 멘탈코칭의 과정과 단계, 모델 등을 이해하는 능력을 갖추어야 한다.
- 선수와의 원활한 의사소통능력과 운동결과에 대한 평가능력을 갖추어야 한다.
- 뛰어난 멘탈코치가 되기 위해서는 선수의 잠재능력과 가능성에 대한 일관성 있는 확고한 믿음과 그것을 도출하는 언어코칭능력 및 탁월한 리더십을 갖추어야 한다.
- 일방적으로 지시하는 통제적인 방법보다 선수 스스로 학습하고 훈련할 수 있도록 지원하는 능력을 갖추어야 한다.
- 높은 윤리의식과 모범적인 인성을 갖추어야 한다.
- 운동기술 및 멘탈코칭에 대한 전문적인 지식과 기술의 자유로운 적용능력을 갖추어야 한다.
- 스포츠멘탈코칭에 대한 분명한 사명감과 목표성취에 대한 성공신념을 갖추어야 한다.
- 선수의 현재 행동보다 잠재된 가능성과 자원을 발견하고 성장시키는 능력을 갖추어야 한다.
- 코치 자신만의 차별화되고 독특한 멘탈코칭영역과 브랜드를 갖추어야 한다.
- 선수 개인에게 알맞은 멘탈코칭방법을 만들어 적용시킬 수 있는 능력을 갖추어야 한다.

스포츠멘탈코칭의 중요성

스포츠에서 멘탈코칭은 스포츠 상황에서 검증된 스포츠 심리학과 NLP, 최면, 뇌과학, 코칭 등의 탁월한 원리와 기법을 체계화하여 스포츠코칭현장에서의 성과를 얻기 위한 총체적인 심리코칭과정이라고 정의할 수 있다. 스포츠에서 멘탈적 요인이 차지하는 비중이 절대적이라고 할 만큼 높은 점을 고려할 때 멘탈코칭의 중요성은 더 이상 강조할 필요가 없을 정도의 상식이 되었다.

운동수행과정에서 목표에 대한 선수들의 동기와 욕구가 저마다 다를 수 있지만 모두의 공통점은 효율적인 운동수행을 통해 더 큰 변화와 성취를 원하고 있다는 사실이다. 스포츠에서 멘탈코칭은 코치가 선수의 마음과 행동의 작동원리를 이해하고 분석하여 최적의 운동수행을 통해 최상의 결과를 얻을 수 있는 성공전략이라고 할 수 있다.

스포츠멘탈코칭은 뇌과학과 심리학, 철학 등 다양한 기법들을 스포츠 상황에 접목하여 선수의 변화와 성장을 서포트해주는 길잡이 역할을 하게 되는 것이다. 특히 언어가 뇌신경과 연결되어 있기 때문에 긍정적인 멘탈언어를 활용하여 선수의 변화와 성장에 많은 비중을 두고 있다. 선수 개인에 맞는 맞춤형 멘탈코칭을 통해 선수의 자신감, 동기 강화, 주의집중, 각성과 불안조절, 스트레스 해소, 리더십, 심상, 멘탈언어능력에 긍정적인 효과를 기대할 수 있다.

또한 스포츠멘탈코칭은 경쟁적인 스포츠 상황뿐만 아니라 건강 및 생활체육 분야에서도 충분히 활용이 가능하며 일상생활 영역에서도 멘탈코칭의 중요성이 점점 더 부각되고 있는 추세이다.
스포츠에서의 멘탈코칭 경험이 반복적으로 누적되어 활성화되면 멘탈 활용방법이 일상생활 속으로 전이되어 국민정신건강을 위한 가치창조에도 큰 역할을 할 수 있게 될 것이다.

스포츠멘탈코칭의 이해

스포츠에서의 멘탈코칭은 선수 개인의 자아실현과 운동수행향상 및 목표달성을 서포트하는 훈련시스템으로서 외부로부터 변화에 대한 도움을 주어 선수 자신의 내부에 잠재되어 있는 자원을 발견하고 변화시켜 목표를 성취할 수 있도록 긍정적인 역량을 키워주는 심리훈련방법이라고 할 수 있다. 또한 선수 스스로 자신의 잠재의식에 숨겨져 있는 무한 성취 자원과 잠재력을 현실세계 밖으로 끄집어내어 목표를 이루기 위한 디딤돌을 놓게 만드는 과정이라고 할 수 있다.

스포츠멘탈코칭은 선수가 정신적, 기술적으로 성장할 수 있도록 도움을 주는 것이며 전문지식과 훈련을 받은 멘탈코치가 수행하는 것이 가장 바람직하다. 그러한 여건이 되지 못할 때는 감독이나 지도자, 코치가 그 역할을 함께 수행하여야 한다. 그래서 이 책에서는 멘탈코치라는 용어 대신 광의적 개념으로 '코치'라는 용어로 통일하였다.

코치는 선수의 능력 및 운동수행향상을 위하여 구체적인 멘탈훈련과정에 대한 계획을 세우고 멘탈코칭을 실행하며 관리까지 책임지게 된다. 또한 스포츠 종목, 기술에 대한 전문지식과 멘탈코칭법에 대한 이론과 실기능력을 갖추어야 한다. 즉, 선수가 최상의 운동수행을 할 수 있도록 멘탈코칭에 대한 전문지식과 기술, 전술, 철학 등을 효과적으로 습득하여 종합적인 멘탈코칭능력을 갖추어야 하는 것이다.

그리고 코치는 멘탈코칭, 관리, 관찰, 피드백 등을 통해 선수의 멘탈능력을 향상시키는 리더십을 갖추어야 한다. 요약하면 스포츠멘탈코칭은 운동상황에서의 운동수행과 경기력을 향상시키고 선수 개인의 자아실현과 목표달성을 도와주는 코치가 가져야 할 지속적인 파트너십이며 구체적인 행동이라고 정의할 수 있다.

마음과 이미지 트레이닝

일반적으로 마음의 사전적 의미는 감정이나 생각, 기억 따위가 깃들이거나 생겨나는 곳이라고 정의한다. 하지만 마음을 몇 마디의 짧은 말로써 정의하거나 표현할 수 있는 것이 아니라는 것을 우리는 잘 알고 있다. 말과 글은 표현적 한계 때문에 넓고 오묘한 마음을 제대로 표현하기가 쉽지 않기 때문이다.

어떠한 포지션과 관점에서 접근하는가에 따라 마음에 대한 설명이 달라진다. 그 중에서 신경과학적인 관점에서 볼 때 우리의 마음은 뇌라는 공장의 기계에서 생산해내는 다양한 상품으로 비유할 수 있으며 기억시스템과 신경회로, 화학물질의 분비에 의해 서로 다른 마음이라는 상품을 생산한다고 이해할 수 있다.

우리의 뇌는 천억 개가 넘는 뉴런에 저장되어 있는 다양한 정보들이 이웃 뉴런들과의 전기화학적 연결을 통해 관련 회로를 만들어 특정한 형태의 틀을 만들게 되는데 이것이 뇌신경회로가 만들어내는 마음의 지도이다. 특히 자극과 정보가 반복해서 제공되면 더 굵고 강한 신경회로를 만들어 자신만의 주관적이고 자기중심적인 마음의 지도를 만들게 된다. 이러한 마음의 지도는 과거의 반복적인 학습과 경험을 통해 뇌에 어떤 기억을 가지고 있는가의 차이에 의해 개인마다 다른 형태와 기능을 가지고 있다.

사람들은 모두가 자신만의 고유한 유전자를 바탕으로 각자 다른 학습과 경험을 통해 만들어진 주관적인 마음의 지도로 세상에 대한 자신만의 모형을 만든다. 이것을 세상모형이라고 하며 자신만의 세상모형이 만든 특정한 프레임을 가지게 된다.

세상모형은 실제의 경험뿐만 아니라 반복적으로 상상한 것에 대해서도 믿음을 강화시켜 그 믿음에 의해 정보를 처리하고 스스로를 통제하기 때문에 뇌는 상상과 현실조차 구분하지 못하는 것이다. 그래서 뇌가 얻은 별명이 '착각의 챔피언'이다.

스포츠에서 이미지 트레이닝은 착각의 챔피언인 뇌의 작동원리를 활용하여 실제로 운동을 하지 않고 상상만으로도 신경회로를 활성화시켜 실제로 신체적 운동을 하는 것과 마찬가지의 수행 향상 효과를 얻게 해준다. 선수 개인의 주의집중능력에 따라 차이가 있지만 신체훈련의 약 80~90% 정도의 운동효과가 나타난다.

뇌는 생존과 활동을 위해 너무나 중요한 기능을 하고 있기 때문에 외부 자극과 충격에 견딜 수 있도록 두개골 안에 안전하게 자리 잡고 있다. 그래서 뇌는 오감을 통해서 간접적으로 모든 경험을 할 수밖에 없는 것이다. 그렇기 때문에 뇌는 선명한 감각을 동원하여 반복적으로 상상한 것에 대해서도 실제 경험한 것으로 착각해서 기억해버린다.
몰입 상태에서 반복적인 상상을 통해 뇌에 정보를 입력하게 되면 그것을 사실로 받아들여 믿음을 만들고 그 믿음에 통제당하면서 상상과 현실을 구분하지 못하게 되는 것이다.

그래서 무엇이든 오감적으로 생생하게 이미지를 떠올리면 뇌는 상상한 것과 실제 경험한 것의 차이를 알지 못하게 된다. 뇌는 오감적으로 반복해서 상상하게 되면 그 느낌을 연합시켜 신경회로를 활성화시키고 화학물질을 함께 분비하여 몸상태를 순식간에 바꾸어 버린다.
상상만으로 신체적 상태를 바꾸게 되는 것이다.

양궁은 대표적인 멘탈 스포츠로서 우리나라 양궁선수들의 실력은 세계 최강이다. 최고의 경지에 오른 양궁선수들의 신체적 조건이나 기량은 큰 차이가 없지만 선수들이 가진 멘탈능력의 차이가 메달의 색깔을 결정하게 된다.

2008년 베이징 올림픽에 출전했던 양궁선수들은 실제 경기상황에서 안정된 멘탈상태를 유지하기 위해 수많은 관중이 모인 야구경기장에서 훈련을 반복하고 모터보트 경기장에서 활을 쏘는 훈련을 했으며 실제 올림픽 경기장과 유사한 모형 경기장에서 소음, 응원, 야유소리가 들리는 악조건 속에서 훈련을 거듭했다.

또한 해병대 캠프에 참여하여 번지점프, 공포체험 등과 같은 담력훈련을 하였으며 특히 이미지 트레이닝을 통해 평상심을 유지하는 멘탈 능력을 강화했다. 그 결과 어떤 경기상황에서도 마음의 동요 없이 자신의 실력을 충분히 발휘하여 위대한 승리를 할 수 있게 되었다.
선수들의 흔들림 없는 강철 멘탈이 세계 최강을 자랑하는 대한민국 양궁의 새로운 역사를 쓰게 만든 것이다.

아마추어 골프선수가 탁월한 실력을 가진 프로선수들의 경기모습을 보며 이미지를 시각화하여 자신의 뇌에 프로그래밍시키게 되면 이것을 필요시에 언제든지 재생시켜 프로선수들의 훌륭한 스윙을 따라 할 수 있게 된다. 이러한 심상훈련은 외부의 자극 없이도 가능하다.
특정 운동 동작을 수행하는 과정에서 뇌는 신경망을 통하여 근육에 원심성인 신경 충격을 보내게 되는데 실제 움직임 없이 생생한 상상만 하는 경우에도 실제 움직임이 일어날 때와 같은 신경적 반응을 일으킬 수 있게 된다.

구소련에서 국가대표급 선수들을 대상으로 실시한 실험 결과는 멘탈 코칭과 이미지 트레이닝의 중요성을 잘 알 수 있게 해준다. 실력이 비슷한 선수들을 세 그룹으로 나누어 A그룹은 100% 철저한 운동기술훈련만 시켰고 B그룹은 70%의 운동기술훈련과 30%의 이미지 트레이닝을 시켰다. 실험 결과 C그룹은 30%의 운동기술훈련과 70%의 이미지 트레이닝을 시켰다.

실험 결과는 C그룹, B그룹, A그룹 순으로 성적이 좋게 나왔다.
C그룹의 성적이 제일 좋게 나온 이유는 외부의 정보간섭이나 심리적,

신체적 걸림돌 없이 완벽한 운동기술을 훈련하는 이미지 트레이닝을 통해 뇌에 신경회로를 굵게 활성화시킨 후 신체적 운동기술훈련을 반복하여 완벽한 운동기술을 익힐 수 있었기 때문이다.
그리고 신체적 운동기술에 대한 경험을 다시 피드백받아 이미지 트레이닝을 생생하게 반복하여 프로그래밍된 신경회로와 일치시킬 수 있었기 때문에 C그룹의 성적이 제일 좋게 나온 것이다.

캐나다에서 대학농구팀을 대상으로 이미지 트레이닝을 실시한 실험 결과도 비슷하게 나왔다. 먼저 수준이 같은 학생들을 세 그룹으로 나누고 A그룹은 20일 동안 매일 30분씩 자유투 연습을 시켰고 B그룹은 아무런 연습을 하지 않았다. 그리고 C그룹은 매일 30분씩 자유투를 하는 이미지 트레이닝만 실시했다. 실험 결과 A그룹은 자유투 성공률이 24% 향상되었고 B그룹은 아무런 변화가 없었다. 중요한 것은 실제 연습 없이 이미지 트레이닝만 했던 C그룹의 자유투 성공률이 23%나 향상되었다는 것이다.

이처럼 뇌는 상상으로 하는 이미지 트레이닝과 현실에서의 실제훈련 경험을 구분하지 못하는 착각 현상을 일으켜 비슷한 수행효과를 나타낸다. 이미지 트레이닝은 운동수행과 경기력을 향상시킬 뿐만 아니라 선수의 멘탈을 강화하여 심신의 일치감과 안정감을 높여 자신을 조절하고 통제할 수 있는 자유의지까지도 향상시켜준다.

특히 시합상황이나 큰 대회에 참가하기 전에 긴장과 불안이 심한 선수의 경우 이미지 트레이닝이 큰 도움이 될 수 있다. 중요한 시합이나 큰 대회일수록 선수가 갖는 심리적 압박과 각성, 불안이 증대되기 때문에 평소에 실력이 좋은 선수도 긴장감이 심해지면서 자신의 실력을 제대로 발휘할 수가 없게 될 때가 많다.

불안한 심리적, 생리적 상황에서는 선수의 중요한 에너지가 운동과제에 사용되지 못하고 불안과 싸우게 되어 주의집중력이 떨어진다.
선수가 시합을 앞두고 불안이 증대되는 이유는 다양하지만 보통 내면적 불일치와 부조화 때문에 생긴다. 평소 안정되게 연습할 때의 패턴을 일관성 있게 유지할 수 없도록 만드는 정보간섭이 일어났거나 새로운 환경과 경쟁상황이 익숙하지 않고 그 상황과 자신을 통제하지 못하기 때문에 불안이 생기게 되는 것이다.

뇌는 낯선 환경에 대해서 심리적 방어기제를 가동시켜 고도의 경계심과 심리적, 생리적 각성을 일으키는 것이 자신을 지키는데 도움이 된다는 무의식적 기전이 발현된다. 그렇기 때문에 낯선 상황을 익숙한 상황으로 인식할 수 있도록 반복 훈련과 이미지 트레이닝을 해주는 것이 필요하다. 특히 뇌는 상상한 것과 실제 경험의 차이를 구분하지 못하기 때문에 이미지 트레이닝을 통해 기시감과 데자뷔 현상을 가지게 됨으로써 안정되고 편안한 멘탈상태를 유지할 수가 있게 되는 것이다.

선수는 처음 접하는 경기장과 심판, 상대 선수, 관중을 너무 지나치게 의식하게 되거나 경기 성적에 대한 심리적 부담으로 각성과 불안이 높아질 수 있다. 이러한 부정적인 상태를 긍정적인 상태로 바꾸기 위해 시합상황과 진행과정, 결과에 대해 긍정적인 이미지 트레이닝을 반복하게 되면 선수는 그것을 익숙하고 편안한 것으로 받아들여 좀 더 안정된 상태를 유지할 수 있게 된다.

우리 뇌는 무엇이든 반복하면 사실로 받아들이고 믿음을 만들어 그 믿음이 자신의 마음과 몸을 통제하도록 만든다. 그것이 사실이든 아니든 상관없이 그것이 사실이라고 믿고 생생하게 반복해서 이미지 트레이닝을 하게 되면 몸과 마음이 일치되어 그 믿음을 현실로 창조하는 능력을 가지게 되는 것이다.

자신의 대전제가 반드시 이루어진다는 확고한 믿음을 키우는 반복적인 이미지 트레이닝을 통해 마음과 몸상태를 일치시키고 뇌에 세팅하게 되면 원하는 결과를 반드시 성취할 수 있게 된다.

모든 스포츠는 멘탈 스포츠이다. 그렇기 때문에 코치는 탁월한 멘탈코칭이 선수의 운동수행향상과 목표달성에 도움을 줄 수 있다는 확고한 믿음을 가지고 있어야 한다.

마음의 변화

착각의 챔피언인 뇌는 어떤 생각이나 상상을 생생하게 반복하면 그것을 사실로 믿게 되고 그 생각과 관련된 신경회로를 활성화시켜 관련된 화학물질을 순식간에 분비하여 스스로를 통제하게 된다. 반복된 생각이 자신의 마음과 몸상태를 조절하고 통제하여 원하는 결과를 창조해낼 수 있는 준비상태를 만들게 되는 것이다.

2016년 브라질 올림픽 펜싱 결승전에서 대한민국의 박상영 선수는 2라운드가 끝나고 13 : 9로 뒤지고 있는 상황에서 1분간의 휴식시간 동안 '나는 할 수 있다. 나는 할 수 있다'라는 자기암시를 반복하며 자신의 마음과 몸을 할 수 있는 상태로 일치시키고 스스로를 통제할 수 있는 긍정적인 상태로 바꾸어 놓았다.

모든 사람이 상대 선수가 이길 것이라고 예측하고 있었지만 박상영 선수는 '할 수 있다'는 반복적인 암시를 통해 기적을 이루었다.
3라운드에서 14 : 10까지 끌려다니던 박상영 선수는 침착하게 5점을 연달아 획득하면서 자신의 할 수 있다는 암시대로 기적적인 승리를 거두며 감격적인 금메달을 획득할 수 있었다.

만약 박상영 선수가 현재 뒤지고 있는 상황에만 초점을 맞추고 패배할 것이라는 부정적인 사고를 가지고 경기에 임했다면 자신의 마음과 몸이 패배할 수밖에 없는 상태로 일치되어 경기에 질 수밖에 없었을 것이다. 비록 큰 점수로 뒤지고 있었지만 지고 있는 상황이나 점수에 초점을 맞춘 것이 아니라 자기암시를 통하여 지금 이 순간에 자신이 할 수 있는 최상의 상태를 선택하여 남은 경기를 자신이 원하는 대로 이끌 수 있었다.

14 : 10으로 지고 있는 자신이 아니라 지금 현재의 완벽한 자신의 상태로 남은 경기에 임했던 것이 우승이라는 기적을 만든 탁월한 선택이 되었다. 박상영 선수는 통제할 수 없는 경기결과를 선택하려 했던 것이 아니라 할 수 있다는 절대긍정의 신념으로 경기에 임하는 자신의 현재 상태를 선택했던 것이다.

어려운 상황에서도 결코 포기하지 않고 끝까지 할 수 있다는 반복적인 생각으로 할 수 있는 자신의 멘탈상태를 선택했기 때문에 원하는 결과를 성취할 수 있었다. 마음과 몸상태를 할 수 있다는 신념에 일치시켜 모든 자원과 에너지가 할 수 있는 결과를 만들어내는 초능력적인 자신의 상태를 만들어 기적을 창조해낸 것이다.

아무리 힘들고 어렵더라도 '할 수 있다. 더 잘 될 것이다'라는 긍정적인 생각을 반복하여 믿음을 만들 수 있게 되면 그 믿음과 관련된 모든 신경회로가 활성화되고 자신과 환경의 긍정적인 자원을 일치시켜 불가능을 가능하게 만드는 기적을 창조할 수 있게 된다.

우리 뇌에서는 긍정적인 생각을 반복하면 엔도르핀(endorphin)과 같은 좋은 화학물질을 분비하고 부정적인 생각을 하게 되면 노르아드레날린(noradrenalin)같은 독성을 가진 나쁜 화학물질을 분비하여 몸과 마음의 상태를 바꾸게 된다. 반복적인 생각과 상상은 신경성장인자(neural growth factor, NGF)의 작용으로 특정 신경회로의 연결을 광케이블처럼 굵게 강화시켜 특정한 신경적 반응을 일으키는 프로그래밍된 상태를 만든다.

만약에 평소 훈련과정에서 반복적인 멘탈트레이닝을 통해 '나는 할 수 있다'와 같은 특정 언어나 성취적인 행동에 닻을 연결해 놓으면 큰 대회나 중요한 시합에서 그 닻을 작동시키기만 해도 정신과 신체를 최적의 상태로 유지하여 좋은 경기결과를 얻을 수 있다.
굳이 닻을 작동시키지 않더라도 잠재의식에 할 수 있다는 신념이 모든 신경회로에 직간접적으로 영향을 미쳐 마음이 편안하고 안정된 상태가 된다. 이것이 비국소성의 원리이다.

일반적으로 코치와 선수는 시합을 잘해야 한다고 생각하는데 시합을 잘해야 한다는 생각부터 바꾸어야 한다. 시합을 잘해야 한다는 강박적인 생각이 오히려 심리적 부담감과 불안을 일으킬 수도 있기 때문이다. 선수가 시합을 잘하려 하기보다 평소 훈련을 잘해야 하고 반복된 훈련과정에서 긍정적인 멘탈상태와 운동수행능력을 일관성 있게 향상시키는 것이 먼저이다.

시합은 훈련에서 다듬은 자신의 실력을 공개된 장소에서 확인하는 것일 뿐이다. 그렇기 때문에 시합은 훈련처럼 하고 훈련을 시합처럼 하라는 말이 생긴 것이다. 그래서 평소에 반복적인 멘탈트레이닝을 통해 최상의 상태를 프로그래밍시키는 것이 중요하다. 만약 전쟁을 이기기 위해서 한다면 패배할 수도 있다. 전쟁은 이길 수 있는 모든 준비를 완벽하게 한 이후에 승리를 확인하는 마지막 절차일 뿐이다. 이미 전쟁을 하기 전에 이겨놓고 전쟁을 하기 때문에 승리할 수밖에 없는 것이다.

인간의 뇌에는 천억 개가 넘는 뉴런이 존재하며 이 뉴런에는 타고난 유전자뿐만 아니라 학습과 경험을 통해 획득한 수많은 정보들이 복합적으로 얽혀 저장되어 있다. 천억 개가 넘는 뉴런은 각자 수만 개 이상의 다른 뉴런들과 병렬적으로 신호를 주고받으며 연결되어 있고 이 연결 상태를 신경회로라고 한다.

운동학습과 수행에 관련된 반복적인 멘탈트레이닝을 통해 자주 사용하는 신경회로가 더 굵게 강화되어 뇌에 자신만의 고속도로와 같은 운동신경회로를 만든다. 뇌의 신경회로는 우리의 반복된 생각과 언어, 행동에 의해 끊임없이 다양한 새로운 뇌신경회로의 연결을 확장하거나 기존의 연결을 강화한다. 운동신경회로가 내현기억화되어 의식적 관여

없이도 자동화되고 습관화될 때 자연스럽게 주의집중과 몰입상태를 만들 수 있게 된다.

운동학습과정에서 필요한 기술과 동작은 반복 트레이닝을 통해 연결회로를 광케이블처럼 굵게 강화시켜 일관성을 유지하는 것이 중요하며 그것을 바탕으로 뇌의 가소성을 활용하여 환경적 자극이나 정보를 원활하게 처리해야 한다. 반복적인 훈련과정과 멘탈트레이닝을 통해 신체와 멘탈상태를 완벽하게 만든 상태에서 완전한 일치가 되어 시합에 임할 때 목표에 초점이 모아지고 몰입된 상태에서 원하는 성취결과를 얻을 수 있게 된다.

시합을 하기 전에 이미 승리할 수밖에 없는 자신의 상태를 만들었다면 시합장에서 긴장하거나 불안을 느낄 이유가 없다. 안정된 상태에서 승리를 확인하는 마지막 절차이기 때문에 훈련할 때와 같은 일관성을 가지고 시합에 임할 수 있게 되는 것이다.

착각의 챔피언인 뇌는 무엇이든 반복하면 사실로 받아들이고 그것에 대한 믿음을 강화하여 그 믿음과 관련된 일관성 있는 결과를 얻게 해준다. 그것이 신체훈련을 통해 멘탈을 강화한 것이든 멘탈훈련을 통해 신체의 향상을 가져온 것이든 별로 중요하지 않다. 그 이유는 어느 것을 바꾸어도 나머지는 함께 변화할 수밖에 없는 심신상관성을 가지고 있기 때문이다. 중요한 것은 완벽한 훈련을 통해 마음과 몸상태를 최적의 상태로 만드는 것이다.

멘탈코칭의 기대효과

나폴레온 힐은 "좋은 것이든 나쁜 것이든 당신이 현재 서있는 위치는 과거부터 지금까지 어떤 생각을 갖고 있었느냐에 따라 실현된 결과물이다"라고 했다.

생각은 에너지를 가지고 있기 때문에 어떤 생각이 일어나면 그 생각과 관련된 기존의 기억시스템을 새로운 생각과 일치시키기 위한 작업을 진행하여 마음과 몸의 상태를 바꾸게 된다. 긍정적인 생각은 긍정적이고 바람직한 성과를 얻을 수 있는 마음과 몸상태를 활성화시키고 부정적인 생각은 부정과 관계된 결과를 얻기 위해 마음과 몸상태를 활성화시키면서 선택된 생각과 관련된 현실적인 결과를 창조한다.

시합에 출전한 선수가 자신의 실력을 충분히 발휘하여 원하는 목표를 달성하고 긍정적인 결과를 얻기 위해서는 기술과 전술뿐만 아니라 심리적 요인도 매우 중요하다. 선수가 시합상황과 자신의 능력에 대해 어떻게 생각하느냐에 따라 심리적, 신체적 각성이 다르고 경기결과도 달라지기 때문이다.

만약 선수가 자신과의 라포가 부족한 상태에서 스스로에 대한 의심이나 부정적인 생각, 지나친 각성 등으로 인하여 불필요한 정보간섭이 생기면 자신의 온전한 실력을 충분히 발휘할 수가 없게 된다.
그래서 스포츠 선진국에서는 오래전부터 스포츠멘탈코칭의 중요성을 인식하고 전문적인 능력을 갖춘 멘탈코치를 통해 선수의 운동수행과 경기력을 향상시킬 수 있는 체계적인 시스템을 도입하고 있다.

선수는 코치의 탁월한 코칭을 받아 스스로 멘탈능력을 강화하여 정신적 장애물을 극복하고 자기 안에 잠재된 성취 자원인 자신감과 집중력을 높여 운동수행능력을 향상시키게 된다. 반복적인 훈련과정에서 스포츠멘탈코칭을 통해 얻게 되는 기대효과를 살펴보면 첫째, 훈련과정에서 반복된 멘탈트레이닝을 통해 선수가 자기 안에 잠재된 더 많은 능력과 자원을 알아차리고 접촉함으로써 지향적 동기를 높이게 된다.

둘째, 훈련과정에서 코치의 반복적인 긍정적 격려와 피드백을 통해 선수의 자기효능감과 도전정신을 높이게 된다.

셋째, 선수가 자기 내면과 접촉함으로써 스스로 생각하고 행동할 수 있는 자결성과 자유의지를 높인다.

넷째, 훈련과정에서의 다양한 상황변화에 적응하는 유연성을 향상시키고 정확한 판단력을 높인다.

다섯째, 상호존중과 이해, 공감을 바탕으로 코치와 선수의 관계에 라포가 형성되어 심리적 안정감을 높인다.

중요한 것은 코치가 전문적인 멘탈코칭을 통해 선수의 멘탈상태를 최적으로 만들 수 있을 때 운동기술과 전술 등을 통합하여 운동수행을 향상시킬 수 있다는 것이다. 그렇기 때문에 코치는 선수의 상태와 심리를 정확히 파악하고 선수에게 가장 적합한 멘탈코칭을 할 수 있는 능력을 가져야 한다. 그래야만 선수의 지속적인 실력 향상과 좋은 경기력을 기대할 수 있을 뿐만 아니라 선수의 잠재된 능력까지도 이끌어내고 성장시킬 수가 있게 된다.

이처럼 코치가 스포츠멘탈코칭에 대한 체계적이고 전문적인 기법을 가지고 선수를 코칭하게 되면 선수가 가진 더 많은 가능성과 잠재된 자원을 발견하여 성장시킬 수 있다.

선수가 가진 무한 성취의 잠재된 자원과 가능성을 일깨울 수 있는 긍정의 신경회로를 강화하기 위해서는 선수의 노력뿐만 아니라 코치의 자기계발을 통한 멘탈코칭능력이 향상되어야 한다. 특히 어린 선수의 경우 처음 만나는 코치의 멘탈코칭능력에 따라 선수로서의 성장 가능성이 결정될 수도 있기 때문에 매우 중요하다.

스포츠 수행과정에서 어떤 훈련 방식이든 반복하면 뇌에서는 그것을 사실로 받아들이고 믿음을 만들어 신체의 모든 시스템을 통제하기 때문에 코치의 멘탈코칭에 의해 선수가 어떤 믿음을 갖느냐가 모든 운동수행과 경기력을 결정짓는다고 볼 수 있다.

만약 코치가 스포츠멘탈코칭능력이 부족한 상태에서 부정적이고 잘못된 코칭이 반복되면 선수는 무기력과 불안 등의 나쁜 습관의 순환고리를 만들어 부정적인 반응과 태도를 학습한다. 이렇게 부정의 패턴이 뇌를 뒤덮게 되면 선수의 건강한 멘탈이 붕괴되면서 자신이 가진 자원과 능력의 일부분만 사용하게 되는 심리적 제한과 좁혀진 경계 속에 스스로 갇히게 된다.

이러한 심리적인 제한과 경계가 생기게 되면 자신이 가진 긍정의 자원을 더 이상 사용하지 못하고 부정적인 자원에 초점을 맞추기 때문에 운동수행능력과 경기력이 저하될 수밖에 없다.

지속적이고 반복적인 잘못된 코칭은 선수의 운동수행과 경기력의 문제뿐만 아니라 인성적인 문제까지도 일으킨다. 잘못된 코칭에 의해 선수의 부정적 패턴이 반복적으로 활성화되면 자신과 환경을 부정적으로 비추는 편향된 세상모형을 갖게 되어 성격이 삐뚤어지거나 자기상실 등의 심리적 부작용을 겪을 수도 있다.

반대로 선수에게 맞는 체계적인 멘탈코칭과 긍정적인 격려와 피드백을 반복해서 제공하게 되면 자신의 부정적인 상태까지도 긍정적인 상태로 착각하여 성취 자원으로 활용할 수 있는 긍정적인 멘탈능력을 가지게 된다. 능력있는 코치로부터 체계적이고 전문적인 멘탈코칭을 받게 되면 선수는 자신과의 라포가 형성된 상태에서 자신의 모든 자원과 에너지를 목표에 일치시켜 원하는 결과를 성취할 수 있는 초능력적인 멘탈의 힘을 얻는다.

스포츠멘탈코칭을 받은 후 긍정적으로 변화한 선수들의 사례를 살펴보면 멘탈코칭의 중요성을 다시 한 번 실감할 수 있다.

- 골프선수_"시합 때만 되면 나도 모르게 긴장이 되면서 불안이 심했는데 멘탈코칭을 통해서 배운 호흡법과 앵커링, 루틴으로 평상심을 되찾았어요. 시합 결과에 지나치게 집착했던 잘못된 초점을 나 자신에게 맞추고 목표에 몰입하게 되어 좀 더 안정적이고 편안한 마음으로 시합에 참여하게 되었어요."
- 배드민턴 선수_"경기장에서 관중들과 주변 사람들을 의식하면서 몸이 굳어 힘들었는데 신체이완을 위한 멘탈트레이닝을 활용하면서 나 자신에게 더 많이 집중할 수 있게 되어 시합이 즐겁게 느껴졌고 성적도 많이 좋아졌어요."

■ 생활체육 동호인_"시합에서 지는 것에 대한 불안으로 집중이 되지 않고 평소 연습 때와 다른 동작들이 나오면서 경기를 망쳤었는데 멘탈코칭을 받고 불안한 마음이 설레임으로 바뀌어 예전보다 시합을 더 잘할 수 있게 되었어요."

우리나라도 이제 스포츠에서 멘탈코칭의 중요성에 대한 인식이 긍정적으로 변화하고 있으며 국가대표선수나 프로선수의 경우 전문 멘탈코치가 배치되어 선수들에게 멘탈적인 도움을 주고 있다.

일반 생활체육 동호인이나 학교 운동부 선수, 건강이나 취미로 하는 운동 참가자 등 모든 스포츠 분야에 전문적인 멘탈코치가 필요하다는 인식과 공감대가 형성되고 있지만 아직 체계적인 멘탈코칭을 위한 조건과 시스템이 정착되지 못하고 있는 실정이다. 현실적으로 당장 전문 멘탈코치를 배치할 여건이 되지 않는 경우 코치들이 전문 멘탈코칭기법을 배워 코칭현장에 활용한다면 선수들의 기량향상에 큰 도움이 될 수 있을 것이다.

스포츠멘탈코칭을 통한 구체적인 수행 향상 영역			
자신감 증대	집중력 강화	시합불안 해소	슬럼프 극복
목표설정	동기부여	기술향상	감정조절
긍정적 사고	승리 전략	불안조절	스트레스 해소
피드백 능력	자결성 증대	경기력 향상	라포형성
루틴	자기암시	이미지 트레이닝	리더십 강화

코칭철학

스포츠 현장에서 코치의 역할은 아무리 강조해도 지나침이 없다. 코치의 역할은 선수의 가능성에 초점을 맞추어 잠재된 자원을 이끌어 내고 변화와 성장을 통해 목표를 성취할 수 있도록 도움을 주는 것이다. 선수의 긍정적인 변화와 성장, 목표성취를 위해 코치가 가져야 할 절대적인 전제가 바로 코칭철학이다.

우수성과 탁월성을 가진 코치는 선수의 가능성과 잠재된 모든 자원을 찾아내어 그것을 반복적으로 트레이닝하여 특정한 성과를 만드는 역할을 하는 사람이기 때문에 분명한 코칭철학이 있어야 한다. 코치가 선수의 부족함을 채우기도 하지만 평범한 선수의 자원을 찾아 트레이닝시켜 특별한 상태로 변화시키고 성장시키는 역할도 하기 때문에 견인력과 리더십을 함께 갖추어야 하며 그것의 바탕이 되는 것이 코치가 가져야 할 코칭철학인 것이다.

첫째, 모든 선수에게는 무한한 가능성이 있다. 그 어떤 선수도 가능성이 없는 경우는 없다. 다만 현재상태에만 초점을 맞추기 때문에 선수의 가능성을 알아차리지 못하고 그것을 활용할 수 없는 상태에 머물러 있을 뿐이다. 코치가 선수의 가능성에 초점을 일치시킬 수 있을 때 그 가능성을 현실로 만들기 위해 현재 수준에서 벗어날 수 있는 새로운 코칭방법을 찾을 수 있게 된다. 가능성에 초점을 맞추게 되면 변화하지 않으려는 고정된 관성에서 벗어나 선수의 성장과 운동수행향상을 위한 변화의 가속도를 얻을 수 있다.

가능성에 초점을 둔 코칭을 하게 되면 현재상태에서 가능성으로 도약하는 선수의 변화를 이끌어내게 되며 그 변화의 성과에 대한 시기와 크기가 다를 뿐 반드시 원하는 결과를 얻게 해준다. 가능성에 대한 코치의 철학에 따라 선수 개인이 가진 잠재적인 역량을 일치시켜 가능성을 현실로 만들 수 있게 되는 것이다.

코치는 눈앞에 드러나 있는 일상적 실재인 선수의 현재 수준과 상태도 중요하게 관찰하고 분석해야 하지만 더 중요한 것은 눈에 보이지 않고 드러나 있지 않지만 분명히 가능성으로 존재하는 비일상적 실재인 선수가 가진 잠재자원에 대한 확고한 신념과 철학을 가지고 있어야 한다. 이러한 가능성에 대한 확고한 신념과 철학이 중요한 이유는 선수의 변화와 성장은 가능성에 대한 코치가 가진 믿음의 크기에 의해 결정되기 때문이다. 가능성에 대한 코치의 믿음이 선수 자신의 내면에 잠재된 성취 자원을 만나게 도와주며 그 자원을 활용하여 최적의 운동수행과 경기력 향상이라는 결과를 얻을 수 있게 만든다.

훈련과정에서 '나는 할 수 있다'와 같은 선수의 긍정적인 멘탈은 대부분 코치의 가능성에 초점을 둔 멘탈코칭에 의해서 형성된다고 볼 수 있다. 코치가 선수의 가능성에 초점을 일치시켜 언어적인 격려와 피드백을 반복해주고 절대적인 믿음을 보내줄 때 선수는 자신의 가능성과 잠재된 자원에 대한 긍정의 착각으로 자기 발전의 긍정적인 결과를 얻게 된다. 선수는 코치가 보여주는 가능성에 대한 믿음의 크기만큼만 자란다는 사실을 명심해야 한다.

둘째, 변화와 성장을 위한 자원은 선수가 이미 가지고 있다.

코칭과정에서 선수가 갖고 있지 못한 기술과 전술을 코치가 일부 제공하기도 하지만 궁극적으로는 선수 자신이 기술과 전술에 대해 반복 훈련을 통하여 변화와 성장을 이루어가는 것이다.

선수가 자기 안에 잠재되어 있는 자신의 자원을 알아차리지 못하거나 만나지 못하게 되면 운동학습뿐 아니라 경기력 향상에도 한계가 생길 수밖에 없다. 코치는 선수의 가능성에 초점을 맞추고 그 가능성을 현실로 성취시켜주는 자원을 선수 자신이 이미 가지고 있다는 믿음을 가져야 하며 선수가 그 믿음을 가질 수 있도록 도와주어야 한다.

선수 스스로 자기 안에 있는 자신의 잠재된 자원을 알아차리고 접촉할 수 있도록 도와주는 코치의 역할이 필요한 것이다.

탁월성을 가진 코치는 선수의 성장자원이 선수 안에 이미 존재하고 있다는 관점을 가지고 있으며 그것을 현실의 성과로 창조해 낼 수 있는 멘탈코칭철학과 역량을 갖추고 있다. 흔히 선수에게 필요한 것은 코치가 가진 전문적인 기술과 능력이라고 생각하기 쉽다. 하지만 선수는 코치의 기술과 능력을 전수받는 과정에서 코치를 통해 자기 내면의 숨겨진 자원을 만날 수 있게 되는 것일 뿐이다.

탁월한 코치는 선수가 가지고 있는 가능성을 현실에서 실현시켜줄 수 있도록 자원을 이끌어내고 증폭시켜 선수가 스스로 성장할 수 있도록 도움을 주는 리더십을 가지고 있다. 모든 변화와 성장을 위한 자원은 선수가 이미 갖고 있으며 선수가 스스로 그 자원을 발견하여 활용할 수 있도록 도와주는 것이 멘탈코치의 역할인 것이다.

셋째, 선수가 자신의 잠재자원과 가능성을 활용하여 원하는 목표를 성취할 수 있는 상태로 발전하기 위해서는 훌륭한 파트너가 있어야 한다. 선수의 무한한 가능성과 잠재된 자원을 발견하여 그것을 변화시켜 최적의 운동수행 상태를 이끌어내고 경기력을 향상시킬 수 있는 리더십을 갖춘 파트너인 코치가 필요한 것이다.

아무리 뛰어난 재능을 가진 선수라 하더라도 그 재능을 발견하고 키워줄 수 있는 역량을 가진 탁월한 코치를 만나지 못한다면 선수의 재능은 묻히고 만다. 선수의 가능성에 초점을 맞추고 숨겨진 잠재자원을 알아차릴 수 있는 탁월한 코칭철학을 가진 코치의 트레이닝이 훌륭한 선수를 만들어 낼 수 있다.

기존의 상태를 유지하려는 관성에 의해 변화하지 못하고 있는 선수의 긍정적인 변화와 성장을 이끌어내기 위해서는 코치의 역할이 반드시 필요하다. 그러한 코치의 도움이 기존의 변화하지 못하는 관성에서 벗어날 수 있는 선수의 긍정적 변화와 성장을 위한 가속도를 만들어 원하는 결과를 성취할 수 있게 해준다.

코치가 이상 세 가지의 코칭철학을 가지고 있을 때 선수의 가능성과 잠재자원에 모든 초점이 모아지고 그것을 현실적 결과로 만들어 낼 수 있게 된다. 선수의 자원을 찾아내어 성장시키는 탁월한 코치의 역할을 통해 원하는 목표달성과 성취결과를 얻을 수 있다.

중요한 것은 코치의 코칭철학이 분명하다면 어떠한 선수라도 멘탈트레이닝을 통해 운동수행과 경기력 향상이라는 결과와 원하는 목표를 성취할 수 있게 된다는 사실이다.

멘탈코칭에 대한 분명한 신념과 철학이 있는 코치는 선수가 보여주는 현재의 수준과 상태에 초점을 맞추는 것이 아니라 선수의 긍정적인 변화와 성장을 위한 가능성과 잠재자원에 초점을 맞추기 때문에 선수를 성장시킬 수 있는 강력한 리더십을 가지게 된다. 훌륭한 선수의 성공 뒤에는 반드시 훌륭한 코치가 있으며 훌륭한 코치의 공통점은 멘탈코칭에 대한 세 가지 철학을 분명하게 가지고 있다는 것이다.

시각화와 뇌

뇌는 상상과 현실을 구분할 수 있는 기능이 없기 때문에 신체를 사용하여 실제로 운동을 한 것과 마음속으로 상상한 것의 차이를 구분하지 못한다. 모든 경험은 감각을 통해 이루어지며 경험 당시에 느꼈던 특정한 신경적 반응과 정서까지도 함께 프로그래밍시켜 뇌에 저장하게 된다. 그래서 과거의 경험에 대해 생생하게 상상하는 것만으로도 과거에 경험했을 당시의 정서와 감정이 연합된 특정한 신경적 반응이 함께 활성화되는 것이다.

과거 시합에서 우승한 기억이나 연습과정에서 성취했던 경험을 회상하면 경험 당시의 신체적 각성과 감정을 다시 느끼게 되면서 자신감이 충만해지는 것을 알 수 있다. 그리고 자신에게 믿음을 가지고 격려와 긍정적인 피드백을 제공해주는 코치를 떠올리는 것만으로도 마음이 편안하고 기분이 좋아진다.

이것이 선수가 운동학습과정이나 시합에서 성취경험을 많이 하고 코치로부터 격려와 긍정적인 피드백을 많이 받아야 하는 이유이다.
이러한 긍정적인 경험과 피드백이 뇌에 프로그래밍되어 마음과 몸상태를 만들고 현재의 운동수행에 영향을 미치고 있다.

생각만 해도 가슴이 설레는 과거의 성취경험을 반복해서 떠올리게 되면 뇌에 그와 관련된 신경회로가 활성화되고 그 당시의 성취감과 자신감, 당당함의 정서와 감정이 함께 불려나오면서 현재의 마음과 몸상태를 긍정적으로 변화시키게 된다. 과거뿐 아니라 미래에 간절히 원하는 것에 대해서도 오감을 동원해서 생생하게 상상을 하면 그 상상과 관련된 신경적 반응과 감정이 '미래기억'을 만들어 그 기억에 대한 믿음으로 자신의 상태까지 바꾸어 버린다.

원하는 상태와 목표에 대한 믿음을 마음에 분명하게 새기면 그 믿음이 심리상태와 몸을 통제하여 그 믿음을 실현시키기 위해 모든 자원과 에너지를 일치시키게 된다. 성취에 대한 믿음을 오감적으로 생생하고 분명하게 시각화시키면 뇌에 그와 관련된 신경회로가 믿음의 형태로 프로그래밍되어 그것이 과거기억이든 미래기억이든 상관하지 않고 성취가 실현될 수밖에 없는 자신의 상태를 만들게 되는 것이다.

반대로 평소 훈련과정에서 긴장과 불안을 느끼게 만든 코치가 시합장에서 지켜보는 것만으로도 선수의 긴장과 불안이 높아지는 것도 같은 원리이다. 이것은 과거의 경험이 뇌에 기억될 때 경험 당시의 정서와 감정이 신경적 반응과 함께 프로그래밍되어 있기 때문이다.
과거의 실패와 좌절에 대한 회상을 반복하면 과거의 경험할 때 느꼈던 부정적인 정서와 감정이 불려나와 기분이 나빠지고 무기력한 상태가 되는 신경적 반응을 일으킨다.

또한 싫어하는 사람을 떠올리는 것만으로도 기분이 나빠지기도 한다. 이처럼 좋지 않는 과거경험이 반복해서 떠오르면서 마음이 우울해지고 부정적인 감정에 휩싸이게 되는 것은 경험 당시의 정서와 감정이 함께 연합되어 기억되기 때문이다. 부정적인 상상을 반복하거나 오래 지속하게 되면 그것을 행동으로 옮기지 않더라도 부정적인 신경회로가 과잉 활성화되어 지금 현재의 상태뿐 아니라 자신의 존재와 정체성까지도 부정적으로 완성하여 무기력한 상태를 만들어버린다.

뇌가 가진 별명이 착각의 챔피언이다. 뇌는 너무나 똑똑하고 완벽한 시스템을 갖고 있지만 그 똑똑함 때문에 스스로에게 쉽게 속아 넘어가는 착각의 챔피언이기도 하다. 대부분의 사람들은 뇌가 일으키는 착각이 만든 왜곡된 세상모형을 가지고 살아가면서도 정작 자신이 착각하고 있다는 사실을 알지 못하고 그 착각이 만든 세상모형의 굴레 속에 갇힌 채 살아가고 있다.

무엇이든 오감을 동원해서 생생하게 경험하게 되면 뇌는 실제 경험한 것과 가상으로 시각화한 것의 차이를 알아차리지 못한다.
시각화를 할 때는 그냥 시각적으로만 이미지를 떠올리는 것이 아니라 오감적으로 생생하게 떠올리기 때문에 더 분명하고 선명하게 시각화되어 기억이 더 단단하게 응고화되는 것이다. 선명하게 시각화되어 뇌에 프로그래밍된 기억은 긍정과 부정을 가리지 않고 무엇이든 현실적 성취를 더 쉽고 빠르게 이룰 수 있도록 작동된다.

현재의 상태를 긍정적으로 바꾸어주는 성취경험에 대한 생생한 시각화는 누구나 쉽게 할 수 있다. 조용한 장소에서 깊은 심호흡을 한 후에 과거의 성취경험을 떠올리고 그 감각에 연합하여 완전히 집중한다.
처음에는 시각적인 이미지만 떠올릴 수 있지만 반복하게 되면 소리와 느낌까지도 생생하게 연합할 수 있다. 그리고 현재의 원하는 상태를 만들기 위해 '과거기억'뿐 아니라 '미래기억'까지도 시각화시켜 활용이 가능하다. 미래의 성취결과를 생생하게 상상하는 것만으로도 기억을 바꿀 수 있기 때문이다.

시각화 훈련은 시합이나 연습과정에서의 강렬한 정서를 동반한 성취경험에 대해 오감을 동원해서 구체적으로 생생하게 떠올린 후 과거경험 당시를 재연시켜 그 기억회로를 더 강화시키는 것이다.
성취과정에서 강렬하게 느꼈던 감정과 정서에 완전히 몰입하여 현재상태에서 다시 과거를 재경험하게 된다.

느낌을 2배, 5배, 10배까지 증폭시켜 성취했을 때의 설레임과 자신감, 성취감이 가득한 느낌을 그대로 가진 상태에서 두 손을 포개어 가슴 앞에 대고 크게 심호흡을 세 번 실시한다. 이렇게 되면 시각화된 그 느낌이 뇌에 강렬하게 프로그래밍되어 현재의 상태를 긍정적이고 활력있는 상태로 바꾸어준다. 이렇게 간단한 시각화 트레이닝만으로도 현재의 마음과 몸상태를 긍정적으로 변화시켜 운동수행에 도움을 얻을 수 있게 되는 것이다.

원하는 상태를 체험할 수 있는 시각화 훈련을 통해 뇌를 착각하게 하여 특정 신경망을 활성화시키게 되면 원하는 긍정적인 상태를 일관성 있게 유지할 수가 있다. 이러한 뇌의 상상력을 활용한 시각화 훈련으로 뇌를 프로그래밍시키게 되면 원하는 긍정적인 상태와 성과를 얻는데 큰 도움이 된다.

멘탈언어

의학의 아버지로 불리는 히포크라테스는 의사에게 세 가지 무기가 있다고 했다. 첫째가 '언어'이고 둘째가 '메스'이며 셋째가 '약'이다.
이 말의 뜻은 사람의 생명을 다루는 의사가 가진 무기가 수술을 하는 칼과 치료약보다 언어가 더 큰 치유효과를 얻게 해주는 힘을 가지고 있다는 것이다. 그 이유는 우리가 하는 말과 듣는 말이 뇌신경과 연결되어 있기 때문에 치유를 담당하는 잠재의식에 직접적인 영향을 미쳐 마음과 몸상태를 긍정적으로 변화시키기 때문이다.

운동학습과 수행과정에서 코치가 하는 말은 선수에게 매우 큰 영향을 미친다. 말은 뇌신경회로를 바꾸는 힘을 갖고 있기 때문에 코치의 말에 따라 선수의 특정 신경회로가 활성화되고 심리적 상태까지도 영향을 받아 운동수행능력까지 달라진다. 코치의 말에 의해 선수의 뇌신경회로가 영향을 받게 된다는 것은 코치가 어떤 말을 하는가에 따라 선수의 운동수행능력이 달라질 수 있다는 것을 의미한다.

철학자 니체는 "언어가 인생의 3분의 2를 차지한다"고 했다.
짧은 몇 마디의 말로써 선수의 마음과 행동을 변화시킬 수 있기 때문에 코치의 멘탈언어 코칭능력은 너무나 중요하다. 코치가 최악을 기대하고 최악을 말하면 최악의 결과를 얻게 되고 최선을 기대하고 최선을 말하면 최선의 결과를 얻을 수 있다. 최악과 최선의 선택을 할 수 있는 선수의 상태를 유도하는 것은 코치의 말에서 시작되며 그 선택이 선수에게 미치는 영향은 절대적이다.

언어중추신경이 우리 몸의 모든 신경계를 다스리며 인간의 뇌세포 중 98%가 말의 영향을 받고 있기 때문에 코치의 말이 선수의 운명을 바꿀 정도로 큰 힘을 가지게 된다. 코치의 긍정적인 말은 선수의 기를 살리고 잠재된 자원을 이끌어내며 성장을 이루어내는 창조적인 힘을 가지고 있지만 코치의 부정적인 말은 선수의 기를 꺾고 분아와 무기력한 상태를 만드는 파괴적인 힘을 가지고 있기 때문에 좌절과 실패를 더 많이 겪게 만든다. 아무렇지 않게 무심코 내뱉는 코치의 말 한마디가 선수의 멘탈상태를 긍정적으로 바꾸기도 하고 부정적으로 바꾸기도 하는 강력한 영향력을 가지고 있는 것이다.

예를 들어 시합에 나가는 선수에게 '긴장하지마'라는 부정적 긍정언어를 사용할 때 얼핏 듣기에는 긍정적인 말인 것처럼 들리지만 그 말을 듣는 선수는 편안해지기보다 오히려 더 긴장이 되는 부작용이 나타난다. 이것은 찰나의 짧은 순간에 긴장하지마를 뇌에서 해석하기 위해서는 '긴장'이라는 단어를 과거기억에서 떠올려야 하는데 과거의 긴장과 관련된 기억에는 불안한 감정과 정서가 함께 프로그래밍되어 있기 때문에 잠재의식에서 불안한 상태를 더 강화시켜버린다.
의식적으로는 긴장하지 말아야지를 수용하고 이해하지만 잠재의식적으로는 그 말을 해석하기도 전에 1000분의 1초라는 찰나의 순간에 긴장상태를 더 악화시키게 되는 것이다.

이럴 때는 '긴장하지마'라는 말 대신에 '편안하게 하자', '이번에도 잘 될 거야', '잘 될 때를 떠올려봐', '좋았어. 잘해보자', '차분하게 잘하자'와 같은 긍정의 말을 들려주어야 안정적인 멘탈상태를 유지하는데 도움이 된다. 이것은 '호랑이를 떠올리지마'라는 말을 들었을 때 호랑이를 더 떠올리게 되는 것과 같은 원리이다. 호랑이를 생각하는 마음상태를 바꾸기 위해서는 '사자를 떠올려봐'라고 해야 한다. 사자라는 말을 듣는 순간 사자의 기억을 떠올려야 하기 때문에 순식간에 호랑이를 지워버리게 되는 것이다.

언어는 뇌신경과 연결되어 있어 어떠한 말을 듣는 가에 따라 마음상태가 바뀔 수가 있다. 코치의 긍정적인 말은 선수의 긍정적인 변화와 상태를 만들게 되고 부정적인 말은 부정적인 변화와 상태를 만들게 된다는 사실을 아는 것이 중요하다.

만약 과거에 코치 자신이 선수생활을 하면서 트레이닝 받았을 때 코치로부터 부정적인 언어를 반복 학습하여 자신도 모르게 사용하고 있다면 나쁜 언어습관을 긍정적으로 바꾸는 노력을 해야 한다.
선수는 트레이닝 과정에서 코치의 언어습관과 태도, 행동을 그대로 모델링하여 코치를 그대로 닮아가기 때문에 코치의 부정적인 언어습관을 빨리 바꾸어야 하는 것이다.

특히 어린 선수를 지도하는 코치는 언어사용에 각별히 주의를 더 많이 기울여야 한다. 독일의 철학자 하이데거는 "언어는 존재의 집이다"라고 했다. 코치의 언어습관이 눈앞에 드러나는 선수의 행동적인 변화를 이끌기도 하지만 어린 선수의 경우 아직 완성되지 못한 뇌 발달단계에서 반복적으로 입력되는 코치의 부정적인 말이 그릇된 가치관과 세상모형을 만들 수도 있기 때문이다. 자신의 가치관이 분명히 확립되지 못한 어린 선수의 경우 코치의 나쁜 언어습관 뿐만 아니라 언어에 묻어있는 코치의 정신세계까지도 그대로 모델링하기 때문에 언어사용에 각별한 주의가 요구되는 것이다.

멘탈코칭은 코치와 선수간의 신뢰를 바탕으로 의사소통에 의해 이루어지며 그 중요한 수단이 말이다. 말은 입 밖으로 뱉는 순간 실행과 창조의 힘을 가지기 때문에 코치의 말에 의해 선수의 마음과 신체가 통제당하게 되면서 말과 관련된 현실적인 상태를 만들게 된다.
그래서 코치는 안 된다는 말과 할 수 없다는 언어습관 대신에 어떻게 하면 더 잘할 수 있는지에 대한 반복된 질문과 긍정적인 피드백을 통해 할 수 있는 방법을 찾아볼 수 있도록 선수의 초점을 전환하는 언어습관을 가져야 한다.

'똑바로 해', '그것밖에 못해', '정신 안차려', '시합에 지면 혼날줄 알아', '넌 도대체 잘하는게 뭐니', '그 따위로 하려면 그만둬', '내가 널 그렇게 가르쳤니', '참 한심하다', '실망이다'와 같은 말은 문제에 초점을 맞추고 있다. 문제와 부정에 초점을 맞춘 언어는 선수의 기를 꺾을 뿐만 아니라 문제와 부정의 말 속에 선수를 가두어 버리는 부작용을 일으킨다.

반대로 '잘하고 있어', '그래. 바로 그거야', '어제보다 많이 좋아졌구나', '요즘 열심히 하는 모습이 보기 좋다', '조금만 더 집중하자', '할 수 있는데까지 최선을 다하자', '마지막까지 힘내자', '난 널 믿어', '잘 될 거야'와 같은 원하는 것에 초점을 맞춘 긍정적인 피드백과 멘탈언어는 격려가 되어 선수의 자결성과 자기효능감을 높여주고 원하는 긍정적인 변화의 성취결과를 얻게 해준다.

사람의 생명을 지키는 의사의 첫 번째 무기가 언어이듯이 선수의 변화와 성장을 이끌고 목표를 성취시키는 사명을 가진 코치의 첫 번째 무기도 바로 긍정적인 멘탈언어이다. 스포츠코칭현장에서 코치의 언어를 1%만 긍정적으로 바꾸어도 선수의 멘탈이 99% 긍정적으로 바뀌게 된다는 사실을 가슴에 깊이 새기고 실천할 수 있는 코치의 자세와 태도가 요구된다.

긍정의 언어

아리스토텔레스는 "자신이 무엇을 말해야 할지 아는 것만으로는 충분하지 않다. 그것을 어떻게 말해야 할지를 알아야만 한다"라고 했다. 우리가 일상생활 속에서 사용하는 말과 생각의 80%가 부정적이라는 통계가 있다.

스포츠코칭현장에서도 마찬가지로 부정적인 말과 부정적 긍정문을 많이 사용한다. 이러한 현상은 부정적인 말과 생각이 미래에 닥칠 위험을 막아주고 좀 더 안전하게 해주는 긍정적인 기능을 부분적으로 하기 때문이다. 그리고 특정 상황에서 단기간에 원하는 목표를 달성하는데도 도움이 된다는 것을 잘 알고 있기 때문에 습관적으로 부정적인 언어를 많이 사용하고 있는 것이다.

부정적인 말과 생각이 원래 나쁜 것이 아니라 부분적으로 운동수행과 경기력 향상에 도움을 주는 긍정적인 기능과 의도를 가지고 있기 때문에 많이 사용하고 있다. 다만 부정의 말과 생각이 지나쳐 부정에 초점이 모아지고 스스로를 부정의 울타리 속에 가두어 버리는 어리석은 선택을 하게 되는 것이 문제가 된다.

선수의 자아와 자기개념은 반복적인 말과 생각, 행동에 대한 피드백이 어떻게 제공되는가에 따라 프로그래밍된 것이다. 그래서 코치로부터 어떤 운동학습과 경험, 피드백을 받느냐에 따라 선수는 자신의 존재와 정체성을 만들게 된다. 훈련과 시합과정에서 긍정적인 학습과 경험, 피드백을 받는 성취경험을 많이 하게 되면 긍정과 관련된 뇌신경회로가 광케이블처럼 굵게 형성되고 활성화되어 심리적 안정감을 바탕으로 자신감과 유능감이 증대한다.

특히 운동학습과 수행의 모든 과정은 성취경험의 연속이다.
새로운 기술과 동작을 배우고 그것을 반복해서 트레이닝하며 수행을 향상시키는 성취경험이 누적되면서 무엇이든 잘할 수 있다는 자신감이 일반화되는 긍정적인 효과를 얻을 수 있게 된다. 운동학습과 트레이닝 과정에서 코치가 긍정적인 멘탈언어코칭과 피드백을 반복해서 제공해 주게 되면 운동학습과 트레이닝의 전체과정이 직접적이고 간접적인 선수 자신의 긍정적인 성취경험이 되어 자기효능감을 극대화시킨다.

코치의 역할은 선수가 가진 가능성과 잠재되어 있는 재능을 발견하고 그것을 끄집어내어 반복 훈련을 통해 선수 스스로 운동수행능력과 경기력을 최대한 높일 수 있도록 서포트해주는 것이다.
결국 모든 운동수행과 경기력 향상의 성과는 선수 자신의 몫이며 코치는 선수가 자신의 자원을 가장 효율적으로 사용할 수 있도록 멘탈상태와 환경을 조성해주는 역할을 할 뿐이다.

운동학습과 수행과정에서 반복적인 성취경험을 통해 긍정적인 멘탈 언어코칭과 피드백이 제공되면 선수의 자기효능감이 높아져 자기 안에 있는 긍정적인 성취 자원과의 접촉이 늘어난다. 긍정적인 성취경험이 반복되면서 일치시키기를 통해 자기 자신과의 강력한 라포가 형성되어 무엇이든 성취할 수 있다는 자기 자신의 능력에 대한 믿음이 자라게 된다. 선수가 자신과의 라포가 먼저 형성될 때만이 자신의 능력을 극대화시킬 수 있게 되며 다른 사람과 환경에 대해서도 라포를 형성할 수 있게 되는 것이다.

선수가 자신과의 라포를 바탕으로 외부환경과의 강력한 라포를 형성할 수 있게 되면 자신의 자원뿐만 아니라 다른 사람과 환경적 자원까지 자신의 목표를 이루기 위한 에너지로 사용할 수 있는 초능력적인 멘탈의 힘을 가지게 된다. 운동학습과 수행과정에서의 모든 성취결과를 만들어내는 것은 선수 자신의 몫이지만 선수가 좀 더 긍정적인 멘탈상태에서 자신의 능력을 발휘하여 목표를 성취할 수 있도록 방향을 제시하고 도와주는 역할은 코치의 몫이다. 그리고 그러한 코치의 역할은 코치가 가진 긍정적인 언어코칭과 피드백에서부터 시작된다.

특히 코치의 언어는 선수의 존재와 정체성을 만드는 기초 작업과 같기 때문에 중요한 의미를 가지고 있다. 언어가 중요한 의미를 가지게 되는 것은 언어가 뇌에 프로그래밍될 때 경험 당시의 감정과 정서가 함께 저장되어 필요할 때 그대로 재현되기 때문이다.

운동학습과 반복트레이닝 과정에서 코치가 반복해서 전해주는 긍정적인 멘탈언어와 피드백이 특정한 신경적 반응을 일으킬 수 있는 프로그래밍이 되어 중요한 시합상황에서 운동수행향상과 목표달성에 긍정적인 기능을 하게 된다.

긍정의 멘탈

2018년 평창 동계올림픽에서 세계 최강의 실력을 가진 대한민국 여자 쇼트트랙 대표팀이 3000m 계주 경기에서 24바퀴를 남겨두고 넘어져 반 바퀴 이상 뒤쳐지는 악재 속에서도 다시 일어나 선두로 나서며 올림픽 신기록을 세웠다. 우리 선수들은 넘어지고 뒤쳐진 자신의 부정적인 상태에 초점을 맞춘 것이 아니라 할 수 있다는 절대긍정의 멘탈에 초점을 맞추어 기적을 만들었다. 기적은 우연히 일어나지 않는다.
기적은 '할 수 있다'는 성공신념과 긍정의 멘탈로 최선을 다할 때 만들어지는 것이다.

어떤 생각을 반복적으로 떠올리는 것만으로도 우리의 뇌는 특정 신경회로를 활성화시키고 관련된 화학물질을 분비한다.
찰나의 짧은 순간에 번쩍이는 섬광처럼 생각과 관련된 과거의 기억이 떠올려지고 생각과 관련된 마음과 신체의 변화가 일어난다.

어떤 생각이나 상상을 하는 것만으로 뇌에는 특정한 기억의 흔적을 남기게 되고 그것이 반복되어 프로그래밍되는 것이다.

뇌는 신체를 사용한 실제 운동과 상상을 통해 가상으로 하는 운동의 차이를 구분할 수 있는 기능이 없다. 그래서 뇌는 착각의 챔피언이라는 멋진 별명을 가지고 있는 것이다. 마음으로 간절히 바라는 생각을 반복하고 그 생각에 말과 느낌, 행동을 완전히 일치시켜 초점을 맞추게 되면 뇌에 그와 관련된 굵은 신경망을 형성하여 자신의 존재와 정체성을 결정짓는다.

우리가 잘 아는 골프의 황제 타이거 우즈는 역대 골프선수 중 가장 많은 우승기록과 상금을 기록한 최고의 선수였다. 그의 성공비결은 다른 사람과 차별되는 자신의 긍정적이고 강한 멘탈에서 비롯되었다고 볼 수 있다. 그는 처음 국제대회에 출전했을 때 걱정하는 아버지에게 "공은 내가 원하는 곳을 갈 거야"라고 말하며 아버지를 안심시켰다.

그가 멘탈 스포츠인 골프를 잘할 수밖에 없었던 이유는 다른 선수들과 차별화된 자신만의 멘탈능력을 가지고 있었기 때문이다. 성인이 된 이후에도 타이거 우즈는 전문 멘탈트레이너로부터 지속적인 멘탈훈련을 받았으며 자신의 생각과 몸을 통제하고 조절하는 자신만의 뛰어난 멘탈능력을 가지고 있었다.

성공한 운동선수의 공통점을 찾아보면 우수한 멘탈능력을 가지고 있었고 자신의 성공전략을 수립하여 그 전략에 최선을 다했다는 사실이다. 그에 반해 일반선수의 공통점은 성공한 선수가 가진 탁월한 멘탈능력과 전략을 갖고 있지 못했다는 사실이다. 운동선수의 우수한 멘탈능력은 운동기술을 학습하고 수행하는데도 긍정적인 영향을 미치지만 일관성을 강화하여 경기력을 유지하는데 더 큰 영향을 미친다.

따라서 성공하는 선수로 성장하기 위해서는 자신만의 우수한 멘탈능력과 성공전략을 가지고 있어야 한다. 우수한 멘탈능력은 운동 목적에 부합하는 학습과 수행에 최적인 심리상태를 의미하며 좀 더 넓은 의미로 목적을 달성하기 위해 자신의 모든 자원을 일치시켜 최상의 성과를 창조할 수 있는 상태라고 할 수 있다.

선수가 성적이 좋지 않거나 슬럼프에 빠질 때 '멘탈이 문제'라는 말을 자주 한다. 지금 현재의 멘탈상태와 전략은 선수 스스로 선택한 것이 아니라 대부분 코치의 반복된 코칭과 훈련과정에서 뇌에 전용 신경회로가 형성된 것이다. 그래서 멘탈이 문제가 있다는 말은 선수의 멘탈 자체가 문제가 있는 것이 아니라 선수 자신이 멘탈에 대한 효율적인 사용방법에 대해 잘 알지 못하고 훈련받지 못한 상태에서 잘못된 신경회로를 선택한 것이라고 볼 수 있다.

어떤 선수도 멘탈 자체가 문제가 되지는 않는다. 다만 그 사용방법을 배우지 못해 멘탈적인 문제를 일으킬 뿐이다. 운동학습과 수행, 시합상황에서 찾아오는 부정적인 생각과 긴장, 불안 등은 멘탈에 대한 사용방법을 몰라 문제를 일으키는 것일 뿐이지 선수의 멘탈 자체에 문제가 있는 것은 아닌 것이다.

만약에 부정적인 생각과 느낌을 긍정의 멘탈로 전환하여 활력과 설레임을 느끼는 상태로 바꾸는 선택을 할 수 있다면 원하는 긍정적인 결과를 더 쉽고 빠르게 얻을 수 있게 된다. 뇌의 가소성은 반복된 긍정적인 생각만으로도 신경학적 구조를 바꾸어 긍정적인 멘탈상태를 만들 수 있게 해주기 때문이다.

우리의 뇌는 긍정을 떠올리고 반복적으로 생각하게 되면 긍정과 관련된 신경회로가 활성화되어 자신의 에너지와 자원을 긍정에 일치시켜 현실에서 긍정적인 성취와 결과물을 만들게 된다.

운동학습과 멘탈

2018년 평창 동계올림픽에서 금메달을 획득한 세계적인 선수의 기술과 동작을 보면서 스포츠의 매력에 흠뻑 빠지게 된다.
보통 사람의 한계를 뛰어넘는 최고 수준의 운동기술과 동작을 보며 그들의 타고난 재능에 아낌없는 환호와 찬사를 보낸다. 하지만 그러한 탁월한 선수들도 태어날 때부터 최고의 운동기술과 수행능력을 가지고 있었던 것은 아니다. 학습단계에 따라 오랜 기간 반복 트레이닝을 통해 예술적 경지의 운동기술과 수행능력을 갖게 된 것일 뿐이다.

그들은 최고 수준의 경기력을 가지기 위해 반복적인 멘탈트레이닝과 신체훈련으로 운동관련 신경회로를 강화시키고 최상의 운동수행을 할 수 있는 전체적인 네트워크를 확장하여 운동기능을 발달시켰다.
반복적인 훈련과 경험, 피드백에 의해 완벽한 운동수행이 이루어지는 내현기억시스템이 형성된 것이다.

이처럼 반복적인 훈련과 경험, 피드백을 통해 움직임 역량의 영구적인 변화를 이루는 전체적인 과정을 운동학습이라고 한다.
행동주의 심리학 관점에서 운동학습을 이해하면 동물실험을 통해 증명된 자극과 반응간의 관계에 초점을 둘뿐 정신, 마음, 의식과 잠재의식의 심리적 과정은 무시하기 쉽다. 이러한 행동주의 심리학이 인간의 운동학습과 수행을 이해하는데 큰 도움을 주었지만 많은 한계점을 드러내면서 이후 행동의 결과보다 행동의 과정을 중시하는 인지심리학이 발달하게 되었다.

이와 같이 인지심리학에서 과정을 중시하는 과정지향적인 접근방법은 행동주의 심리학과 마찬가지로 환경적인 자극과 정보가 인간의 행동에 중요한 영향을 미치는 것으로 받아들이지만 두 가지의 차이점은 인간이 환경에 단순히 통제당하는 것이 아니라 능동적으로 환경을 활용할 수 있는 유연성을 가진 존재로 본다는데 있다.

즉, 외부의 수많은 자극과 정보가 입력되고 출력되는 과정에서 외부적으로 관찰할 수 없는 능동적인 처리과정을 거쳐서 특정 반응과 행동이 나타난다고 보는 것이다. 이처럼 외부의 자극과 정보를 능동적으로 입력하여 그 정보를 처리하는 것을 정보처리이론이라고 하며 크게 세 가지 관점에서 정보처리이론을 이해할 수 있다.

첫째, 폐쇄회로이론(closed-loop theory)이다. 이 이론은 인간의 모든 행동과 운동수행이 기억시스템에 저장되어 있는 정확한 동작과 관련된 신경정보와 실제 신체적인 동작간의 오류를 수정하는 노력에 의해서 이루어진다고 보는 관점이다. 즉, 피드백에 의해 기술과 동작의 오류를 수정하는 것이다.

하지만 이 이론은 피드백 정보의 통로인 구심성 신경을 차단한 후 나타나는 운동의 현상을 실험한 연구에서 피드백 정보가 없어도 운동수행이 정상적으로 발생할 수 있다는 결과가 나오면서 한계에 부딪히기 시작했다. 또한 빠른 운동의 경우 피드백을 통해 동작의 오류를 수정하여 새로운 동작이 나타나기까지 소요되는 시간 때문에 빠른 운동에 대해서는 맞지 않는 한계가 있다.

둘째, 개방회로이론(open-loop theory)이다. 이 이론은 피드백이 없이도 운동수행이 정상적으로 일어날 수 있다는 것으로 동작이 발생하기 이전에 이미 대뇌피질에 운동 동작과 기술에 대한 프로그래밍이 되어 있다는 것이다. 따라서 이 이론으로 보면 피드백을 통한 조절과정이 불필요하다. 하지만 개방회로이론도 분명한 한계를 가지고 있다.
그것은 다양한 움직임에 대해 모두 프로그래밍이 되어있다면 우리 뇌가 가진 저장용량에 대한 의문이 생기게 된다. 아울러 전혀 예상하지 못했거나 과거에 경험하지 못한 움직임에 대해 뇌에 저장된 기억이 없는데도 완벽하게 수행하는 것을 제대로 설명하지 못한다.

셋째, 도식이론(schema theory)이다. 이 이론은 빠른 움직임은 피드백 없이 과거의 기억된 프로그램을 근거로 하여 새로운 운동을 계획하는 회상도식 개방회로이론으로 설명하고 느린 움직임은 피드백 정보를 통하여 잘못된 동작을 평가하고 수정하는 재인도식 폐쇄회로이론으로 설명하는 것이다.

어떠한 이론이든 신체적인 움직임과 뇌신경회로는 상관성을 가진다. 운동기억도 연합기억으로 저장되기 때문에 하나의 특정 신경망이 형성되면 다른 뉴런에도 함께 영향을 미쳐 운동수행이 달라진다.
신체적 반복 훈련과 경험, 피드백이 뇌에 프로그래밍되어 그 이후의 운동에 영향을 미치게 되며 뇌에 프로그래밍된 동작과 기술, 전략이 신체적인 움직임에 영향을 미치고 다양한 자극과 정보에 가장 효율적인 반응을 할 수 있게 해준다. 그래서 어릴 때부터 좋은 코치를 만나 바른 운동학습과 수행, 피드백을 받는 것이 중요한 것이다.

학습과 반응

운동기술이나 동작을 배운다는 것은 관련된 정보를 뇌와 신경에 기억시켜 프로그래밍시키는 과정으로 볼 수 있으며 기술과 동작을 실행한다는 것은 뇌와 신경에 프로그래밍되어 있는 정보를 활성화시켜 표출하는 과정으로 볼 수 있다.

만약 지금 화를 내고 있다면 그 화는 자기 내면에 이미 존재하고 있는 수많은 신경회로 중에서 화와 관련된 회로를 활성화시키는 선택을 한 것이다. 선택이란 유전적이든 학습과 경험에 의한 것이든 이미 형성된 특정 신경회로를 활성화시키는 것을 말한다.

즉, 다른 사람에게 화를 내는 것은 상대가 나의 화를 불러낸 것이 아니라 특정 단서나 자극에 의해 자신의 내면에 이미 존재하고 있는 화를 스스로 선택한 것일 뿐이다. 결국 어떤 학습과 반복을 통하여 뇌와 신경에 어떤 프로그래밍이 되어 있느냐에 의해 선택과 반응, 행동이 달라지게 되는 것이다.

만약 뇌에 저장되어 있지 않는 완전히 낯설은 자극과 단서가 주어지면 뇌는 관련된 신경회로가 없기 때문에 빠른 결단과 반응을 하지 못하고 주저하게 된다. 신경심리학자인 도널드 헵은 "동시에 활성화되면 서로 연결된다"는 헵의 이론을 주장했으며 헵의 이론은 학습의 기본적 원리가 된다. 학습은 기억되는 것이며 뉴런들 사이에 시냅스 연결이 만들어지는 것이다. 그리고 기억은 그 연결을 강화시켜 유지하게 된다.

우리는 학습을 통해 마음과 행동을 바꾸기도 하고 새로운 동작과 기술을 뇌와 신경에 프로그래밍시키기도 한다. 그리고 학습과정에서 기존의 신경회로를 활성화시키기도 하고 새로운 연결을 확장하기도 한다. 우리가 새로운 것을 배울 때 기존의 뇌 기억시스템을 이용하게 되는데 기존의 기억시스템에 존재하지 않는 정보를 학습하기는 쉽지 않다.

기존의 기억시스템에 없는 정보를 새롭게 뇌와 신경에 기억시키기 위해서는 많은 반복이 필요하다. 이렇게 형성된 새로운 기억이 비슷한 관련 기억들을 자극하여 서로 연합되면서 굵은 신경회로가 형성된다.
함께 연합되어 활성화된 뉴런은 서로의 연결이 강화되고 연결이 강화된 뉴런은 함께 활성화되는 것이 헵의 이론이다.

아프리카 원주민에게 하얀 눈을 설명하기란 참으로 힘들다.
그것은 그들의 뇌에 하얀 눈과 비슷한 기억이 전혀 없기 때문에 함께 활성화시킬 신경회로가 없기 때문이다. 만약 그들이 흰 소금을 알고 있다면 그것과 짝을 지어 눈에 대해 설명해줄 수 있다. 그들의 뇌에 기억된 흰 소금과 관련된 신경회로가 활성화되면서 하얀 눈을 이해할 때는 흰 소금의 이미지로 떠올릴 수 있다. 흰 소금이 하얀 눈과 함께 활성화되어 그 연결이 더욱더 강화되는 것이다. 이러한 학습이 반복되면 연결이 더 강해져서 흰 소금과 하얀 눈이 동시에 반응하게 된다.

운동선수가 중요한 시합에서 긴장과 불안을 많이 느낀다면 중요한 시합상황과 불안이 조건형성되어 학습된 것이다. 그 학습된 기억이 유전적인 것이든 환경적인 것이든 현재상태에서 불안을 느낀다면 학습이 된 것으로 보아야 한다.

원주민이 하얀 눈을 학습하기 전에는 하얀 눈을 생각하거나 하얀 눈에 대한 정서가 존재하지 않았듯이 선수가 불안에 대해 학습하지 않았다면 중요한 시합에서 불안심리 때문에 경기를 망치는 일이 일어나지 않을 것이다. 그것이 불안이든 즐거움이든 그러한 정서를 갖고 있다는 것은 특정 자극과 단서에 과민하게 반응하는 신경회로가 만들어져 있다고 볼 수 있으며 그것은 분명히 학습된 것이다.

만약에 선수가 훈련과정에서 약간의 긴장이 느껴지지만 그것이 오히려 마음의 집중상태와 활력상태를 만들어주는 반복된 학습이 있었다면 이 선수는 큰 시합에서도 자신의 실력을 일관성 있게 발휘할 수가 있는 안정상태를 유지할 수 있다. 우리는 '앎'을 통해서 존재할 수 있으며 '앎'이란 것은 학습을 통해 뇌에 기억된 것이다. 우리는 '앎'이라는 기억을 통해서만 자신을 자각하고 다른 대상을 확인할 수 있다.
다르게 표현하면 우리가 알지 못하면 그것은 존재하지 않는 것이다.

학습되지 않고 기억되지 않는 것은 우리 마음에 존재하지 않기 때문에 그것은 우리를 구속하지 못한다. 그래서 뇌에 저장되어 있지 않는 자극과 단서가 입력되면 전혀 반응을 하지 않거나 관련된 신경회로를 찾지 못해 긴장과 혼돈을 느끼면서 적합한 결정과 반응을 효과적으로 하지 못하는 것이다.

운동학습은 반복에 의해 뇌에 광케이블과 같은 아주 강하고 굵은 신경회로를 형성하여 기억시키는 과정이다. 스포츠에서 반복이란 특정 과제나 동작, 기술에 대해 초점을 맞추어 생각과 말, 행동을 되풀이 하여 새로운 신경회로를 생성시키거나 이미 형성되어 있는 신경회로의 연결을 강화하는 것을 의미한다. 반복 훈련을 하게 되면 그와 관련된 신경회로가 신경성장인자의 작용으로 굵고 강하게 만들어져 의식적 개입 없이도 자동화될 수 있게 된다.

이처럼 반복 훈련은 뇌의 신경회로까지 바꿀 수 있는 힘이 있다.
그래서 우리 뇌는 반복해서 들어온 정보는 사실로 받아들이고 그것에 대한 믿음을 만들어 그 믿음에 통제당하게 되는 것이다. 반응은 학습한 것을 바탕으로 형성된 신경회로를 선택하는 것이며 반응을 바꾸고 싶다면 새로운 학습을 반복하면 된다.

PART 2

뇌과학과 스포츠

신경계의 구성

인간의 신경계는 중추신경계와 말초신경계로 분류한다.
신체운동은 매우 복잡한 신경계통의 작용과 유기적인 지각 및 동작의 상호작용 속에서 이루어지며 크게 지각시스템과 동작시스템으로 이해할 수 있다. 그리고 운동과정에서의 모든 정보처리는 위계적 또는 병렬적으로 이루어지고 있으며 위계적 처리의 경우 지각시스템은 구심성을 가진다. 상위의 신경구조체들이 하위의 신경구조체들로부터 전해지는 감각정보들을 통합하여 해석하게 된다. 동작시스템은 원심성으로 상위의 신경구조체들에서 하위의 신경구조체들이 운동수행을 할 수 있도록 운동 명령을 계획하고 조직화한다.

중추신경인 뇌는 전체 혈류량의 20% 정도를 계속 공급받아야 정상적으로 기능할 수 있을 정도로 신체의 모든 움직임을 통제하고 조종하는 매우 중요한 핵심기능을 하고 있다. 뇌신경계를 구성하고 있는 신경세포(neuron)는 정보처리와 정보전달을 담당하는 신경계의 가장 기본적인 단위이다.

뉴런에는 유전적인 정보뿐만 아니라 학습과 경험, 피드백받은 모든 자극과 정보가 들어있으며 그 숫자가 무려 천억 개가 넘는다.
헤아릴 수 없을 정도로 많은 뉴런은 이웃 뉴런들과 시냅스 통로를 통해 병렬적인 조합을 만들어 정보를 교환한다. 하나의 뉴런이 수만, 수십만 개의 다른 뉴런들과 병렬적인 연결을 짓고 전체성을 이루고 있기 때문에 인간의 뇌를 하나의 부분 속에 전체의 정보가 들어있는 홀로그램적으로 보는 것이다.

하나의 뉴런이 이웃 뉴런들과 다양한 연결을 만들게 되는데 이것을 신경회로라고 부르며 신경회로가 뇌 전체의 넓은 네트워크를 형성하는 것을 신경망이라고 한다.

뇌의 신경가소성

인간의 뇌에는 약 천억 개가 넘는 뉴런이 있다.
뉴런은 하나의 축색돌기와 수만 개의 수상돌기를 갖고 있으며 가느다란 실과 같은 섬유를 통해 다른 뉴런들과 서로 정보를 교환하는데 그 연결을 신경회로라고 한다. 신경전달물질에 의해 하나의 뉴런이 다른 수만 개 이상의 뉴런들과 병렬적으로 신호를 주고받으며 이웃 뉴런들과 비국소성으로 연결되어 정보가 공유된다.

이처럼 하나의 뉴런이 뇌 전체의 다른 뉴런들과 병렬적으로 연결되어 있기 때문에 모든 정보가 연합기억으로 존재한다. 그리고 그 연합기억은 새로운 자극과 정보에 의해 언제든지 새로운 연결을 만드는 가소성을 갖고 있다.

특정한 생각을 떠올리는 것만으로도 우리 뇌는 관련된 신경회로를 활성화시키고 특정한 화학물질을 분비하여 몸상태를 바꾸게 된다.
생각의 힘만으로도 뇌에 엄청난 전류가 흐르고 몸을 생각과 관련된 상태로 통제한다. 그 생각이 의식적이든 잠재의식적이든 상관없이 우리의 몸은 생각에 의해 반응하고 통제당하게 되는 것이다.
이처럼 생각이 신경회로를 강화시키고 화학물질을 분비하여 몸상태를 바꾸는 강력한 힘을 갖고 있다면 어떤 반복적인 생각을 하느냐에 따라 우리의 마음과 몸상태, 행동이 직접적인 영향을 받고 통제당하게 된다는 것을 알 수 있다.

만약 부정적인 생각을 반복하면 부정적인 정보가 저장된 뉴런의 연결이 더 많이 활성화되고 그와 관련된 나쁜 화학물질이 분비되면서 순식간에 뇌를 장악해버린다. 그리고 그것을 정상적인 상태로 착각하여 자신의 항등성이 부정적이고 병적인 상태에 고정되어 지속성을 가지게 되면서 부정에 중독된 상태가 된다. 똑똑한 뇌는 생각뿐만 아니라 지각하고 행동하는 모든 것에 반응하며 새롭게 제공되는 자극과 정보에 의해 매 순간 연결 패턴을 바꾸는 탁월한 신경가소성을 가지고 있다.

사람들은 모두가 저마다 다른 유전형질을 가지고 태어났기 때문에 유전적인 요인이 초기 뇌의 발달에 영향을 미칠 수밖에 없지만 유전이 절대적인 결정력을 가지고 있는 것은 아니다. 특정한 유전적인 기질과 성향을 가지고 있지만 인간이 가진 자유의지에 의해 얼마든지 더 나은 선택이 가능하기 때문이다. 생각뿐만 아니라 어떤 말을 자주하고 어떤 행동을 반복하는가에 따라 특정한 유전적인 기질을 선택하여 타고난 유전자를 그대로 발현시킬 수도 있고 바꿀 수도 있다.

뇌의 발달과정은 과거에는 대부분 태아 또는 아기 때 결정된다고 보았지만 최근에는 유년기, 청소년기, 성인기, 노년기에 상관없이 어떠한 학습과 경험을 반복하고 다른 사람들과의 관계를 맺는가에 따라 뇌의 발달은 평생 계속되는 과정이라고 본다.

뇌는 일관성을 유지하게 하는 관성을 가지고 있으면서도 변화를 위한 신경가소성과 탄력성을 동시에 가지고 있다. 이처럼 우리의 존재는 변화하지 않으려는 일관성과 더불어 상황과 환경에 따라 변화하는 가변성을 함께 가지고 있기 때문에 의식적인 자유의지에 의해 원하는 변화와 성취를 이룰 수 있는 것이다.

우리는 자신이 무엇이 될지를 선택할 수 있는 자유의지를 가진 훌륭한 뇌를 가지고 있다. 그리고 탁월한 선택과 반복을 통해 특정한 영역의 뇌기능을 발달시킬 수도 있다. 새로운 자극과 정보에 반응하는 뇌는 축색돌기와 수상돌기의 연결을 수시로 바꾸는 가소성으로 새로운 신경회로를 생성시키거나 기존의 필요한 회로를 강화한다. 우리의 반복적인 생각과 정서, 언어, 운동은 선택과 연결에 의해 새로운 신경회로를 생성시키거나 강화하여 자신의 정체성을 만드는 과정이다.

스포츠에서의 멘탈코칭은 뇌에 긍정적인 자극과 정보를 반복적으로 제공하여 원하는 목표를 달성할 수 있는 우수한 뇌로 트레이닝하는 과정으로 볼 수 있다. 효율적으로 뇌를 트레이닝시키기 위해 언어와 생각, 정서, 운동 등 다양한 방법들을 활용할 수 있으며 이 과정을 통해 반복적으로 사용된 신경회로가 더 강화되고 함께 활성화된다.

예를 들어 골프를 배우거나 훈련할 때 고차원 기술이나 특정한 동작을 반복적으로 더 많이 훈련할수록 그와 관련된 신경회로가 더 굵게 강화되는 것이다. 이러한 훈련과정에서 코치의 언어코칭 및 기술코칭의 내용과 수준에 따라 선수의 경기력 수준을 결정짓는 신경회로의 발달이 더 강화된다고 볼 수 있다.

초기에는 의식적인 긴장과 주의집중이 필요하지만 반복을 통해 신경회로가 광케이블처럼 굵어지게 되면 완전히 자동화되어 의식적 개입 없이도 그 동작이 완벽하게 이루어진다. 훈련과정에서 반복적으로 입력하거나 인출하게 되면 뇌에서는 그와 관련된 특정 신경회로를 강화하여 전체적인 변화를 일으키고 그것을 사실로 받아들여 강한 믿음을 만들어 스스로를 통제하게 된다.

그렇기 때문에 훈련과정에서 선수의 안정적인 심리상태와 기저선 상태를 유지하는 것이 매우 중요하다. 왜냐하면 훈련과정에서 연합된 정서와 심리상태가 시합에서의 경기력에 그대로 반영되기 때문이다.
스포츠는 신체적 움직임을 통해 특정한 뇌신경회로를 활성화시켜 원하는 목표를 이루게 하는 선택과 반복 과정이라고 할 수 있다.

신경의 진화

외형상 인간의 두뇌는 거의 비슷한 모양을 띠고 있다.
하지만 개인의 타고난 유전적 기질과 성장과정에서의 학습과 경험에 따라 서로 다른 신경회로를 형성하기 때문에 구조가 다른 뇌를 가지게 된다. 신경진화론은 인간 두뇌의 가소성을 설명해주는 이론으로써 환경이나 상황에 따라 저마다의 학습과 경험이 달라지면서 뇌의 구조도 서로 달라진다고 주장한다.

모든 운동학습과정은 반복을 통해 특정 신경회로를 활성화하여 함께 발화한 뉴런들의 연결을 강화시킨다. 예를 들어 테니스의 서브연습을 수없이 반복하게 되면 그와 관련된 특정 뉴런의 연결을 더욱 촉진하게 되어 완벽하게 서브를 할 수 있게 하는 자동화된 신경회로가 더 굵게 강화되는 것이다.

서로 연결된 회로는 함께 활성화되며 이렇게 활성화된 뉴런은 서로의 연결이 더 굵게 강화되어 의식적 개입 없이도 실행될 수 있도록 자동화된다. 훈련을 얼마나 많이 반복하느냐가 경기력을 결정짓는 요인이 되는 이유가 신경회로의 연결 상태는 많이 사용한 만큼 굵게 강화되어 일관성을 유지하며 자동화되기 때문이다.

굵게 형성된 전용 신경회로는 마치 넓게 뚫린 자동차 전용 고속도로처럼 불필요한 정보간섭 없이 언제 어디서나 일관된 형태로 나타나게 되어 경기력을 높여주게 되는 것이다. 훈련은 실전처럼 실전은 훈련처럼 하라는 말에는 평소 훈련과정에서 최상의 성적을 낼 수 있는 본인의 신경회로를 강화시키면 시합상황에서도 훈련 때의 패턴을 일관성 있게 유지시켜주는 신경회로가 활성화된다는 뜻이 포함되어 있다.

반대로 자주 사용하지 않는 신경회로는 자연적으로 소멸한다.
신경회로는 사용하지 않거나 훈련하지 않으면 연결을 약화시키거나 단절시킨다. 자주 사용하지 않거나 훈련받지 못한 신경회로는 연결을 축소시키거나 영역을 좁혀 유기적인 운동기술과 수행을 원활하게 하지 못하는 상태로 남는다. 그렇기 때문에 잘못된 운동기술이나 멘탈상태를 바꾸고 싶다면 새로운 자극과 정보를 반복적으로 제공해주어야 한다. 뉴런의 연결을 반복해서 바꾸어주게 되면 기존의 고착상태를 얼마든지 깨뜨릴 수가 있다.

탁월한 가소성을 가진 뇌는 새로운 자극과 정보를 제공하고 특정 행동에 대해 반복적인 피드백을 제공해주면 기존의 고착화된 신경회로의 배열을 바꾸는 선택을 하게 된다. 낯설고 익숙하지 않는 새로운 기술이나 동작을 받아들이는 좀 더 유연한 멘탈상태를 만들고 싶다면 새로운 것에 완전히 초점을 일치시키고 몰입하여 반복적인 훈련을 해야 한다.

뇌는 비국소성에 의해 연합기억으로 작동되기 때문에 감각통합능력을 가지고 있다. 즉, 하나의 특정 기술이나 동작을 완전히 이해하고 신경회로를 강화시키게 되면 비국소성에 의해 다른 기술과 동작을 하는 데도 긍정적인 영향을 미치게 된다. 운동학습과정에서 한 가지 동작을 완전히 습득하게 되면 신경회로의 강도와 숫자를 확대하여 전체적인 운동수행이 향상되는 것이다. 공부를 할 때 한 가지 지혜를 깨닫게 되면 비국소적인 연합기억에 의해 다른 지식의 체계까지 함께 업그레이드 되는 것과 같은 원리이다.

예를 들어 골프를 학습할 때 새로운 각각의 기술을 반복해서 훈련하게 되면 전체성을 갖게 되어 고차원적인 기술이나 인지능력이 함께 향상된다. 운동학습과정에서 처음에는 반복적인 활동에 필요한 정신적 긴장과 확장, 다양한 시냅스의 생성, 이웃 뉴런들과의 연결 때문에 운동수행을 위한 완전한 전체성을 가지지 못한다.
하지만 반복 훈련을 통해 숙달되면 불필요한 정보간섭을 차단한 상태에서 완전한 전체성을 가지게 되어 자동화된 기억이 만들어진다.

운동 목표와 수행을 위한 전체성을 가진 내현기억시스템에 의해 몸이 먼저 반응하는 수준까지 골프 실력이 향상되는 것이다.

반복적인 운동수행과정은 기존의 신경회로를 강화시키거나 더 많은 연결을 만들뿐만 아니라 새로운 신경회로를 생성시켜 차원이 다른 연결을 확장하기도 한다. 운동기술과 난이도에 맞는 새로운 신경회로를 형성하거나 생성시키는 신경의 진화능력은 누구나 갖고 있는 선천적인 능력이며 선택과 반복 훈련을 통해 원하는 수행 상태를 얼마든지 활용할 수 있다.

헵의 학습

1970년대에 캐나다의 신경심리학자인 도널드 헵(Donald Hebb)박사는 중추신경계의 시냅스 연결의 원리에 기반을 둔 기억과 학습이론을 제시했는데 "함께 활성화된 뉴런은 서로의 연결이 강화되며 강화된 연결은 계속 함께 활성화된다"는 헵의 이론이다.

운동학습과정에서 새로운 기술과 전략을 습득한 후 반복 훈련을 통해 그것을 뇌에 어떻게 저장하여 기억하는가에 따라 운동수행이나 경기상황에서 복합적인 신경회로의 연결이 동시에 활성화될 수 있는 반응이 달라진다.

헵의 학습이론은 강자가 약자를 돕는 것이다. 새로운 학습과정은 뇌에 저장된 기존의 기억시스템을 활용하는 것이기 때문에 새롭게 입력된 정보는 기존의 기억과 연결되어 강화되고 강화된 연결은 다음에 비슷한 자극과 단서가 주어지면 함께 활성화하게 된다.

예를 들어 배드민턴 선수가 새롭게 테니스를 배운다고 가정해보면 배드민턴을 배웠을 때의 자세와 동작과 관련된 특정 신경회로가 만들어져 있을 것이다. 신체의 균형과 동작, 자세와 관련된 배드민턴 운동신경회로가 테니스를 배우는 과정에서 활성화될 준비를 이미 갖추고 있다. 그 덕분에 배드민턴을 전혀 배우지 않은 선수보다 테니스를 배우는 것이 쉽고 빠를 수가 있는 것이다.

배드민턴을 잘하는 것은 강자이고 테니스를 배우는 것은 약자이다. 이것이 강자가 약자를 도와 새로운 학습을 쉽고 빠르게 해주는 원리이다. 연결이 강화되면 동시에 활성화되고 동시에 활성화되면 서로 연결이 강화된다는 원칙은 새로운 기술을 배울 때도 그대로 적용이 된다. 헵의 학습이론으로 본다면 새로운 것을 학습하기 위해서는 기존의 알고 있는 기억시스템이 존재해야만 한다.

하나의 동작이나 기술에 대한 정확한 신경회로를 형성하는 운동학습은 이후 다른 동작과 기술을 배우는데도 그대로 사용된다.
그 이유는 새로운 학습은 이미 존재하는 기존의 신경회로를 활용하기 때문이다. 새로운 것을 배울 때나 익숙하지 않는 것을 배우기 위해서는 기존의 익숙함을 주는 신경회로가 존재해야 하는 것이다.

기존의 신경회로가 유전적인 것이든 반복에 의해 학습된 것이든 이미 존재하는 회로가 있어야 새로운 연결을 만들 수가 있다. 결국 기존의 이미 형성된 신경회로가 새로운 운동학습의 성질과 형태를 결정하게 된다. 한 가지 종목에서 운동신경이 좋은 선수가 다른 운동 종목을 쉽고 빠르게 배우는 것은 기존의 익숙한 운동신경회로를 활용하여 새로운 학습을 하기 때문이다.

하지만 기존에 존재하지 않는 신경회로라고 하더라도 반복해서 새로운 학습을 하게 되면 신경회로를 굵게 생성시켜 기존의 관계있는 신경회로와의 새로운 연결을 강화하여 함께 활성화된다. 그래서 반복 훈련이 중요한 것이다. 무엇이든 반복하면 뇌는 그것을 사실로 받아들여 믿음을 만든다. 믿음이 만들어졌다는 것은 뇌에 그와 관련된 전용 신경회로가 만들어진 것이라고 볼 수 있다.

인간의 뇌는 비국소성에 의한 연합기억으로 구성되어 있기 때문에 함께 활성화된 뉴런은 서로 연결이 강화되며 연결이 강화된 뉴런은 함께 활성화되어 완전한 전용 신경회로에 의해 최상의 운동수행을 위한 상태를 유지시켜준다. 이때 반복적인 훈련과정에서 어떠한 정서적 경험과 심리상태를 반복하는가에 따라 실제 시합상황에서의 경기력으로 나타난다. 그것이 자신감이든 불안이든 시합상황에서의 멘탈상태는 훈련과정에서 이미 학습된 것에 불과하다.

비국소성에 의해 운동기술과 동작뿐만 아니라 긍정적인 멘탈상태까지도 반복적으로 연합되어 굵은 신경회로가 형성되면 실제 시합상황에서 긍정적인 성과를 얻을 수 있게 된다. 그렇기 때문에 훈련과정에서 코치의 긍정적인 멘탈코칭능력이 중요한 것이다.

선택과 훈련

선택이란 유전적인 것이든 반복된 훈련을 통해 이미 존재하는 것이든 특정 신경회로를 활성화하는 것이다. 그것이 개인의 유전적인 것이든 학습과 경험에 의한 것이든 이미 기억되고 있는 고정된 패턴 중에서 운동수행과 경기상황에 가장 적합한 신경회로를 선택하게 된다.
선택이 이미 존재하는 특정 신경회로를 활용하는 것이라면 훈련은 선택된 신경회로를 반복을 통해 강화시키거나 자동화된 굵은 전용 신경회로를 생성시키는 과정이다.

훈련은 운동수행과 경기상황에 가장 효율적이고 적합한 자신의 신경회로를 구성하여 반복을 통해 자동화시키는 것이다.
착각의 챔피언인 뇌는 그 무엇이든 반복하면 사실로 받아들이고 그것에 관한 믿음을 만들어 신경회로까지도 바꿀 수 있는 위대한 가소성의 힘을 가지고 있다. 선수의 반복적인 생각이나 말, 정서, 행동, 경험 등 모든 것이 운동상황에 가장 알맞은 선택과 훈련을 통해 굵은 신경회로를 형성하여 일관성 있는 자신의 존재와 상태를 만들게 되는 것이다.

운동은 선택과 반복을 통해 뇌에 새로운 프로그램을 만들게 된다.
신체적인 신경의 발달뿐 아니라 정서적 경험도 함께 피드백되어 뇌에 강한 흔적을 남긴다. 이 과정에서 코치의 생각과 말, 행동, 태도 등이 선수에게 직접적인 영향을 미친다. 선택과 반복으로 뇌에 프로그래밍된 것이 원심성에 의해 신체발달을 돕고 신체발달이 구심성에 의해 뇌에 새로운 기억시스템을 강화해주는 상보성을 가진다.

그래서 선수의 운동수행향상과 경기력을 높이기 위해서는 선택과 훈련이 모두 중요한 것이다.

운동학습은 그것이 유전적이든 환경적이든 특정한 신경회로를 선택하거나 생성시키는 것이며 반복적인 멘탈트레이닝과 신체적인 훈련을 통해 선택한 동작이나 기술을 더욱더 정교하게 프로그래밍시키는 과정이다. 그렇기 때문에 정확한 기술이나 동작이 요구되는 운동 종목이나 특정 상황에서 최상의 수행과 성적을 위해 어떤 신경회로를 선택할 것인지와 그것을 어떻게 반복하여 자동화시킬 것인지에 따라 선수의 실력과 경기력이 결정된다.

운동학습과 발전과정은 최상의 선택과 훈련을 통해 더 좋은 결과를 얻는 것이다. 신경과학자들은 유전과 환경이 미치는 영향도 중요하지만 어떤 신경회로를 선택하고 훈련하는 과정이 선수의 운동 수준과 실력을 결정하는데 더 중요한 요인이 된다고 주장한다. 과거에는 많은 사람들이 뇌와 신체적인 발달은 유전적으로 결정된다고 믿거나 나이가 들면 발달이 멈추거나 퇴화하게 된다고 믿었다. 하지만 최근 뇌과학과 컴퓨터 기술의 발달로 그 이전에 알지 못했던 뇌와 신체의 가소성과 발달 기능을 알 수 있게 되었다.

뇌의 신경가소성은 유전적 요인과 나이의 영향을 받기는 하지만 선택과 반복에 의해 새로운 신경회로를 만들거나 활성화시킬 수 있다는 것이 밝혀졌다. 뇌와 신체는 선택과 반복에 의해 얼마든지 자신이 원하는 신경회로를 발달시켜 원하는 운동수행과 경기력 향상이라는 결과를 얻을 수 있다는 것이다.

중요한 것은 어떤 선택과 훈련을 반복하게 하는가의 결정이 코치에게 있다는 사실이다. 선수가 아무리 재능이 뛰어나더라도 잘못된 선택과 반복 훈련을 하게 된다면 자신의 재능을 꽃피울 수가 없기 때문이다.

심상훈련

사람이 동물과 차이나는 능력 중에 한 가지가 동물은 본능에 충실하기 때문에 CR적 현실만 믿고 그것에 반응한다는 것이고 사람은 본능에 충실하면서도 이성적 존재이기 때문에 일상적 실재인 CR의 현실뿐만 아니라 비일상적 실재인 NCR의 세계에 대한 믿음으로 창조적인 결과를 만들어낼 수 있는 능력을 가지고 있다는 것이다.

인류는 NCR적인 상상을 통해 계속 진화해왔으며 지금도 그 상상에 의해 모든 것이 빠르게 진화해가고 있다. 뇌가 가진 무한창조의 능력을 활용할 수만 있다면 무한성취의 현실을 만들어낼 수 있게 된다.

진화의 중심에 있는 탁월성을 가진 뇌는 안전을 위하여 두개골 속에 자리 잡고 있기 때문에 외부와의 직접적인 접촉을 하지 못하고 감각을 통해 정보를 주고받으며 세상과 소통한다.

그래서 선명한 감각을 동원하여 상상한 것에 대해서도 뇌는 사실로 착각을 일으켜 믿음을 만들어 반응하게 된다. 뇌에 정보를 보내고 명령을 받는 감각신경은 CR적 자극과 정보에만 반응하는 것이 아니라 가상적인 NCR적 자극과 정보에도 똑같이 반응을 하기 때문에 뇌는 상상과 현실의 차이를 구분하지 못하는 착각의 챔피언인 것이다.

우리는 신맛이 나는 레몬을 상상하기만 해도 입안에 침이 고이고 미래의 성공한 자신의 모습을 상상하기만 해도 기분이 좋아진다.

반대로 스트레스나 불안을 주는 미해결 과제를 떠올리는 것만으로도 부정적인 신경회로가 활성화되고 그와 관련된 화학물질을 분비하며 마음과 몸의 상태를 부정적으로 바꾸어 버린다. 이처럼 단지 마음으로 상상만 했을 뿐인데도 우리 몸은 특정한 반응을 하게 되는 것이며 우리 뇌를 착각의 챔피언이라고 부르는 이유가 이처럼 상상과 현실을 구분하지 못하기 때문이다.

어느 골프 지망생이 TV에서 보았던 유명 프로골프선수의 멋진 샷 장면을 선명하게 이미지 시킨 후 훈련과정에서 그 동작을 반복해서 연습해보니 확실히 자신의 운동수행이 향상되는 효과를 얻게 되었다.

이것은 직접 코칭을 받지 않았지만 TV에서 보았던 프로골프선수의 샷 장면을 자신의 거울뉴런이 그대로 모델링하여 뇌에 프로그래밍시켰기 때문에 가능한 것이다.

시합을 앞두고 있는 선수가 긴장되는 자신의 마음을 진정시키기 위해 마음속으로 시합상황을 생생하게 여러번 시각화시켜 익숙하게 만들게 되면 마음이 편안해지면서 시합에 대한 불안한 마음을 해결할 수 있게 된다. 이것이 심상훈련의 효과이다.

우리 뇌는 상상한 것과 실제 경험의 차이를 현재상태에서 인식할 수는 있지만 두 가지 모두 같은 기억시스템을 사용하기 때문에 실제로는 상상과 현실을 구분하지 못하게 된다. 심상이란 오감을 동원하여 마음속으로 어떤 경험을 회상하거나 새로운 미래기억을 만들어내는 것으로 우리 뇌가 가진 착각의 기능을 긍정적으로 이용하는 것이다.

우리의 뇌가 가진 별명이 '착각의 챔피언'이라고 했다. 뇌는 두개골 안에 안전하게 자리 잡고 있기 때문에 외부와의 접촉과 소통을 직접적으로 하지 못하고 감각을 통해서만 만나고 반응한다. 그래서 뇌는 오감을 동원해 생생하게 상상을 하게 되면 그것을 실제 경험과 같은 것으로 착각하여 반응하게 되는 것이다.

우리는 어떤 것을 실제로 경험하지 않고도 그 이미지를 떠올리고 그것에 대한 느낌과 냄새, 맛, 소리 등을 연합하여 뇌에 프로그래밍시킬 수 있다. 스포츠에서 심상훈련은 이미지 트레이닝이라고 하며 심상을 자신이 원하는 상태로 통제하는 훈련을 반복하여 운동수행과 경기력을 향상시키는데 활용한다.

유도에서 올림픽 금메달을 획득한 최민호 선수는 한 때 '3등 콤플렉스'라는 심리적 압박감에 시달렸다. 과거의 반복된 실패 경험이 부정적 자기 제한 신념이 되어 스스로를 강하게 구속하고 있었던 것이다.
이러한 콤플렉스를 극복하기 위해 과거 시합이 잘 풀리던 자신의 기억과 즐겁게 훈련하던 기억 등을 선명하게 떠올리는 심상훈련을 통해 자신의 멘탈을 긍정적인 상태로 바꾸어 자신감을 회복하여 올림픽에서 우승을 할 수 있었다. 그동안 실력이 없어 우승을 못했던 것이 아니라 멘탈사용방법을 몰라 자기 안에 감추어져 있던 실력을 완전히 발휘하지 못했을 뿐이었다.

우리 뇌는 과거에 대한 회상과 미래에 대한 상상을 선명하게 반복하게 되면 그것이 긍정이든 부정이든 상관하지 않고 그것을 사실로 받아들여 강한 믿음을 만든다. 자신의 믿음 상태에 따라 모든 자원을 일치시켜 목표를 달성할 수 있는 자신의 멘탈과 신체상태를 유지할 수 있게 되는 것이다.

스포츠 선진국에서는 국가대표선수나 프로선수들에게 전문 멘탈코치를 배치하여 체계적인 멘탈트레이닝을 실시하고 있으며 우리나라에서도 멘탈코칭의 중요성에 대한 인식이 높아지고 있다.
국가대표선수나 전문 프로선수들은 멘탈코치의 코칭을 받고 있으며 이러한 멘탈트레이닝은 국가대표선수나 프로선수뿐 아니라 일반 스포츠에 참여하는 모든 사람에게 꼭 필요한 훈련과정이다.

특히 어린 나이에 운동을 배우는 스포츠 꿈나무들의 경우 멘탈트레이닝은 너무나 중요하다. 이 시기에 멘탈트레이닝은 단순한 운동수행과 경기력 향상뿐만 아니라 개인의 인성과 정체성을 만드는 중요한 교육적 수단이 되기 때문이다.

우리 뇌는 오감적으로 선명하게 상상한 것과 실제 경험의 차이를 구분하지 못한다. 그래서 운동수행과 목표에 대한 심상훈련을 통해 원하는 신경회로를 반복적으로 강화시키거나 생성시키게 되면 실제 몸으로 운동했을 때와 비슷한 효과를 얻을 수 있게 되어 목표달성을 앞당기는데 도움을 받게 되는 것이다.

운동수행 효과를 높이기 위해서는 신체를 단련하여 멘탈을 강화할 수도 있고 멘탈을 강화하여 신체적인 변화를 이룰 수도 있다.
멘탈과 신체는 심신상관성에 의해 비국소성으로 연결되어 있기 때문에 어느 한 가지를 바꾸면 나머지 한 가지도 자연적으로 변화할 수밖에 없다. 멘탈훈련만으로도 신체적인 변화를 이룰 수 있는 이유는 마음과 몸은 상보성으로 연결된 하나의 체계이기 때문이다.

결국 모든 신체적인 활동에 이미 멘탈이 포함되어 있고 모든 멘탈훈련에 신체적인 움직임이 함께 포함되어 있는 비국소성과 홀로그램적인 시스템으로 작동되기 때문에 반복적인 신체훈련과 더불어 선명한 심상훈련이 중요한 것이다. 심상훈련은 스포츠에서 선수의 실력향상을 위한 멘탈코칭뿐만 아니라 교육, 리더십, 마케팅, 종교, 치유 등 다양한 분야에서 활용할 수 있는 훈련기법이다.

인간의 뇌는 상상이든 실제 경험이든 구분하지 않고 그 무엇이든 반복하면 그것을 사실로 받아들여 믿음을 만든다. 그 믿음에 마음과 몸을 일치시켜 특정 목표를 성취하기 위한 초능력적인 에너지와 잠재된 자원을 사용할 수 있게 된다. 그런데도 스포츠 현장에서 코치가 선수들의 심상훈련을 체계적으로 훈련 프로그램에 적용시키지 않는 이유는 코치 자신이 심상훈련의 효과를 믿지 않거나 심상훈련을 전문적으로 배우지 못했기 때문이다.

아무리 좋은 약도 잘못 처방하게 되면 독이 되듯이 남들이 하는 모습만 대충 흉내 내는 심상훈련은 오히려 정보간섭에 의해 역효과가 나타난다. 트랜스 상태에서 오감을 선명하게 활용한 몰입된 심상훈련을 체계적으로 실시할 때 긍정적인 효과를 기대할 수 있다.

학습과 기억

운동학습은 반복적인 훈련 또는 경험의 결과로 나타나는 마음과 행동의 비교적 영구적인 변화이다. 이 변화는 시냅스에 의한 뉴런간의 연결인 신경회로에 의해 일어난다. 뉴런간의 연결이 강화된 것이 기억되며 학습과 기억은 순환적 관계이다.

학습은 기억으로 가는 디딤돌이 되며 모든 학습은 기억을 토대로 이루어진다. 기억은 학습한 것을 저장하는 능력이기 때문에 기억이 없는 학습은 아무런 의미나 가치가 없다. 그리고 학습이 없는 기억도 존재하지 않는다. 스포츠에서 지각과 경험, 피드백, 행동은 학습된 기억시스템을 활용하는 것이다.

시합이나 운동학습과정에서 자극과 정보, 경험, 피드백을 어떻게 제공하느냐에 따라 선수의 지각이 달라지며 그 지각에 의해 신경회로가 활성화된다. 이때 비정상적인 지각은 선수의 경험과 기억을 왜곡시킨다. 만약에 실수나 패배에 대한 비정상적인 지각과 피드백에 의한 왜곡으로 심리적 부조화가 생기게 되면 감각 수준을 넘어 뇌의 통합적 인식과 해석까지 잘못된다.

인간의 뇌구조를 컴퓨터와 비교해서 이해하면 '입력-저장-출력'의 과정으로 설명할 수 있다. 자극과 정보가 어떻게 지각되어 입력되고 피드백되는가에 따라 자신의 현재상태를 만들고 현재상태에 따라 새로운 입력과 출력이 이루어지기 때문에 인식과 해석에 의한 입력, 저장, 출력과정이 중요한 것이다. 그중에서도 뇌의 정보처리과정은 현재의 마음상태에 따라 생략, 왜곡, 일반화의 여과과정을 거치기 때문에 현재의 마음 상태를 형성하는 인식과 해석을 바탕으로 하는 입력과정이 가장 중요한 역할을 한다.

인간의 뇌는 일관성을 유지하려는 놀라운 관성을 가지고 있는데 그 이유는 이전의 학습과 경험에 의해 입력된 정보가 특정한 신경회로를 굵게 형성하고 있기 때문이다. 이러한 신경회로는 폭넓은 네트워크를 만들어 이웃 뉴런들과의 더 많은 연결을 강화하여 자신만의 특별한 존재와 정체성을 만들게 된다. 그래서 반복적으로 제공된 정보나 훈련, 충격적으로 입력된 경험에 대해서는 연결 상태를 굳혀 일관성과 관성을 유지하게 되는 것이다.

이러한 일관성과 관성은 필요 없는 정보를 소외시키거나 차단하게 되면서 새로운 변화를 거부하기 때문에 정보간섭을 차단하는 긍정적인 효과를 가져오게 된다. 그것이 긍정적인 운동결과를 얻게 해준다면 일관성과 관성을 갖는 것이 절대적으로 도움이 되지만 현재의 상태가 운동수행향상과 경기력에 도움이 되지 않거나 정체를 가져오게 만든다면 변화를 위한 반복적인 입력을 통해 새로운 관성을 만들어야 한다.

나쁜 습관이나 긴장, 불안 등의 심리적 문제뿐 아니라 신체적인 동작이나 기술, 자세 등의 잘못된 특정 패턴이 반복해서 형성되면 신경시스템은 완전히 고착화되고 확고해진다. 이러한 결과는 헵의 이론에 의해 함께 발화된 뉴런의 연결이 굵게 강화되고 연결된 회로는 함께 활성화되어 완전한 자동화가 이루어지기 때문이다.

과거의 반복된 운동학습과 경험은 다음의 운동학습과 경험 방식을 결정하게 된다. 일관성 있는 지각은 기존의 기억시스템을 활용하여 이후의 경험을 일관성 있게 유지시켜준다. 특정 근육이 특정 운동에 무의식 상태에서 자동적으로 반응하듯이 신경회로가 굵게 강화되면 자신의 의식과 관계없이 자동적으로 반응하게 되는 중독현상이 일관성 있게 나타나는 것이다.

과거에 먼저 입력된 정보가 자리를 잡아 특정한 신경회로를 만들게 되면 고정관념에 의해 뇌는 일관성을 갖게 되고 과거의 경험이 재현될 것이라는 예측을 하게 된다. 이렇게 되면 과거와 다른 새로운 자극과 정보에 둔감해지거나 저항하는 상태를 만든다.

만약 잘못된 학습과 훈련으로 왜곡된 자신의 신경회로가 형성되어 있다면 새로운 정보와 경험, 피드백을 반복해서 제공해주어야 한다.
그것이 심상훈련이든 실제 경험이든 상관없이 새로운 입력을 반복하여 뇌의 상태로 바꾸어야 하는 이유이다.

기억과 운동수행

인간의 모든 사고와 가치는 물론이고 다른 사람들과의 소통이나 행동은 뇌의 기억시스템이 존재하고 있기 때문에 가능하다.
만약 기억이 없다면 우리는 매번 새로운 환경에 노출될 때마다 처음부터 모든 것을 새롭게 학습해야 한다. 다행히 인간은 학습과 경험, 피드백을 통하여 뇌에 수많은 기억들이 저장되어 있다. 운동학습과 반복은 이러한 기억을 강화하여 특정한 신경적 반응을 자동화할 수 있도록 프로그래밍시키는 과정이다.

기억은 뇌에 단순히 저장되어 있는 것이 아니다. 오랜 시간의 흐름 속에서 학습과 경험을 통하여 저장된 정보를 지속적으로 보유하며 다양한 상황에 적절히 활용할 수 있도록 해준다. 기억시스템은 정보의 양과 시간, 유형에 따라 구분이 된다. 먼저 저장할 수 있는 정보의 양과 시간으로 구분을 할 수 있다.

첫째, 감각기억이다. 뇌는 두개골 안에 갇혀있기 때문에 외부의 자극과 정보는 다섯 가지 감각신경을 통해 입력되어 처리되며 아주 짧은 시간 동안에 많은 양의 정보가 감각기관에 저장된다. 이렇게 입력된 대부분의 감각정보는 수초 안에 사라지며 특히 새로운 정보가 유입되면 쉽게 삭제된다.

둘째, 단기기억으로서 의식적 영역이다. 시간과 공간의 제한 때문에 대부분의 정보를 생략시킨다. 감각기억을 통해 들어온 정보를 약 10~20초간 유지하며 너무 많은 정보가 입력되기 때문에 대부분의 정보를 생략하며 필요한 정보만을 선택하여 처리한다. 단기기억에서 저장할 수 있는 용량은 7±2정도로 제한되어 있으며 단기기억에 저장된 정보는 충격적이거나 반복해서 들어온 정보 외에 생소한 정보는 암송하지 않으면 잊어버리게 된다.

셋째, 장기기억으로서 잠재의식적 영역이다. 단기기억에서 저장된 정보는 여러 가지 인지적 처리과정을 거쳐 영구적인 정보의 저장창고인 장기기억에 입력되어 다른 다양한 정보들과 연결된다.

장기기억은 용량의 제한이 없으며 훈련을 통해 특정 기억을 활성화시키게 되면 필요한 상황에서 언제든지 자동적으로 사용할 수 있게 된다. 운동학습과 훈련은 장기기억에 특정 뉴런의 연결을 강화하여 자동화된 패턴을 만드는 것이다.

다음으로 정보의 유형에 따라 구분할 수 있다.

첫째, 일화적 기억이다. 일화기억은 개인이 경험한 운동과제에 대하여 그것을 언제, 어떻게 경험하였는지를 구체적으로 영상과 같은 형태로 보유하는 것이다. 이 기억시스템은 경험 당시의 감정과 정서가 함께 저장되어 있어 잘 잊혀지지 않는다. 신체적인 움직임에 의한 운동학습은 일화기억시스템에 많이 의존한다.

둘째, 절차적 기억이다. 절차기억은 수행하는 운동과제가 어떤 순서나 절차에 의해서 진행될 때 사용할 수 있는 정보를 저장한다.
운동과제를 어떠한 순서와 절차로 진행해야 하는지에 대한 정보가 저장되어 있다.

셋째, 어의적 기억이다. 운동수행과 관련된 일반적이고 체계적인 지식을 보유하는 것을 말하며 의미기억이라고도 한다. 새로운 운동기술을 처음 배울 때는 어떻게 움직여야 되는지에 대하여 일화적 기억이나 어의적 기억의 정보를 많이 활용하게 되고 반복학습이 이루어지게 되면 절차적 기억의 정보를 사용하여 의식적 주의 없이도 자동적으로 운동수행이 이루어지게 된다.

운동학습과 훈련, 피드백은 특정 기억시스템을 강화하여 자동화된 신경회로를 발달시키고 운동 목표를 성취하는데 최적의 상태를 일관성 있게 지속시키는 과정이다.

∴ 기억의 저장

1970년대 초 심리학자 엔델 털빙은 기억을 의미기억과 일화기억으로 구분하였다. 의미기억은 새로운 정보를 하나의 개념으로 받아들이고 이해하는 것을 말하며 일화기억은 경험을 통해 감각과 정서가 깊이 관여되어 저장되는 것을 말한다.

의미기억은 운동지식을 습득하여 효율적으로 운동수행을 할 수 있게 뇌에 신경회로를 생성시키는 큰 의미를 가지고 있다. 운동학습을 위한 이론적 토대를 형성하여 학습과 행동을 원활하게 할 수 있도록 도움을 준다. 이러한 의미기억은 많은 지식과 정보를 축적하여 뇌에 다양한 신경회로를 만들며 더 나은 선택과 행동을 할 수 있는 유연성을 높여주게 된다. 의미기억은 반복 훈련을 통해 뇌의 장기기억에 고스란히 저장되며 다양한 신경회로를 만들어 수용성과 유연성을 향상시킨다.

일화기억은 사람이나 사물, 장소, 시간 등과 관련된 경험한 일들에 대해 느낌으로 저장해서 장기기억으로 유지할 가능성이 높다.
감각을 통한 경험은 느낌과 정서를 함께 기억하기 때문에 신경회로가 훨씬 강하게 형성되어 장기기억이 되는 것이다.

어릴 때 배웠던 수영과 자전거 타기를 오랫동안 하지 않다가 10년이 지난 후에도 수영과 자전거 타기를 할 수 있는 것은 운동학습이 일화기억시스템으로 저장되어 굵은 신경회로를 형성했기 때문이다.

과거에 우승했던 기억을 회상하는 것만으로도 우승 당시의 정서와 신체적 상태를 다시 느끼거나 자신감이 충전된다. 그것은 기억을 회상할 때 기억 당시에 함께 연합되고 저장되어 있는 감정과 정서가 재연되기 때문에 일어나는 현상이다.

의미기억은 일화기억에 도움을 주는 이론적 토대가 되며 일화기억은 의미기억을 경험화하여 자신의 지혜로 내면화할 수 있게 도와준다.
이러한 두 가지 기억을 만드는 경험은 의식적인 인식을 통한 외현기억의 범주로서 의식적 개입에 의해 표상이 가능하다. 예를 들어 '나는 골프가 재밌어', '나는 모든 일에 최선을 다하겠다' 등의 말은 의식적으로 언제든 떠올리거나 선언할 수 있다.

단기기억과 장기기억은 의식적인 노력으로 언제든지 표상이 가능한 외현기억의 범주에 속하는 것이다. 이러한 외현기억과 반대되는 개념이 내현기억이다. 내현기억을 만들기 위해서는 마지막 학습단계인 외현기억을 통해 학습한 것을 의식적인 개입 없이 자동적으로 표출시킬 수 있도록 신체를 트레이닝시켜야 한다.

반복적인 신체훈련과 멘탈트레이닝을 하게 되면 몸과 마음, 의식과 잠재의식이 자연스럽게 일치되어 내현기억시스템이 된다. 골프의 스윙을 할 때 동작 하나하나의 메커니즘을 생각하고 기술을 분리해서 의식적으로 하면 스윙이 엉망이 되는 이유는 내현기억시스템이 만들어져 있지 못하기 때문이다.

만약 일상생활에서 별도로 의식적 주의를 기울이지 않고 자연스럽게 하고 있는 걷기나 달리기를 순서와 절차, 방법 등을 의식하면서 한다면 제대로 걷기나 달리기를 하지 못하게 된다. 그리고 말을 할 때 단어 하나하나의 뜻을 분석하고 의식적으로 한다면 심하게 더듬거리거나 문장의 맥락이 단절되고 말 것이다.

스포츠에서는 정확한 자세와 동작, 기술을 하나의 전체성으로 완성하는 신경회로를 강하게 형성시켜 수천 수만 번의 반복을 통해 의식적 개입 없이 완벽한 수행이 가능하게 만든다. 내현기억 상태가 되면 특별한 의식적 주의 없이도 그 동작과 기술을 완벽하게 수행할 수 있게 된다. 이러한 내현기억이 일관성을 가지게 되면 그것이 그 선수의 실력이 되는 것이다.

여기서 가장 중요한 것이 바로 멘탈적인 문제이다. 내현기억화 과정에서 반복적인 좌절이나 실패, 실패에 대한 처벌이나 처벌에 대한 두려움, 과한 심리적 기대나 결과 예측에 의한 각성된 정서반응 등이 함께 융합되면 중요한 시합에서 각성과 불안이 증폭되어 자신이 가진 실력의 절반도 사용하지 못하게 되는 멘탈적인 문제를 경험하게 된다.

반복을 통해 기억이 암묵적이 되는 과정에서 잘못된 코칭에 의해 각성과 불안이 함께 융합되는 경우도 있고 선수가 본래 갖고 있었던 심리적인 불안이나 성격적 특성 때문에 부정적인 내현기억이 만들어질 수도 있다. 이렇게 반복에 의해 기억이 암묵적이 되면 어떤 과제나 행동, 환경에 대한 심리적, 생리적 반응이 저절로 활성화되어 의식적 통제가 불가능해진다. 그래서 스포츠에서 멘탈이 차지하는 비중이 절대적이라고 하는 것이다.

오랫동안 반복 훈련을 했던 엘리트 선수들의 체력과 기술, 전략은 큰 차이가 없다. 그런데도 우수한 선수와 일반 선수가 구분되는 것은 우수한 선수가 갖고 있는 1%의 멘탈상태에 의해 99%의 신체적인 운동수행의 차이가 만들어지기 때문이다.

그리고 그것은 운동학습과 반복 과정에서 주어지는 성공체험과 긍정적인 피드백, 일관성 있는 믿음에 의한 자신과의 라포에서 만들어진다. 선수가 자신을 믿고 자신의 마음속에 일관된 목표에 대한 믿음을 굳혀가는 자신과의 라포상태를 토대로 운동학습과 수행이 반복될 때 최고의 우수한 선수가 될 수 있다.

내현기억은 신체적 반복을 통해 발달시킨 자동적 신경회로이다.
우수한 코치는 이 기억시스템에 대한 이해를 통해 선수의 잠재자원을 어떻게 활용할 수 있는지에 대한 답을 찾아야 한다.
선수의 실력은 내현기억에 의해 만들어지는 것이며 어떠한 내현기억을 갖고 있느냐가 그 선수가 가진 실력의 차이를 만든다. 그리고 그 차이를 만들 수 있게 도움을 주는 역할을 하는 것이 탁월한 코치가 해야 할 의무이자 책임이다.

∴ 뇌의 기억작업

운동기술이나 동작에 대한 기억은 수많은 반복에 의해 대부분 영구적인 기억으로 저장된다. 같은 기술과 동작, 전략을 수십만 번 이상 반복해서 학습했기 때문에 뇌와 신경에 지워지지 않는 굵은 회로를 만들어 완벽하게 기억한다. 반복 훈련의 강도와 횟수에 따라 고속도로와 같은 전용 신경회로가 만들어지게 되면 목적지에 도착할 때까지 막힘이 나 정보간섭 없이 달릴 수 있게 된다.

완벽한 시스템을 갖추고 있는 인체는 뇌와 척수로 이루어진 중추신경과 나머지 말초신경으로 구성되어 있다. 즉, 신경세포로 구성되어 있는 것이다. 각 신경세포는 서로 분리되어 있어 전기화학적 신호로 정보를 병렬적으로 주고받는다. 어떤 기술과 동작이 이루어지기 위해서는 뉴런간의 시냅스 연결을 활성화시킬 수 있는 적절한 강도와 횟수가 반복되어야 한다. 서로 다른 신경회로가 반복적으로 연결되거나 함께 활성화되어 일관성을 가지는 것이 학습이고 기억이다. 신경회로의 연결이 변하면 기억과 관련된 정서가 함께 변하고 기술과 동작도 변한다.

운동학습의 경우 강한 강도와 반복에 의해 광케이블과 같은 굵은 신경회로가 형성되기 때문에 내현기억화되어 영원히 지워지지 않는 영구적인 기억을 갖게 된다. 기억된다는 것은 관련된 신경회로의 연결이 강화되어 고정되거나 바뀐다는 것을 의미하며 몸이 기억하는 수준까지 상태를 바꾸는 것이고 근육이 기억하는 단계까지 트레이닝시켜 내현기억화하는 것이다.

실제로 근육은 기억능력이 없기 때문에 수많은 반복 트레이닝을 통해 근육 신경회로에 기억되는 것으로 볼 수 있다. 중요한 것은 운동기술과 동작에 대한 전용 신경회로를 만드는 것이다. 다른 불필요한 모든 정보간섭을 배제하고 몰입하여 무념무상의 상태를 만들 수 있는 운동과 관련된 전용 신경회로가 필요하다. 고속도로가 자동차 전용도로이기 때문에 자동차가 고속으로 달릴 수 있듯이 특정한 운동기술이나 동작에 대한 전용 신경회로를 개설해야 한다.

운동학습과 반복 트레이닝을 한다고 모든 선수들이 운동 목표달성을 위한 완벽한 전용 신경회로를 갖추는 것은 아니다. 잘못된 학습과 반복에 의해 전용 신경회로가 형성되면 그것을 수정하는데도 두 배의 시간과 노력이 필요하다. 반복 트레이닝이 내현기억시스템을 만들기 때문에 정확하고 분명한 기술과 동작, 심리적 상태가 아니면 완벽한 전용 신경회로가 만들어지지 않는다.

특히 잘못된 기술과 동작이 반복되거나 부정적 정서가 연합되어 강하게 신경회로를 형성하고 있다면 그 기억은 영구적이므로 쉽게 수정하거나 소거시키기가 어렵다. 이러한 잘못된 학습에서 벗어나는 방법은 기존의 잘못된 회로보다 더 강력한 전용 신경회로를 만들어 반복 사용함으로써 기존의 잘못된 전용회로를 폐쇄시켜야 한다. 그래서 처음 운동을 배울 때 제대로 된 멘탈코칭능력을 갖춘 실력있는 코치를 만나는 것이 중요한 것이다.

하지만 현실은 그와 반대인 경우가 많다. 아주 어릴 때는 검증되지 않은 코치에게 트레이닝을 받다가 선수가 두각이 나타나면 최고의 코치를 찾아 나선다. 재능이 있는 선수들이 성장과정에서 슬럼프를 겪거나 중간에 자신을 잃어버리고 운동을 포기하는 경우가 많은데 이것은 처음부터 제대로 된 코칭을 받지 못한 상태에서 잘못된 기술과 동작을 수정하는데 더 많은 시간과 에너지를 낭비하여 중요한 기회를 놓치기 때문이라고 볼 수 있다.

처음 배울 때 코치로부터 천천히 배우더라도 기본기부터 정확하게 배워야 한다. 성적이 잘 나오지 않더라도 조바심을 내지 말고 선수의 전용 신경회로를 만드는데 초점을 맞추어야 하는 것이다.

스트레스

생존이 우선적 목표인 대부분의 생물에게 스트레스는 당연히 주어지는 생존조건이다. 스포츠가 생존 자체를 결정짓는 것은 아니지만 뇌의 작동과 반응은 생존을 위한 시스템을 그대로 사용하기 때문에 스트레스를 겪을 수밖에 없다. 운동학습과 훈련 자체가 스트레스에 정신과 신체를 적응시키고 극복해가는 과정이라고 할 수 있다.
그래서 스트레스가 없다는 것은 운동의 효과가 없다는 말과도 같다.
모든 훈련과정은 어느 정도의 강도와 빈도, 시간으로 선수에게 스트레스를 제공하여 적응력을 키워 수행 향상과 경기력을 높이는 것이다.

인간이 생존하고 생활하는데 스트레스는 없어서 안 될 중요한 조건과 자원이지만 견디기 힘들 만큼 너무 충격적인 스트레스에 노출되거나 스트레스가 지속성을 갖게 되면 스트레스 호르몬이 과잉 분비되어 체내 환경이 교란되고 세포의 파괴 및 신경회로의 혼돈상태가 발생한다. 이 상태에서 우리 몸은 스트레스로 인해 분비되는 각종 화학물질에 민감하게 반응하면서 부작용이 나타날 수 있다. 주의의 폭이 좁아져 동일한 생각과 행동을 반복하는 습관에 중독된 현상이 나타나게 되어 운동수행에 방해를 받는다.

특히 심한 스트레스 상황에 반복 노출되면 동물적인 뇌가 몸 전체를 통제하게 된다. 이성적인 뇌가 아무런 기능을 하지 못하게 되고 인간의 존엄성과 인성이 메말라 짐승에 더 가까운 존재로 변화되어 공격성이 높아지기도 한다. 동물적이고 감정적인 뇌가 몸 전체를 장악하게 되면서 뇌신경회로의 정상적인 연결이 일시적으로 차단되고 유연성을 잃게 되어 정서적 혼란으로 인해 자기통제가 어려워진다.

이 상태에서 선수는 멘탈의 문제가 생기게 되어 경기상황에 적합한 적절한 이완과 집중이 어려워 운동수행에 문제를 일으킨다.

이러한 부정적 상태에 빠지게 되면 지나친 초조, 불안, 혼란, 공격성 등을 가지게 되면서 운동수행뿐 아니라 다른 사람들과의 관계능력까지도 점차적으로 상실하게 되기도 한다. 스트레스 상황에서 일어나는 신체적인 반응이 반복되면 뇌는 그것을 진짜 자신의 기저선과 항등성으로 착각하여 스트레스 상황에서 벗어나려는 어떠한 사고와 행동도 하지 못하게 만든다.

뇌는 그 무엇이든 반복적으로 자극되면 그것을 사실로 받아들이고 믿음을 만들기 때문에 반복적인 스트레스 반응에 대해서도 똑같은 믿음을 만들게 된다. 반복에 의한 믿음에 대해서는 습관으로 저장하여 의식적 개입 없이도 작동될 수 있도록 그것을 내현기억화시켜 자동화 시스템을 가동한다.

뇌는 이러한 자동화 시스템에 중독된 상태에서 오히려 스트레스 상황을 더 편하게 받아들이며 그와 같은 상황에 계속 머물고 싶어 한다. 이미 스트레스 상황에 대한 정서나 몸속의 화학작용에 중독된 패턴을 만들었기 때문에 그 상태를 변화시키려는 어떠한 자극도 거부하게 된다. 그것이 자신의 긍정적인 자원과 단절되고 운동수행과 경기력에 치명적인 문제를 야기시킨다 하더라도 자신은 그러한 불행한 상황에 안주하며 변화에 저항하게 되는 것이다.

더 좋은 선택이 얼마든지 있고 다른 선택을 통해 상황이 바뀔 수 있는데도 자신의 멘탈과 몸을 부정적인 상황에 머물게 만들어 계속해서 고통을 선택하는 안타까운 일이 발생한다. 이와 같이 스트레스가 반복되고 중독적인 패턴이 자리 잡게 되면 스트레스가 확장성을 갖게 되어 처음의 스트레스 요인 자체보다 스트레스에 반응하는 심리적, 생리적 상태 때문에 운동수행과 경기력에 더 부정적인 영향을 받게 된다.
나중에는 부정적인 생각에 대한 생각이 반복되면서 문제는 눈덩이처럼 불어나게 되어 스트레스에 완전히 통제당하게 되는 것이다.

PART 3

불안의 극복

각성과 불안

각성과 불안은 일반적으로 특별한 구분 없이 사용하기도 하지만 스포츠 상황에서는 이 두 가지를 구분하여 사용한다.
각성은 완전히 이완된 상태에서 높은 흥분상태로 이어지는 연속선상의 변화하는 심리적, 생리적, 신체적 활성화라고 정의할 수 있다.
즉, 각성이란 전혀 흥분이 되지 않은 이완상태에서부터 극도의 흥분상태 사이의 어느 지점에 위치한 특정 순간에 느끼는 강도를 의미한다고 볼 수 있는 것이다.

운동수행과정에서의 각성은 심리적, 생리적, 신체적 에너지와 자원이 동원된 상태이다. 운동수행을 위해 각성이 높아지면 심리적인 준비상태와 활력이 높아지고 생리적으로도 심박수, 혈류, 호흡, 화학물질의 분비 등이 증가하며 신체적으로는 근육을 긴장시키고 수축시켜 운동수행을 위한 최적의 준비상태가 된다.

예를 들어 100m 단거리 달리기를 준비 중인 선수는 출발선에서 최적의 각성상태를 유지시켜야 한다. 출발선에 대기 중인 선수가 각성상태에 있다는 것은 전속으로 달리는데 필요한 심리적, 생리적, 신체적 에너지와 자원을 즉시 동원할 수 있도록 준비하여 신호가 주어지면 바로 행동으로 옮길 수 있는 상태이다. 이와 같이 각성에는 방향이 없고 강도만 있다. 방향이 결정되기 전까지 행동할 수 있는 각성상태를 유지하는 것이다.

실제 시합상황에서 선수가 자신의 완전한 운동수행을 위해 내면의 자원뿐만 아니라 주변 환경으로부터 제공되는 다양한 정보를 활용하게 된다. 이러한 외부정보가 상대 선수의 움직임일 수도 있고 관중의 함성소리일 수도 있다. 선수가 자신이 가진 기량을 최고로 발휘하기 위해서는 운동수행에 반드시 필요한 정보를 얼마나 정확하게 감지하여 활용할 수 있는지가 중요하다.

예를 들어 배드민턴 복식경기에서 콕에 대한 주의집중력도 중요하지만 상대 선수와 동료의 움직임을 적절하게 파악할 수 있어야 한다.
우수한 선수는 주의영역과 각성수준이 적절한 수준을 유지하여 최상의 운동수행을 발휘할 수 있는 능력을 가지고 있다.

선수가 각성수준이 너무 낮은 경우에는 지각할 수 있는 범위가 상대적으로 넓어져 너무 많은 정보가 유입된다. 불필요한 정보와 단서가 많이 입력되면 정보간섭에 의해 필요한 과제에 주의를 기울이지 못하게 되어 운동수행능력이 감소한다. 각성수준이 적절하게 높아지면 주의를 기울이는 폭이 좁혀져 불필요한 정보나 단서가 제외되어 운동수행능력이 높아진다. 하지만 각성이 너무 지나치면 정작 필요한 정보와 단서까지 차단되어 운동수행력이 떨어지게 된다.

예를 들어 축구경기를 할 때 수비수는 주의의 폭을 확장하여 동료 선수들의 위치를 파악하고 있어야 하며 공격수가 마지막 슛을 할 때는 주의의 폭을 좁혀 골대 안으로 공이 들어갈 수 있게 해야 한다.
스포츠 종목이나 상황에 따라 적정 각성수준은 다르다. 양궁이나 사격, 골프와 같은 운동 종목은 각성을 낮추어야 하고 레슬링이나 권투, 역도와 같은 종목은 각성을 높여야 한다.

불안은 초조함이나 걱정 등과 같은 정서적이고 인지적인 측면을 말하며 불쾌한 정서반응으로 자율신경계의 각성을 유발시키는 부적응 상태이다. 불안은 일시적 상황에서 느끼는 상태불안과 개인의 성격에 의해 느끼는 특성불안으로 구분할 수 있다.

상태불안은 자율신경계의 각성이나 지나친 활성화에 의해 주관적이고 의식적으로 느끼는 우려스러운 마음과 긴장감이다.
그렇기 때문에 상태불안은 시간과 상황에 따라 변화하는 것이다.
특성불안은 개인의 성격적인 측면을 말하며 객관적으로 불안한 상황이 아닌데도 불안으로 지각하여 위협이나 자극의 강도와 상관없이 상태불안 반응을 나타내는 행동 경향이다. 선수가 가진 특성불안은 성격적인 측면이기 때문에 상황에 따라 쉽게 변화하지 않는다.

예를 들어 배드민턴 시합 중에 10 : 5로 지고 있을 때 느끼는 불안이 상태불안이다. 그리고 성격이 민감한 선수는 지고 있는 상황을 크게 받아들여 계속 초조하고 불안한 마음을 갖게 되어 이후의 시합까지도 자포자기하는 마음을 가지게 된다. 그에 반해 멘탈이 강한 선수는 현재 점수에 크게 동요하지 않고 정상적인 경기를 진행할 수가 있다.
이것은 두 선수가 가지고 있는 불안을 느끼는 차이 때문이며 이것을 특성불안이라 한다. 상태불안은 순간순간 상황에 따라 잘 변화하지만 특성불안은 쉽게 변화하지 않는 것이다.

불안은 불쾌한 정서반응을 일으켜 자율신경계의 각성을 유발시킬 수 있는 정서적인 부적응 상태이다. 스포츠 경기에서 선수가 느끼는 불안은 경기력에 큰 영향을 미친다. 선수가 느끼는 불안수준이 증가하면 필요 이상으로 각성수준도 함께 증가하여 경기력에 부정적인 영향을 미치기 때문이다.

예를 들어 경기 전 지나친 긴장과 불안을 느끼는 선수는 손바닥에 땀이 나고 신경성 복통을 일으키기도 하며 심장박동이 빨라지면서 두려움을 강하게 느끼기도 한다. 불안은 걱정이나 근심을 하는 것과 같이 주관적인 생각과 관련된 인지적 불안과 호흡의 변화, 신체적 활성화와 관련된 신체적 불안으로 구분할 수도 있다.

인지적 불안이 신체적 불안을 일으키고 신체적 불안이 인지적 불안을 더 키운다. 두 가지 중 어느 한 가지가 먼저 높아지면 나머지도 함께 높아지는 상관성을 가지고 있다. 역설적으로 접근하면 멘탈트레이닝을 통해 심리적인 각성을 최적의 상태로 만들면 신체적인 각성도 함께 최적의 상태로 바뀌게 된다는 것이다.

불안과 운동수행의 관계

선수의 지나친 각성은 최상의 운동수행과 경기력 향상에 방해가 된다. 각성이 너무 높아 불안을 느끼게 되면 선수의 자신감이 결여될 수 있으며 운동수행과 경기에 대한 집중이 흐트러진다.
하지만 각성수준이 너무 낮아도 효과적으로 운동을 수행할 수 없다.
운동 종목이나 대상, 상황, 시간에 따라 각성을 탄력적으로 활용할 수 있어야 하는 것이다.

예를 들어 미식축구나 단거리 달리기, 윗몸일으키기, 역도, 팔굽혀펴기, 투포환 던지기, 씨름, 격투기 등의 종목은 적절한 흥분상태가 되도록 각성수준을 유지시켜주는 것이 좋다. 반대로 양궁, 사격, 골프의 퍼팅, 농구의 자유투 등은 각성상태를 적절하게 낮추는 것이 최상의 경기력을 만들어준다. 같은 종목에서도 상황이나 기술에 따라 최적의 각성수준은 모두 다르다.

대표적인 멘탈 스포츠인 골프의 퍼팅은 각성을 낮추어야 하고 큰 스윙은 상대적으로 적절한 각성이 요구된다. 태권도의 겨루기와 격파, 품새에서 요구되는 각성수준이 다르고 세부적인 진행과정에서도 요구되는 각성수준은 모두 다르다. 그리고 선수 개인마다 최상의 운동수행을 발휘하는 자신만의 고유한 각성수준이 있다. 어떤 선수는 각성이 높으면 긴장과 두려움을 크게 느껴 수행에 방해가 되고 어떤 선수는 각성을 높여야 활력상태에서 더 좋은 수행을 하게 된다.

또한 선수가 자신의 각성수준을 인지적으로 어떻게 해석하느냐에 따라 각성과 정서의 관계가 달라지기도 한다. 어떤 선수는 각성이 높은 상태를 기분 좋은 흥분상태로 해석할 수도 있지만 어떤 선수는 그것을 불쾌한 감정인 불안상태로 느낄 수도 있다. 마찬가지로 각성이 낮은 상태를 기분이 좋은 이완상태로 해석할 수도 있고 기분이 좋지 않는 지루함으로 해석할 수도 있는 것이다.

부정적인 불안한 상태를 긍정적인 활력상태로 전환할 수 있으며 지루한 상태를 편안한 이완상태로 전환할 수도 있다. 즉, 관점을 긍정적으로 전환함으로써 각성수준을 바꿀 수가 있게 된다.

∴ 욕구 이론

욕구 이론은 Hull에 의하여 제기되고 Spence에 의해 수정된 이론으로 추동 이론이라고도 한다. 각성과 수행의 관계를 직선적인 관점으로 보고 각성수준이나 욕구가 높아지면 수행도 비례하여 증가한다는 주장이다. 이 이론은 선수의 욕구가 높을수록 더 많은 정신적, 신체적 에너지를 사용하기 때문에 각성이 높아져 운동수행향상과 경기력에 도움이 된다는 것이다.

P = H × D
P = performance (수행)
H = habit (습관의 강도)
D = drive (욕구수준_각성)

이 등식으로 보면 선수의 수행은 욕구와 습관의 강도가 강할수록 향상된다고 보아야 한다. 하지만 스포츠 종목과 기술에 따라 지나친 각성과 욕구가 경기력에 부정적인 영향을 많이 미칠 수 있기 때문에 복잡한 기술을 요하는 종목이나 골프와 양궁 등의 멘탈 스포츠에는 적합하지 않는 이론이다.

단순한 근력, 순발력, 심폐기능 향상이나 역도, 투포환 등의 종목에는 운동수행과 경기력 향상에 긍정적인 영향을 미치기 때문에 알맞은 이론으로 볼 수 있다. 코치가 욕구 이론을 모든 선수들에게 획일적으로 적용하는 코칭을 한다면 지나친 각성과 불안으로 운동수행과 경기력에 부정적인 영향을 미치게 된다.

욕구 이론과 비슷한 사회 촉진 이론에서는 주변에 있는 타인의 존재가 선수의 각성수준을 높여 수행효과를 높인다고 주장한다.
역도에서 코치가 옆에서 지켜볼 때 더 각성이 되고 윗몸일으키기에서 혼자 할 때보다 앞에서 잡아주는 사람이 있을 때 더 효율성이 좋아지는 원리이다. 경쟁종목 스포츠나 마라톤에서도 경쟁자가 있을 때 더 좋은 성적을 낼 수 있게 되지만 지나친 각성이 오히려 경기력 저하의 원인이 되기도 한다.

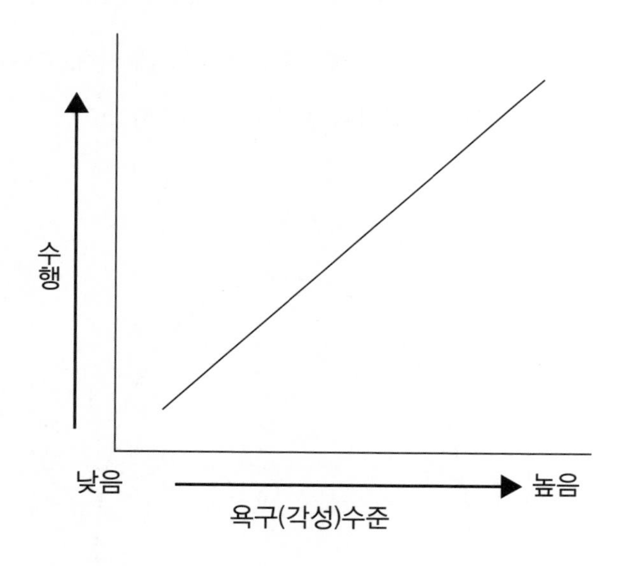

사회 촉진 이론의 한계는 욕구 이론과 마찬가지로 이미 학습된 과제나 단순한 기술에서는 긍정적인 효과가 나타나지만 골프나 양궁 등의

복잡한 기술이나 멘탈의 비중이 큰 스포츠에서는 타인의 존재가 오히려 정보간섭이 되거나 각성을 높여 운동수행에 부정적인 영향을 미치게 될 수도 있다.

∴ 역U가설

역U가설은 Yerkes와 Dodson에 의하여 각성과 수행의 한계를 설명하는 이론으로서 적정 수준 이론이라고도 한다. 각성수준이 점차적으로 높아지면 운동수행도 점차적으로 높아지다가 각성이 너무 지나쳐 적정 수준을 넘어서면 운동수행이 다시 낮아진다는 주장이다.
적정 각성수준은 운동 종목과 기술, 숙련도, 선수의 성격, 동작의 난이도, 경기장 상황, 선수의 멘탈상태 등에 따라 다르다.

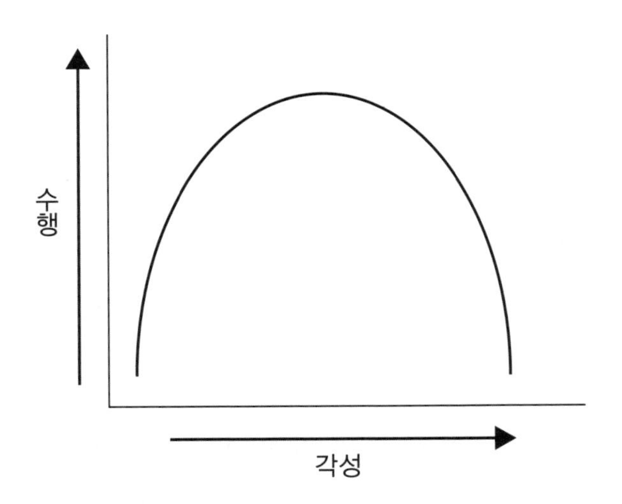

코치는 종목적인 특성과 선수 개인의 적정 각성수준을 파악하여 훈련과정에서 각성상태를 일관성 있게 조건형성시켜 주어야 한다.
일관성이 중요한 이유는 너무 높지도 낮지도 않는 적정 각성수준이 최상의 운동수행과 경기력을 발휘할 수 있게 해주기 때문이다. 만약 코치가 종목과 선수의 적정 각성수준에 벗어나는 상태에서 반복적인 훈련을 하게 된다면 최악의 결과를 얻게 될 수도 있다.

잘못된 각성수준에서의 반복 훈련이 자동화되면 실제 시합상황에서 지나친 각성과 불안을 갖게 된다. 코치의 역할은 선수가 가지고 있는 적정 각성수준을 발견하고 이끌어내어 선수 스스로 반복 훈련을 통해 자신의 상태와 수준을 안정된 상태로 일관성 있게 유지할 수 있도록 도움을 주는 것이다.

각성수준	스포츠 기술
5 (극도의 흥분)	미식축구 태클, 200 · 400미터 달리기, 턱걸이, 윗몸일으키기, 역도, 팔굽혀펴기, 투포환
4	단거리 달리기, 멀리뛰기
3 (중정도 각성)	농구, 복싱, 유도, 체조
2	야구 투구, 펜싱, 테니스, 다이빙
1 (약간의 각성)	양궁, 골프의 퍼팅, 농구의 자유투, 축구의 킥

∴ 최적수행지역 이론

역U자 이론에 대한 대안으로 Hanin이 제안한 이론은 선수들의 상태불안수준이 개인차가 매우 크며 최상의 수행을 발휘하기 위해서 특정한 수준의 각성이 모두에게 필요한 것은 아니라고 보았다.
최상의 수행을 할 때 선수마다 다른 불안수준을 갖고 있다는 주장이다. 즉, 선수가 최상의 수행을 발휘할 때는 자신만의 고유한 불안수준이 있기 때문에 코치는 선수 개인에 대한 관찰과 분석을 통해 최고 수행지역을 찾아야 한다는 것이다.

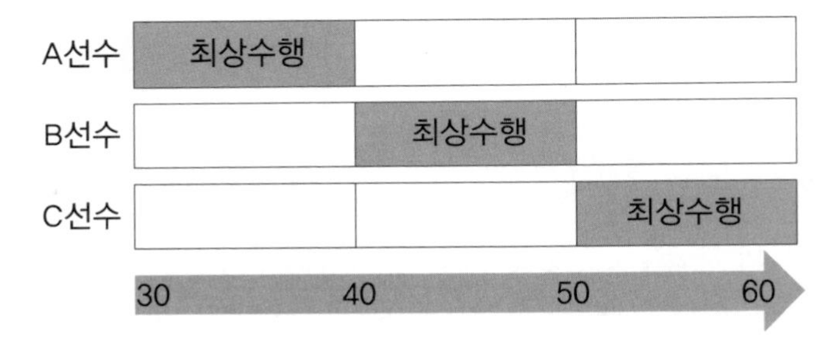

∴ 불안의 다차원 이론

실제로 불안은 단일차원이 아닌 최소한 두 가지 이상의 하위 요소로 구성되어 있으며 상관성을 갖고 서로 영향을 미친다.
불안은 실제 몸으로 느끼는 신체불안과 의식적인 지각인 인지불안으로 구분된다. 신체불안은 지나친 심장박동, 땀, 떨림, 경직, 잦은 소변 등과 같이 지각된 생리적 각성이며 인지불안은 사실로 존재하는 것과 관계없이 마음으로 근심과 걱정, 불쾌한 감정 등의 지각에 의해 만들어지는 주관적 각성이다.

신체불안이 높아지면 구심성에 의해 뇌는 그것을 지각해서 인지불안을 높이게 되고 인지불안이 높아지게 되면 원심성에 의해 신체불안을 다시 높이게 되어 두 가지 불안이 상관성을 가지고 서로의 상태를 높은 수준으로 끌어올리게 된다. 신체적 불안은 역U자 이론에 부합한다. 하지만 인지적 불안이 높아지면 주의분산과 정보간섭에 의해 수행이 낮아진다. 그래서 인지적 불안을 낮추기 위한 멘탈훈련이 필요하다.

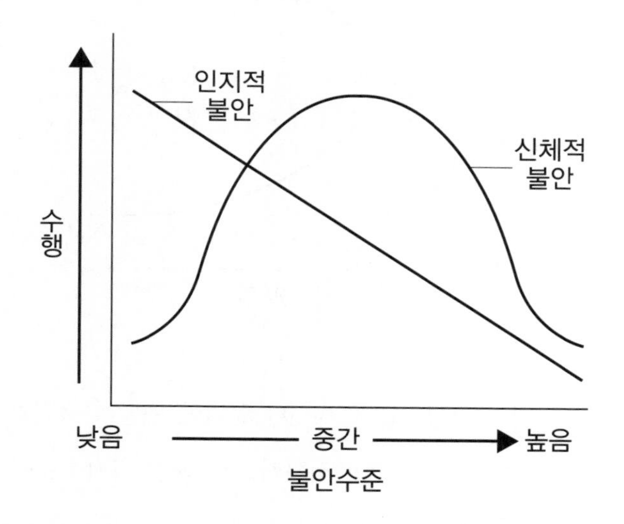

∴ 격변 이론

격변 이론은 역U자 가설과 비슷한 이론이며 인지불안수준이 낮을 때는 생리적 각성과 운동수행 간에 역U자 관계가 형성되지만 인지불안수준이 높을 때는 생리적 각성이 적정 수준을 넘어 수행의 급격한 추락현상이 생긴다는 주장이다.

흔히 시합과정에서 긴장과 불안에 의해 선수의 멘탈이 붕괴되는 현상으로 설명할 수 있다. 멘탈이 붕괴된 선수가 쉽게 자신의 컨디션을 회복하지 못하는 이유는 수행의 갑작스런 붕괴가 이전 상태로 회복하는데 많은 시간을 필요로 하기 때문이다.

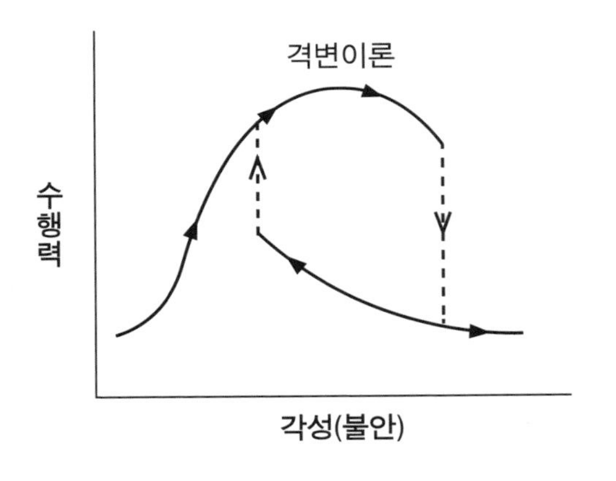

만약 선수가 적정 각성수준을 벗어나 급격한 멘탈의 붕괴가 왔다면 완전한 신체적 이완을 실시하여 점차적으로 적정 각성수준에 도달해야 한다. 이때 호흡법이나 패턴 깨기, 이완기법, 앵커링, 루틴 등을 활용하여 추락한 멘탈과 신체상태를 회복시키는 것이 필요하다.
그렇지 않고 추락한 상태의 문제에 연합하게 되면 이후의 모든 시합은 정상적인 수행이 불가능해진다.

∴ 전환 이론

관점을 바꾸면 모든 것이 달라진다. 선수가 자신의 각성수준을 어떻게 해석하느냐에 따라 각성과 정서의 관계가 달라지게 된다.

선수가 어떠한 관점과 포지션을 갖고 있느냐에 따라 각성상태를 기분좋은 설렘으로 해석할 수도 있고 불쾌한 감정인 불안상태로 해석할 수도 있다.

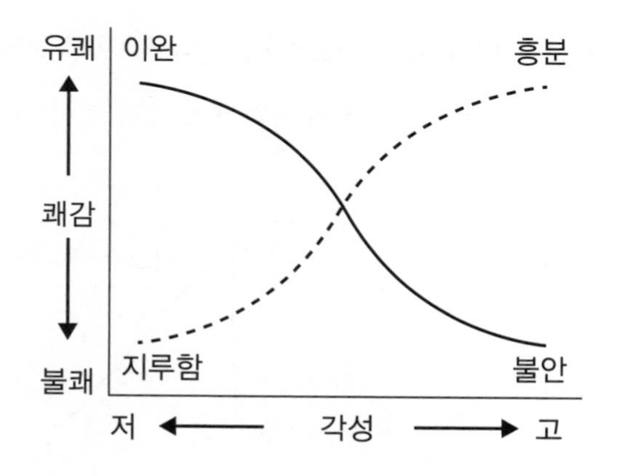

전환 이론의 특징은 각성에 대해 어떻게 해석하느냐에 따라 관점이 달라진다는 것이다. 대부분의 선수는 시합장에서 어느 정도의 불안을 경험하게 된다. 이때 불안을 흥분이나 설렘과 같은 활력으로 전환시키게 되면 인지적, 신체적 불안수준이 낮아진다.

전환 이론을 시합상황에 충분히 활용하기 위해서는 훈련과정에서 긍정적인 멘탈언어와 멘탈트레이닝을 반복하여 관점을 전환하는 멘탈능력을 갖추는 것이 필요하다.

∴ 심리에너지 이론

심리에너지 이론은 멘탈코칭과 트레이닝이 왜 중요한가를 알 수 있게 해준다. Martens는 각성을 어떻게 해석하는가에 따라 심리에너지가 발생되고 운동수행에 영향을 미친다고 주장했다.
각성에 대해 긍정적으로 해석하면 긍정적 심리에너지가 생겨 운동수행에 긍정적인 결과를 얻게 되고 각성에 대해 부정적으로 해석하면 부정적 심리에너지가 생겨 운동수행에 부정적인 결과를 얻게 된다.

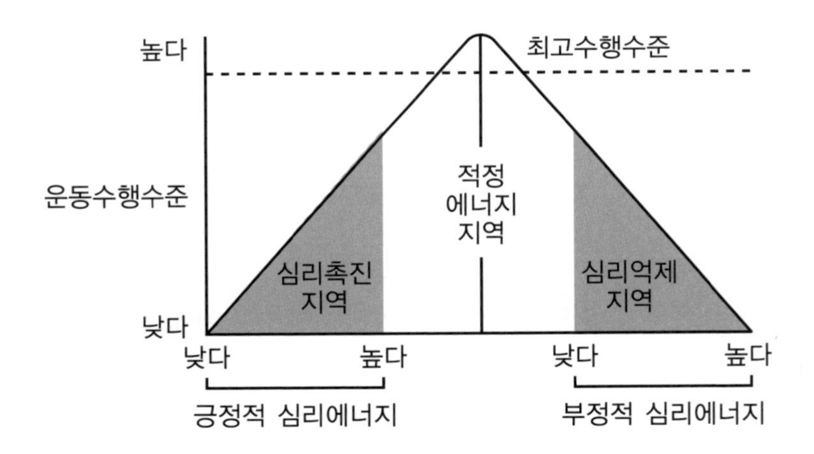

이 이론은 긍정적 심리에너지와 부정적 심리에너지의 관계 속에서 최상의 운동수행을 찾으려는 것이다. 선수는 긍정적인 심리에너지가 높

고 부정적인 심리에너지가 낮은 적정에너지 지역에서 최상의 운동수행과 경기력을 발휘하게 된다.

운동수행과 각성

어떤 운동이든 각성이 없는 상태에서 이루어지는 것은 없다.
종목과 기술의 종류에 따라 요구되는 각성수준이 다를 뿐 모든 운동은 각성을 동반한다. 각성은 특정한 운동과제를 수행하기 위한 심리적, 생리적 활성화 정도를 나타내는 개념이다.

각성과 불안이 반드시 나쁜 것이 아니라 운동 종목과 기술, 선수의 관점에 따라 부정적인 영향이나 긍정적인 영향을 미치는 경우도 있다. 시합장에서 선수가 느끼는 각성과 불안의 절대적인 강도보다는 선수가 자신의 느낌에 대해 어떻게 받아들이고 해석하느냐에 따라 달라지게 된다. 즉, 각성과 불안 자체가 나쁜 것이 아니라 그것을 받아들이고 해석하는 인지능력과 관점에 의해 문제가 생기는 것이다.

운동수행에 부정적인 영향을 미치는 각성상태에서 반복적인 훈련을 통해 불안을 학습하게 되면 인지불안이 조절되지 않는 상태에서 신경회로가 강화되어 습관이 된다. 이러한 인지능력과 관점은 훈련과정에서 대부분 코치의 멘탈코칭 형태와 피드백에 의해 형성된다고 볼 수 있다. 그래서 코치의 멘탈코칭능력이 중요한 것이다.

코치의 멘탈코칭능력에 따라 선수의 멘탈상태가 결정된다고 보면 각성과 불안을 극복하거나 긍정적으로 활용하는 선수의 상태는 코치가 만든다고 해도 과언이 아니다. 중요한 것은 코치가 선수를 자세히 관찰하고 분석하여 선수에게 맞는 멘탈코칭을 제공해야 하며 각성과 불안을 선수 자신의 긍정적인 성취 자원으로 활용할 수 있는 상태로 만들어주어야 한다는 것이다.

∴ 주의영역의 변화

각성과 불안수준이 주의집중의 폭과 방향을 결정한다.

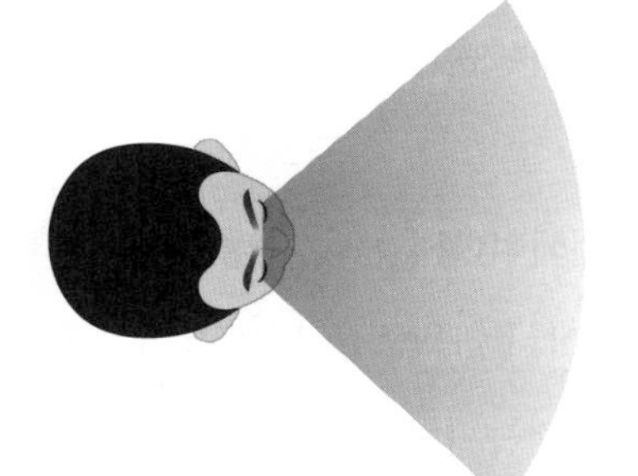

낮은 각성수준 : 주의영역이
지나치게 넓다

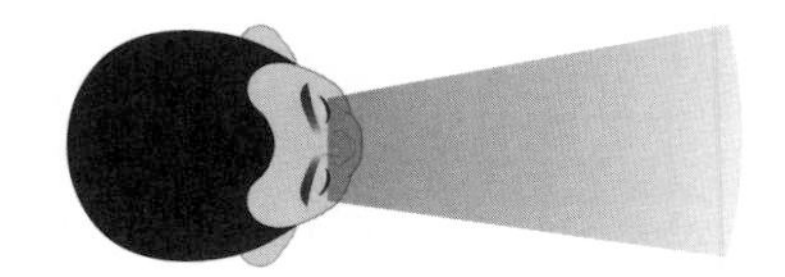

적정 각성수준 : 주의영역이 적절하다

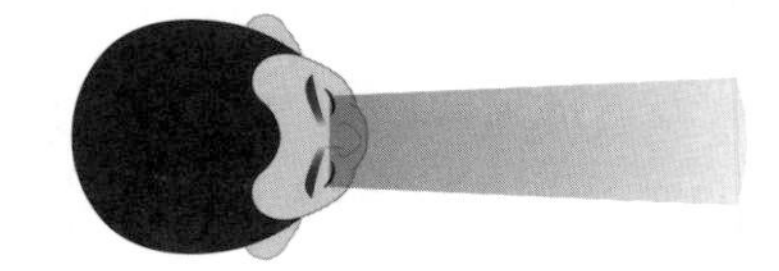

높은 각성수준 : 주의영역이
지나치게 좁다

선수가 너무 낮은 각성수준에서는 주의영역이 넓어지기 때문에 운동수행에 필요 없는 정보까지 유입되어 심리적 간섭이 일어난다.
반대로 각성수준이 너무 높아지게 되면 주의영역이 지나치게 좁아지기 때문에 불필요한 정보뿐만 아니라 운동수행에 필요한 중요한 정보까지 함께 주의영역에서 사라지게 된다. 각성수준이 너무 낮거나 높은 경우 운동수행에 지장을 초래하게 되는 것이다.

적절한 각성수준에서는 운동수행에 불필요한 정보는 배제시키고 필요한 정보에만 주의를 기울이게 되기 때문에 최상의 운동수행을 할 수 있게 된다. 운동 종목과 포지션, 기술에 따라 요구되는 각성수준이 달라지며 각성수준에 따라 주의영역이 결정되는 것이다.

∴ 신체긴장의 변화

숲속에서 갑자기 곰을 만나거나 과속으로 달리던 차가 갑자기 자신에게 덮치면 순간적으로 몸이 굳어버리는 경험을 하게 된다.
마치 몸이 얼음처럼 얼어버리는 현상을 경험하게 되는 것은 지나친 각성과 불안상황에서 생존본능기전에 의해 잠재의식적으로 몸을 굳어버리게 만들기 때문이다.

생존을 위협할 정도의 강한 외부 자극을 인지하게 되면 근육이 긴장과 경직상태가 되면서 중추신경과 말초신경이 일시적으로 '멈춤'상태가 된다. 이 멈춤상태에서는 구심성 신경과 원심성 신경이 제 기능을 하지 못하게 되고 신체의 유기적인 협응체계가 정상적인 기능을 하지 못하게 되면서 협응동작도 지장을 받게 되는 것이다.

또한 각성과 불안상태에서 의식적 차원에서는 운동과제에 초점을 맞추고 운동수행을 정상적으로 하게 되지만 잠재의식적 차원에서는 각성과 불안에 의해 정보간섭이 일어나거나 운동수행에 지장을 주는 몸의 경직상태를 만들어 의식과 잠재의식의 불일치로 완전한 기술을 구사할 수 없게 만들어버린다.

예를 들어 골프의 퍼팅에서 선수가 과거의 실패 경험이 떠올라 긴장하게 되면 불안을 높여 신경과 근육의 불필요한 경직상태를 만들어 몸에 힘이 많이 들어가서 근육의 힘을 더 많이 사용하거나 통제하지 못하게 된다. 그리고 운동수행과정에서 지나친 긴장으로 인해 몸이 경직되면 유연성을 상실하여 힘은 많이 들어가면서도 운동 효율성은 오히려 떨어지게 되는 결과를 낳는다.

골프나 배드민턴, 테니스를 배우는 초보자들이 스윙을 할 때 팔과 다리 등 온몸에 힘이 들어가는 것을 관찰할 수 있다.
이러한 현상은 선수의 각성이 높아지면서 근육의 긴장을 초래하고 협응력을 방해받게 되면서 나타나는 것이다. 지나친 긴장이나 각성, 불안이 근육과 신체의 긴장을 초래하게 되면 신체의 협응력이 낮아져 운동수행에 지장을 받게 된다.

경기불안의 해소

∴ 상태불안

시합 전이나 시합상황에서 다양한 원인으로부터 불안을 느낄 수 있다. 인지적 불안과 신체적 불안, 상태불안과 특성불안이 상관성을 가지고 서로의 불안을 더 증가시키기도 한다.

시합을 앞둔 선수의 불안이 상황적 변인에 의해 생겼다면 실제 시합과 유사한 상황에서 훈련하는 것이 도움이 된다. 불안 때문에 좋은 성적을 내지 못하는 선수 중에 평소 훈련 때는 안정된 상태에서 뛰어난 운동수행과 경기력을 보여주는 경우가 많다.
그럼에도 불구하고 실제 시합에서 기대에 미치지 못하는 저조한 성적을 내는 것은 상황적 요인에 의해 발생하는 불안 때문이다.

이러한 선수는 실제 경기할 때와 비슷한 경기장, 관중, 소음상황 등의 조건을 만들어 훈련하는 경험을 많이 가져 익숙함을 가지게 하는 것이 필요하다. 실제 경기상황과 유사한 환경이 힘들다면 이미지 트레이닝을 통해 실제상황에서 그대로 훈련하는 상상을 생생하게 반복하는 것도 좋다. 뇌는 그 무엇이든 반복하면 익숙해지고 익숙해지면 편안함과 안정감을 느낀다. 그래서 이미지 트레이닝을 통해 익숙함을 만들게 되면 훨씬 안정된 기저선 상태를 유지하여 좋은 성적을 얻을 수 있게 되는 것이다.

코치는 훈련과정에서 선수가 불안한 심리를 갖지 않도록 하기 위해 결과에 지나치게 집착하는 결과목표보다 과정지향적 목표를 더 중요시하는 코칭을 해야 한다. 어차피 경기결과를 선택하거나 통제하는 것이 불가능하기 때문에 불필요하게 결과목표를 강조할 이유가 없는 것이다. 과정목표에 초점을 맞추는 것이 중요한 이유는 지금 현재상태에서 코치와 선수가 선택할 수 있는 과정지향적 목표를 통해 최상의 컨디션을 유지할 때 결과목표는 자동적으로 이루어지게 되기 때문이다.

예를 들어 '이번 시합에서 이기는 것도 중요하지만 지금 우리에게 중요한 것은 동작 하나하나에 주의를 집중하여 과제를 성공적으로 수행하는데 초점을 모으는 것이다'와 같이 멘탈코칭을 반복해주는 것이다. 과제에 초점을 맞추고 동작을 수행하면서 자동적으로 과정에 몰입하게 되면 불안이 사라지게 된다.

또한 코치는 시합상황에서 선수가 이기고 있든 지고 있든 항상 일관성 있는 밝은 표정과 긍정적 행동으로 격려를 보내주어야 한다. 이길 때와 질 때의 상황에 코치가 보여주는 이중적이고 상반된 표정과 행동, 부정적인 피드백에 선수는 심리적 안정감을 상실하여 부정적인 정서와 불안감을 증대시키기 때문에 코치의 일관성이 있는 긍정적인 태도와 반응이 중요하다.

특히 훈련과정에서 선수의 실수나 부족함에 대해 어떠한 경우라도 비난하거나 꾸중을 해서는 안되며 오히려 즉각적인 격려와 긍정적인 피드백을 제공해주어야 한다. 눈앞의 작은 성과 달성이나 선수를 통제하기 위해 멘탈을 약화시키는 잘못된 코칭을 해서는 안된다. 이처럼 선수들이 겪는 대부분의 불안은 평소 훈련과정에서 잘못 학습된 것이 원인인 경우가 많다. 그래서 불안을 훈련과정에서 잘못 학습된 것이라고 하는 것이다.

일반적으로 상태불안은 시합 전에 상승하고 시합 중에는 감소하였다가 시합 후에 다시 상승한다. 이러한 상태불안은 훈련과정에서 잘못된 학습에 의해 실패에 대한 걱정, 심리적 부조화, 통제력 상실 등으로 인하여 생기기 때문에 훈련과정에서 긍정적인 멘탈코칭으로 상태불안을 제거해주는 것이 필요하다.

∴ 특성불안

시합 전이나 시합상황에서 다른 선수보다 특별히 불안이 심한 것은 개인의 성격적 특성 때문에 생기는 것이다. 시합상황에서 선수들은 대부분 상태불안을 경험하게 되는데 성격특성 때문에 상태불안의 강도가 너무 강한 선수의 경우 자신의 실력을 충분히 발휘할 수 없게 된다. 비슷한 상황을 개인의 성격특성으로 인하여 더 불안한 것으로 인지하였다면 선수가 느끼는 불안의 원인이 선수 내부에 있는 것이다.

이러한 특성불안을 줄이거나 없애기 위해서 자기 확신 트레이닝과 자기암시 등의 멘탈강화훈련과 성공체험을 반복하는 것이 필요하며 코치의 수용적이고 공감적인 멘탈코칭이 요구된다. 특성불안이 높은 선수의 경우 멘탈트레이닝을 반복하는 것도 중요하지만 코치의 인정과 격려, 작은 성공체험을 할 수 있는 기회를 반복적으로 제공한 후 긍정적인 피드백을 해주는 것이 도움이 된다.

반복 훈련

무엇이든 확실히 알게 되면 자신감이 높아지고 자신감이 높아지면 불안은 감소한다. 선수가 느끼는 불안은 운동기술을 100% 완벽하게 내현기억화시켜 자동화시키지 못했기 때문에 생기는 경우가 많다.
불안을 없애기 위하여 의식적 관여 없이도 몸이 저절로 반응하는 단계인 내현기억시스템이 될 때까지 끊임없이 신체적 반복 훈련과 심상훈련을 되풀이 하는 것이 도움이 된다.

뇌는 무엇이든 반복해서 익숙해지면 편하게 생각하여 각성을 가라앉히고 경계를 해제한다. 선수가 불안을 느끼는 이유가 운동기술에 대한 확신이 부족하여 인지적 불안을 갖고 있는 경우라면 훈련의 강도를 높여주는 것이 좋다. 그리고 그 과정에서 긍정적인 피드백을 지속적이고 반복적으로 제공하여 자신감을 향상시켜주게 되면 불안이 자연스럽게 감소하게 된다. 반복 훈련의 횟수만큼 자신감을 느끼는 신경회로는 더 강화되어 불안이 활력상태로 바뀌게 되는 경험을 하게 되는 것이다.

멘탈훈련

우리의 뇌는 무엇이든 반복하면 그것을 사실로 받아들여 믿음을 만들고 그 믿음이 스스로를 통제하게 된다. 그것은 실제 경험뿐 아니라 상상을 통한 멘탈훈련의 경우도 마찬가지로 적용된다. 왜냐하면 뇌는 상상과 현실을 구분할 수 있는 기능이 없기 때문이다.

선수가 느끼는 불안의 원인이 성격적 특성 때문이라면 불안의 증상을 제거하기 위해 근육이완훈련과 자율훈련, 이미지 트레이닝, 트랜스훈련, 자기확신훈련을 반복적으로 실시하여야 한다. 이러한 멘탈훈련을 통해 인지적 불안과 신체적 불안을 감소시키고 특성불안을 낮추게 되면 상태불안도 낮아지게 된다.

불안해소를 위한 질문

불안이라는 문제를 해결하기 위한 방안으로써 문제를 알아차리고 논리적으로 해결하는데 도움을 주는 훈련방법이다. 4단계 질문을 통해 선수가 스스로에게 문제를 제시하고 해결방법을 찾는 과정에서 불안해소에 접근하게 된다.

1단계 : 아직도 나에게 남아있는 문제는 무엇인가?

인간의 뇌는 어떠한 질문에도 답을 하게끔 세팅되어 있다. 그래서 질문을 받게 되면 질문과 관련된 뇌신경회로가 활성화된다.

선수는 먼저 자신이 가지고 있는 문제가 무엇인가를 알아차리고 정의할 수 있어야 한다. 자신의 모습을 있는 그대로 바라볼 수 있어야 자신의 문제를 알아차릴 수 있다. 무엇이 문제인가에 대한 답을 찾을 때까지 반복해서 질문을 해야 하며 구체적으로 무엇이 그 문제를 일으키게 했는지에 대해서도 질문을 한다.

이 질문은 표면적으로 문제에 초점을 맞추는 것처럼 보이지만 '아직도'라는 문장 속에는 변화에 대한 강한 암시가 숨어있다. 아직도 남아있는 문제 외에는 모두 좋아졌다는 기본가정이 포함되어 있기 때문에 질문에 의해 드러난 문제는 2단계에서 해결할 수 있게 된다.

2단계 : 문제를 해결하기 위해 나는 무엇을 어떻게 할 것이며 내가 이 문제를 해결하기 위해 설정한 계획은 무엇인가?

선수는 문제해결을 위한 접근방법을 선택한다. 1단계에서의 질문에 대한 답을 찾을 수 있어야 문제해결을 위한 유연한 선택을 할 수 있게 된다. 선택은 결단을 통해 이루어지고 결단은 기존의 상태와 단절하여 새로운 상태를 만들기 위한 연결을 만드는 것이며 어떻게라는 질문에 문제해결을 위한 방법을 찾게 된다.

3단계 : 나는 내가 설정한 계획을 사용하고 있는가?

선수는 문제해결방법을 적용하고 있는지를 확인하기 위해 스스로를 평가한다. 현재의 자신을 접촉하여 변화를 위한 실천상태를 확인하는 것이다. 이 단계의 확인이 제대로 되지 않을 경우 변화의 핵심적인 가치를 얻지 못하게 된다. 그 어떤 것도 실행하지 않으면 성취할 수 없다.

1단계, 2단계에서 문제를 찾고 해결을 위한 답을 찾았다면 반복해서 실천하는 것이 중요하다. 이러한 3단계 질문하기에 따라 문제를 찾아 해결하기 위해 심상훈련, 점진적 근육이완훈련, 복식호흡법, 자기 확신 훈련, 트랜스 훈련, 패턴깨기, 자율훈련법, 앵커링 등 다양한 멘탈훈련 프로그램을 함께 트레이닝하고 있는지 점검한다.

4단계 : 나는 어떻게 문제해결방법을 수행했는가?

선수 스스로 선택한 방법의 효율성에 대해 평가하며 결과 진술을 통해 이미 변화된 자신에 대한 평가를 하는 것이다. 이미 문제가 해결된 편안한 상태를 사실로 받아들여 안정되고 편안한 심리상태를 일관성 있게 유지시키게 된다.

각성수준의 통제

【각성수준이 너무 높을 때】

- 훈련을 할 때 안정되고 편안한 심리상태에서 실제 경기상황과 같이 느끼도록 진행하며 전체 연습과정에 대해 트랜스 상태에서 생생하게 이미지 트레이닝을 반복한다.
- 특성불안을 가진 선수에게는 일반적인 칭찬보다 격려가 포함된 피드백과 멘탈강화언어를 반복해서 제공해준다.
- 선수가 느낄 수 있도록 코치의 신뢰와 확신을 전달해준다.
- 힘든 훈련과정을 통해 실력이 많이 향상되고 시합 준비를 잘하고 있다는 긍정적인 믿음과 격려를 보낸다.
- 과거의 성취경험에 대한 멘탈훈련을 실시하며 앵커링시킨다.
- 어느 정도의 긴장과 불안은 누구나 느끼는 자연스러운 현상이라는 관점을 갖게 하여 편안함을 느끼게 한다.
- 코치의 일관성 있는 안정된 태도와 피드백이 전해지는 아이컨텍을 통해 선수가 심리적 안정감을 느끼게 해준다.
- 시합 전 이미지 트레이닝과 이완훈련을 한다.
- 시합 결과보다 과정에 대한 가치를 이야기해준다.
- 배움과 경험의 중요성을 말하고 시합은 선수들을 한 단계 더 성장시켜주는 새로운 배움과 경험이 된다는 사실을 강조한다.
- 동료와 서로 격려하고 파이팅을 외치며 이야기하게 한다.
- 자신감과 집중력의 중요성을 강조한다.

- 선수가 자신에 대한 확신을 가질 수 있도록 격려를 반복한다.
- 훈련과정에서 반복적인 이완훈련과 심호흡 및 간접적인 성취경험을 통해 잠재의식에 편안함을 느끼게 해준다.
- 주변시야를 사용하여 초점을 분산시키고 깊은 심호흡을 천천히 반복한다.

【각성수준이 너무 낮을 때】

- 강한 자극이 될 수 있도록 훈련량과 강도를 더 높인다.
- 목표달성에 대한 격려의 말과 할 수 있다는 자신감을 느끼는 언어적 칭찬을 반복해서 제공한다.
- 시합 결과의 중요성을 강조하여 선수의 동기를 유발한다.
- 주변에서 보내는 관심이나 시합에 대한 기대감, 패배했을 때의 비난이나 무시, 야유를 이야기한다.
- 시합 전 격렬하게 근육을 긴장시키거나 준비운동을 한다.
- 생동감 있는 영상을 보여주거나 음악을 들려준다.
- 현재 상황과 시합 결과를 공지하고 게시판에 게제한다.
- 다른 팀과 선수의 훈련과정과 장점을 이야기한다.
- 선수 개인과 팀의 결과목표를 강조한다.
- 주요 경기 장면을 비디오로 촬영한 후 시청한다.
- 코치가 의도적으로 고함, 액션 등을 통해 각성을 높인다.
- 최상의 경기력을 보인 선수에 대한 특별한 관심을 제공한다.

멘탈코칭의 적용

불안은 누구나 갖고 있는 정서적 차원의 경험이지만 불안이 지나치게 높은 상태에서는 심리적, 생리적 부조화를 겪게 된다. 운동선수의 경우 중요한 시합에서의 승리에 대한 집착이나 경쟁 선수, 관중을 지나치게 의식하면서 불안이 더욱 높아진다.

선수 개인의 체력과 기술, 훈련은 충분히 갖추어져 있는데도 중요한 시합에서 지나친 불안 때문에 자신의 실력을 충분히 발휘하지 못해 좌절을 경험하는 선수들이 많다. 이런 선수들은 대부분 중앙시야를 사용하면서 생기는 지나친 긴장과 각성이 원인인 경우가 많다. 이것은 엘리트 선수나 프로선수도 마찬가지로 경험하는 현상이다. 심지어 국가대표선수들도 이러한 긴장과 각성을 느낀다.

하지만 이러한 긴장과 각성이 모든 선수들을 무력하게 만들거나 불안하게 만들지는 않는다. 오히려 약간의 긴장을 설레임과 활력으로 느끼며 운동수행을 위한 에너지로 활용하는 선수들도 있다.
국가대표선수나 프로선수는 심리적 압박감과 긴장감, 각성이 높아지는 중요한 시합상황에서도 자신의 멘탈상태를 최상의 운동수행을 할 수 있는 수준으로 조절하여 최고의 기록을 세운다.

긴장과 각성을 느끼지 않는 선수는 없다. 다만 그런 감각을 운동수행과 경기력 향상을 위한 자원으로 활용하는 선수가 있고 지나친 불안상태를 만들어 원하지 않는 결과를 얻는 선수가 있을 뿐이다.

선수의 모든 행동과 태도, 반응에는 숨겨진 긍정적 의도와 목적이 있다. 훈련이나 시합상황에서 선수가 느끼는 긴장과 각성, 불안이 무조건 나쁜 것은 아니다. 어느 정도의 긴장과 각성은 누구나 느끼는 보편적 정서이다. 그것이 무조건 나쁜 것이었다면 최고의 실력을 갖춘 국가대표선수나 프로선수들도 불안 때문에 시합을 하기도 전에 무기력한 상태에 빠져 최악의 결과를 얻었을 것이다.

하지만 우수한 선수들은 오히려 불안을 경기력에 도움이 되는 방향으로 활용하여 원하는 경기결과를 얻게 된다. 그것은 멘탈이 우수한 선수는 불안의 긍정적 의도와 목적을 알고 있으며 훈련과정에서 불안을 긍정적으로 전환할 수 있는 자기통제능력을 갖추고 있기 때문이다.

불안은 좋은 것도 나쁜 것도 아니다. 불안은 선택하고 학습하는 과정일 뿐이다. 불안을 분리하거나 극복하는 구체적인 방법에 대해서는 멘탈트레이닝 실기편에서 좀 더 자세히 다루기로 하고 여기서는 멘탈코칭을 통해 스포츠 현장에서 각성과 불안을 어떻게 조절, 통제하는지에 대해 알아본다.

∴ 각성수준의 파악

선수가 가진 각성수준은 저마다 다를 수 있다.
코치는 자신의 코칭 준거에 선수를 맞추는 것이 아니라 선수가 어떤 각성수준에서 가장 좋은 운동수행과 경기력을 발휘할 수 있는지에 대해 파악해야 한다. 선수가 어떤 각성수준에서 가장 탁월한 운동수행과 경기력을 발휘하는데 도움이 되는지를 파악하게 되면 훈련과정에서 적절한 각성조절기법을 활용하여 각성수준을 낮추거나 높일 수 있게 된다.

각성수준을 높이기 위해서는 언어적, 신체적 자극이 되는 신호를 보내거나 고함, 박수, 언어코칭 등의 기법을 활용하는 것이 도움이 되며 반대로 각성수준을 낮추기 위해서는 호흡법, 근육이완, 트랜스, 주변시야 등의 기법을 활용하는 것이 도움이 된다.

선수 개인이 갖고 있는 고유의 적정 각성수준은 운동과제와 기술수준, 개인의 성격적 특성, 환경에 따라 가변성을 가지고 있으므로 유의해서 파악해야 한다.

∴ 불안수준이 높은 선수 파악

코치는 전체 선수를 코칭하면서도 선수 개인의 불안수준에 대해 파악을 해야 하고 불안수준이 지나치게 높은 선수를 선별해낼 수 있어야 한다. 불안수준이 높은 상태에서의 반복적인 훈련과 시합 참여는 선수 개인의 입장에서 보면 불안을 계속적으로 학습하는 것과 같은 것이다. 이렇게 되면 중요한 시합에서 학습된 불안 때문에 자신의 기량을 발휘하지 못하는 경우가 생길 수 있다. 훈련과정과 시합상황에서의 심리적, 신체적 반응을 관찰하여 비교해보면 선수 개인의 불안수준을 이해하는데 도움이 된다.

만약에 상태불안이 심한 경우에는 자기 확신 트레이닝, 이미지 트레이닝이나 경기장에 미리 가보기, 앵커링, 관점 바꾸기 등의 기법으로 훈련과정에서 안정감과 편안한 정서를 조건형성시키는 것이 좋다.

특성불안이 높은 선수는 대부분 민감성이 높아 작은 자극과 정보를 크게 확대하는 경향이 있기 때문에 이러한 민감성의 방향을 운동과제에 초점을 맞출 수 있도록 멘탈트레이닝과 신체훈련을 반복시키면 안정된 경기력을 발휘하는데 도움이 된다.

∴ 개인 맞춤 코칭

우수한 코칭능력을 가진 코치는 선수 개개인의 특성을 수용하고 이해, 공감하며 선수 개인에게 맞는 개별적인 지도방법을 만든다.
기존의 짜여진 매뉴얼이나 메커니즘을 고집하는 것이 아니라 선수 개인에게 맞는 새로운 매뉴얼과 메커니즘을 개발하는 것이다.

그 어떤 훌륭한 교본도 선수 개인의 특성에 우선하지 못한다.
특정한 이론이나 코칭 매뉴얼에 선수를 억지로 끼워 맞추는 것이 아니라 모든 이론과 방법 중에서 선수의 변화와 성장에 도움이 되는 것을 선택하여 개인 맞춤형 지도방법을 적용시키는 것이다.

예를 들어 민감성과 불안수준이 높고 자신감이 낮은 선수에게 시합의 중요성이나 승패, 경쟁 선수 등을 강조하는 것은 불안 극복에 전혀 도움이 되지 않는다. 이러한 선수에게는 선수 개인의 훈련상황이나 과제성취, 준비상태 등을 체크하고 격려해주는 것이 필요하다. 선수가 운동수행에 적절한 불안수준을 갖고 있다고 판단되면 구체적인 지시보다 선수 스스로 판단하고 행동할 수 있도록 믿음을 보내고 격려해주는 것이 더 도움이 된다.

∴ 관점의 전환

몸과 마음은 심신상관성에 의해 서로에게 영향을 미친다.
몸을 바꾸면 마음이 바뀌고 마음이 바뀌면 몸도 바뀐다. 그래서 몸을 바꾸기 위해 마음을 활용하기도 하고 마음을 바꾸기 위해 몸을 활용하기도 한다. 두 가지 중에 어느 것을 바꾸어도 하나의 변화가 두 가지 모두의 변화를 만들어내게 된다. 현재 상황에 대해 어떠한 관점을 가지고 있느냐에 따라 마음상태가 먼저 만들어지기도 하고 몸상태가 먼저 만들어지기도 하는 것이다.

평소 훈련과정에서 부정적인 기분상태 때문에 신체적인 무기력 현상이 나타나면 즉시 패턴깨기를 통해 부정적 상태를 정지시키고 긍정적인 기분을 느끼는 자기암시로 상태를 바꾸어 주어야 한다.
'그만', '정지' 등의 말로 패턴을 깨고 원하는 것에 초점을 전환해준다.
패턴을 깨고 관점을 바꾸는 순간 신체적인 활력이 생긴다.

휘익기법, 성공의 원, 성공체험, 미래기억만들기, 자율훈련법 등을 활용하여 부정적인 관점을 긍정적인 관점으로 전환하는 훈련을 반복하는 것은 마음의 상태를 바꾸어 신체적인 불안수준을 낮추는 상관성을 활용하는 것이다.

∴ 각성의 회복

시합 중 멘탈붕괴를 경험하게 되면 운동수행이 급격하게 추락한다.

이때 적절한 멘탈회복을 위한 대처를 하지 못하게 되면 정신적, 신체적인 부조화 속에 정상적인 운동수행이 어렵게 된다.

격변 이론에 따르면 과도한 각성이 발생했을 경우에는 다시 최적의 수행에 이르기 위해서 완전한 이완을 해야 한다. 하지만 평소 훈련과정에서 멘탈트레이닝을 통한 자기통제능력을 제대로 갖추지 못한 선수는 회복이 쉽지 않다. 그래서 훈련과정에서 완전한 이완을 위한 반복적인 멘탈트레이닝이 필요한 것이다.

급격한 운동수행의 추락을 겪게 되면 즉시 완전한 이완을 한 이후에 다시 최상의 운동수행을 위한 적정 각성상태를 끌어올려야 한다.
이러한 위기상황에서의 극복훈련을 반복하게 되면 시합상황에서 경험하게 될 여러 가지 시련과 좌절을 충분히 극복할 수 있는 강한 멘탈을 가진 선수가 된다.

∴ 과정지향목표

불안수준이 낮은 선수에게는 결과지향목표를 제시하는 것이 도움이 되고 불안수준이 높은 선수에게는 과정지향적인 목표에 주의를 집중하는 것이 운동수행에 도움을 준다. 불안은 목표와 현실의 차이를 크게 느낄 때 더 높아지기 때문에 결과지향목표를 강조하게 되면 선수의 불안을 더 높이게 될 수 있다.

반면에 과정지향목표는 눈앞에 있는 과제에 초점을 맞추고 과제 수행의 발전과 성취에 대한 피드백을 통해 긍정적인 정서와 자신감을 누적시키기 때문에 불안이 감소한다. 이 과정에서 긍정적인 멘탈언어코칭과 피드백을 함께 제공해주면 도움이 된다. 자신의 상태와 실력에 대한 믿음이 형성되어 상태불안을 낮추게 되고 그러한 경험이 반복되면서 특성불안도 낮아지게 된다.

예를 들어 골프에서 우승을 해야 한다는 결과지향목표보다 루틴을 정확하게 반복하여 일관된 안정적인 심리상태에서 퍼팅 성공률을 두 배로 높이겠다는 과정지향목표가 훨씬 더 효과적이다.
축구에서 수비 선수가 상대 공격수를 전방 방어할 때 상대 선수를 절대로 놓치지 않겠다는 목표보다 상대 선수와의 거리를 1m만 허용하겠다는 목표를 정하는 것이 더 효과적일 수 있다.

스포츠에서 적정 각성수준은 특성 불안수준과 과제의 난이도, 학습의 단계에 따라서도 달라진다. 예를 들어 경쟁 불안상태에서는 각성수준이 중간 정도인 것이 경기력에 도움이 되고 복잡하고 어려운 과제는 각성수준이 낮은 것이 도움이 된다. 단순하고 쉬운 과제는 각성수준이 높은 것이 경기력에 도움이 된다. 또한 학습 초기에는 각성수준이 낮은 것이 도움이 되고 학습 후기에는 각성수준이 높은 것이 경기력에 더 도움이 된다.

PART 4

리더십

코치의 리더십

리더십에 대해서 다양한 정의를 할 수 있지만 스포츠에서는 '특정한 목표를 성취하기 위해 개인과 집단의 역량을 일치시킬 수 있도록 영향력을 행사하는 총체적인 행위'라고 할 수 있다.

선수에게 영향력을 행사하기 위해서는 코치의 뛰어난 전문기술과 멘탈코칭능력이 요구되며 무엇보다 중요한 것이 라포형성이다. 코치의 능력이 아무리 탁월해도 선수와의 끈끈한 라포가 형성되지 않는 상황에서는 멘탈코칭의 효과를 기대할 수가 없기 때문이다. 라포가 형성되면 선수는 코치의 열렬한 추종자가 된다. 그래서 리더십은 '추종자를 만드는 능력'이라고 하는 것이다.

그래서 리더십을 다르게 표현하면 라포를 형성하는 능력이라고도 할 수 있다. 그것은 라포가 형성되면 강력한 영향력을 발휘할 수 있기 때문에 코치가 원하는 교육적인 효과를 더 빠르게 더 크게 볼 수 있게 된다. 라포가 형성되면 팥을 콩이라고 해도 믿게 되는 추종자적인 멘탈이 형성되어 코치와 선수가 바라는 공통적인 목표의 실현이 앞당겨지게 되는 것이다.

∴ 특성적 접근 이론

특성적 접근 이론은 탁월한 리더는 선천적으로 태어난다고 보며 신체적, 지적, 정서적 특성들은 개인의 유전적 요인에 의해 이미 결정된다고 보는 이론으로 모든 문화나 상황에 공통적이고 필수적으로 나타나는 고유한 리더십이다. 이 이론으로 보면 리더의 성격특성을 타고난 사람은 어떤 상황에서도 리더가 된다는 왜곡된 주장을 하게 된다.
성격특성은 타고나며 성격특성 때문에 성공한다는 주장으로 위인이론이라고도 한다. 초기에는 인정을 받았으나 점차 퇴보하여 스포츠에서는 사용되지 않는 이론이 되었다.

이 이론은 흔히 '타고났다'는 말을 듣는 리더십이며 실제로 그 이면에는 여러 가지 요인이 작용했을 가능성이 높다. 단순히 유전적인 영향으로 리더십이 결정되기보다 성장과정에서의 문화나 성장배경, 교육여건 등이 직간접적으로 영향을 미쳤을 가능성이 많다. 이 이론이 인정을 받지 못하면서 리더의 행동특성에 초점을 맞추기 시작했다.

∴ 행동적 접근 이론

행동적 접근 이론은 탁월성을 가진 리더의 실제 행동에 초점을 맞추어 분석하고 연구하여 리더의 행동을 찾아낸 것이다. 어떤 상황에서 일어났던 행동 패턴을 분석하여 미래에 일어날 수 있는 일에 관심을 갖고 예견을 할 수 있다. 즉, 리더의 우수성과 탁월성의 행동특성을 분석하여 핵심기술을 모델링하고 반복 학습하게 된다면 누구나 탁월한 리더가 될 수 있다는 이론이다. 행동주의 심리학과 함께 활성화되었다.

Blake와 Mouton의 분류에 의하면 다섯 가지 리더십 유형 중 가장 효과적인 코치 유형은 팀형이며 목표달성을 위한 높은 조직력과 팀 구성원에 대한 세심한 배려를 해주는 능력을 갖고 있다.

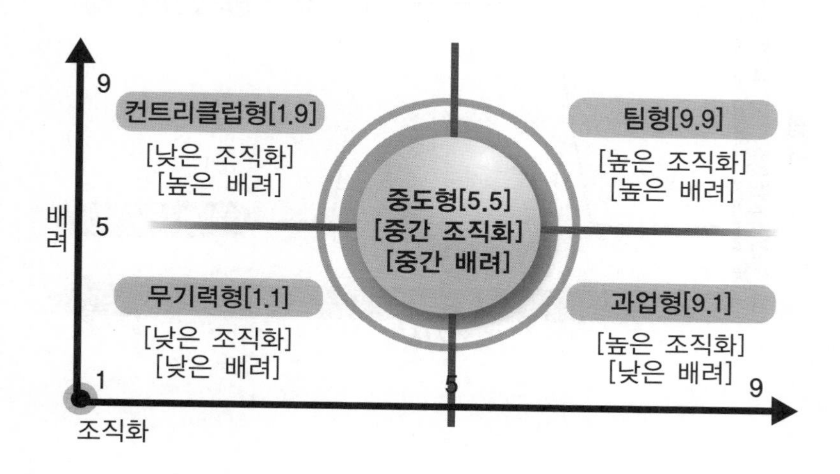

∴ 상호작용적 접근 이론

상호작용적 접근 이론은 코치의 리더십이 리더의 성격, 구성원의 요구, 집단의 구조 등 리더십 환경을 둘러싸고 있는 상황적 요인에 의해 결정된다는 이론이다. 예를 들어 학교 선수부 코치에게 요구되는 리더십은 상황적 요인에 의해 영향을 받는다. 학교장, 학부모, 동문회, 선수가 갖는 시합 결과에 대한 기대와 요구가 서로 다를 수 있다.

상호작용적 접근 이론은 리더십을 결정하는 것이 리더의 특성이나 행동뿐만 아니라 추종자의 태도와 능력, 조직내외의 복합적 상황들이 리더십을 발휘하는 요인이 된다는 주장이다.

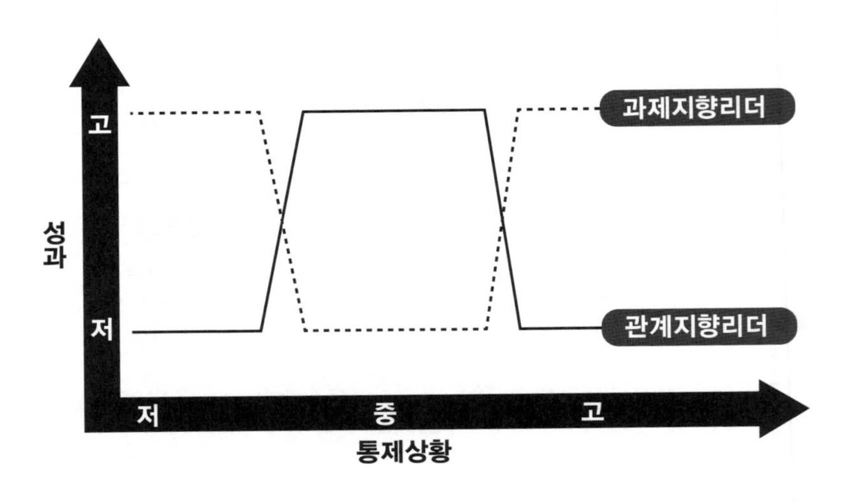

코치의 리더십 유형

코치의 리더십 유형은 다양하게 정의할 수 있다.
코치가 어떠한 리더십 유형을 가지고 있느냐에 따라 선수에게 미치는 영향이 달라진다.

∴ 과제중심형

과제중심형은 과정목표중심형과 결과목표중심형으로 나누어 이해할 수 있다. 또는 두 가지를 혼합해서 활용할 수도 있으며 코치는 체계적인 훈련계획을 수립하여 목표달성을 위해 모든 자원을 일치시키고 노력을 집중한다. 특히 학교 선수부나 프로선수, 국가대표선수를 코칭하는 코치의 경우 구체적인 목표를 세우며 성공에 대한 확고한 신념을 갖고 오로지 목표성취를 위해 모든 역량을 집중해야만 된다.

과제중심형 코치는 운동기술 코칭방법에 대한 전문적인 능력과 멘탈 트레이닝기법을 갖추기 위해 노력하여야 하며 현장코칭에 접목하여 성과를 만들어내야 한다. 이러한 유형의 코치는 규칙에 대해 엄격하며 위계질서와 집단 중심적인 팀의 규율을 선호하는 행동 경향을 보인다. 결과목표를 달성하기 위해서 다른 가치를 희생할 것을 선수에게 요구하기도 한다.

과정목표중심형 코치의 특징

- 결과보다 수행과정에 초점을 맞춘다.
- 다른 선수가 비교의 준거가 되는 것이 아니라 선수 자신이 수행 향상의 비교 준거가 된다.
- 선수 개인의 자결성과 특성을 중시하며 코치 자신이 아닌 선수 중심의 코칭을 한다.
- 수행과정에 대한 목표를 강조하며 선수의 수준에 맞는 훈련강도를 지속시킨다.
- 과제에 대한 수행 향상의 가치를 강조하고 성취경험을 누적할 수 있도록 하기 위해 격려와 긍정적인 피드백을 제공한다.
- 모든 프로그램은 수행과정에 맞게 계획하고 선수가 자발적으로 수행 향상에 초점을 맞출 수 있도록 내적동기를 촉진해준다.

- 선수가 실수나 실패를 하더라도 다시 도전할 수 있도록 수용과 공감적인 태도로 격려를 보낸다.
- 과정목표에 초점을 맞추고 수행 향상을 하는 과정에서 자연스럽게 결과목표가 달성될 수 있다는 믿음을 갖고 있다.
- 선수의 가능성과 잠재능력을 이끌어내기 위한 멘탈코칭능력과 인내심이 높다.

결과목표중심형 코치의 특징

- 팀과 선수의 성적을 향상시키고 목표를 달성하기 위해 노력하며 다른 모든 것을 희생해서라도 목표달성에 올인한다.
- 우승을 위해서라면 선수 개인의 자결성과 특성을 무시하며 코치 자신의 신념이 절대적으로 옳다는 자기중심적 확신 편향을 가지고 일방적인 코칭을 하기 쉽다.
- 목표를 수시로 강조하며 강도 높은 훈련을 지속한다.
  선수가 다른 생각을 할 수 있는 빈틈을 주지 않으며 훈련시간외에 선수가 더 훈련하는 모습을 보면 마음이 편안해진다.
- 모든 훈련과정을 선수의 경기력 및 수행 향상에 초점을 맞추며 성적과 우승을 위해 모든 프로그램을 계획하고 목표를 달성하기 위해서는 처벌과 같은 부정적인 피드백과 코칭도 필요하다고 믿으며 실제로 사용한다.
- 선수의 성적 향상과 우승이라는 목표달성이 코치 자신의 능력이

라고 믿으며 선수의 목표달성을 통하여 대리만족과 자신의 능력에 대해 보상받는 심리를 가지고 있다.

∴ 인화중심형

인화중심형은 관계지향적인 리더십으로서 선수에 대한 배려와 친숙한 관계를 우선적으로 생각하며 훈련과정과 시합 전략에 관한 의사결정을 할 때 선수를 함께 참여시켜 지향적 동기와 성취동기를 유발시키기 위해 노력하는 유형이다.

단체팀의 경우 선수 상호간의 원만한 의사소통과 라포를 형성하여 인간관계를 증진시키는데 관심을 두며 코치 자신의 권위를 내세우기보다 선수를 존중하며 수용하는 공감적인 자세로 대한다.

선수와 같은 위치에서 '형님 리더십'을 발휘하며 자유롭고 허용적인 분위기를 유도하여 선수의 심리적 안정감과 자결성을 높이고 상호 끈끈한 유대감을 형성한다.

인간관계를 우선하여 가치를 두기 때문에 사람이 우선이며 선수의 바른 인성과 멘탈, 행동에 관심을 두고 선수의 긍정적인 자원에 초점을 맞추어 격려와 믿음을 반복적으로 보낸다. 그리고 선수들이 자유분방함 속에서도 질서를 지키고 코치와 동료에 대한 유대감과 강한 믿음을 갖게 만들어 자결성을 높여주기 때문에 장기적으로 더 좋은 성적을 얻게 만든다.

인화중심형 코치의 특징

- 코치의 일방적인 지시나 명령보다 선수 개인의 의견을 말하게 하고 경청하는 태도를 보여준다.
- 전체의 구성원이 아닌 선수 개인의 특성을 관찰하고 이해하며 수용과 존중의 태도를 갖는다.
- 예, 아니오의 단순한 대답밖에 할 수 없는 폐쇄적 질문을 지양하고 선수의 자결성과 창의적 사고능력을 키워주는 개방적이고 간접적인 질문을 많이 활용한다.
- 직접적인 지시나 통제적인 언어구사가 선수의 저항을 불러온다는 사실을 잘 알기 때문에 지시적인 명령어보다 의문문형 진술문이나 부가의문문을 활용하여 선수의 동의를 구하는 간접적인 화법을 사용한다.
- 시합 성적이나 우승도 중요하지만 인성과 사람 됨됨이가 우선이라는 교육철학을 가지고 있다.
- 눈앞의 성적이나 우승보다 훈련과정에서 선수의 변화와 성장에 초점을 맞추고 격려를 보낸다.
- 선수의 단점이나 부족한 부분에 초점을 맞추는 것이 아니라 선수의 숨겨진 자원과 잠재력, 가능성에 초점을 맞추고 코치 자신의 기대와 믿음을 선수에게 보낸다. 인간 완성이라는 코치의 사명을 실현하는 것에 대해 자긍심과 보람을 느낀다.
- 선수와의 커뮤니케이션을 위한 수용과 경청, 공감능력이 탁월하

며 선수를 존중하는 따뜻한 리더십을 갖고 있다.

∴ 리더십 유형의 성과

우승과 성적이 최고의 가치가 되는 학교 선수부나 프로팀, 국가대표팀의 경우에는 결과지향목표가 원하는 성과를 얻는데 도움이 된다. 반대로 생활체육이나 동호회, 건강, 취미 중심의 스포츠 참가자에게는 인화중심형 리더십이나 과제중심형 리더십에서 과정지향목표가 효율적이다. 물론 종목이나 대상, 상황에 따라 리더십 유형을 혼용하는 것이 더 도움이 될 때도 있다.

성적이 절대가치인 경기 스포츠에서 우승한 팀 코치는 두 가지 리더십 유형 중에 한 가지 코칭방법을 선택하여 사용하는 경우가 많다. 그리고 경기 스포츠에서 패배한 팀의 코치는 두 가지 방법을 혼용한 경우가 많다. 이러한 결과는 코치가 일관성 있는 코칭철학을 가져야 한다는 것을 의미한다.

특히 성적이나 우승이라는 목표가 관계될 때는 일관성 없는 코칭이 나쁜 결과를 가져올 수도 있다는 사실이다. 좀 더 정확하게 말하면 경기 스포츠에서는 최상의 성과를 얻기 위한 최적의 선수 상태를 만들기 위해서 코치의 코칭방법이 단순한 것이 선수의 빠른 선택과 판단에 도움을 주어 경기력이 향상된다는 것이다.

결국 기존의 과제중심형 리더십과 인화중심형 리더십의 선택도 중요하지만 선수의 특성과 상황, 목표에 가장 적합한 새로운 리더십을 만들어 일관성 있게 적용하는 것이 더 중요하다.

경기에서의 리더십

경기는 선수가 하지만 경기 전후와 경기 중에 코치가 어떠한 언어적, 신체적 신호와 피드백을 해주는가에 따라 선수의 멘탈상태와 자신감, 동기가 영향을 받게 된다. 경기 후 결과에 대해 선수에게 질책이나 처벌을 하는 코치의 리더십은 선수에게 이중처벌이 되어 부정적 정서와 실패에 대한 공포를 학습하거나 내면의 저항감을 키우고 공격적인 성향을 갖게 만든다.

경기결과에 대한 잘못된 코치의 반응과 피드백은 선수의 심리적, 신체적 부조화를 초래할 뿐만 아니라 부정적인 정서가 연합되어 다음 경기에도 아주 나쁜 영향을 미치게 될 가능성이 높아진다.
그렇기 때문에 경기의 승패를 떠나 경기 후 긍정적인 피드백과 리더십으로 선수가 한 단계 더 성장할 수 있도록 도와주어야 한다.

경기 전에 코치가 보여주는 태도와 리더십에 따라 선수는 심리적, 생리적 각성수준을 유지하게 되고 최상의 운동수행을 할 수 있는 상태를 만든다. 마찬가지로 경기 중에도 한결같은 믿음을 보여주는 코치의 일관성 있는 코칭 태도와 긍정적인 격려에 의해 선수는 최상의 운동수행을 유지하게 된다. 경기 전, 경기 중, 경기 후에 코치의 일관성 있는 긍정적인 태도와 리더십에 따라 선수의 상태가 바뀌게 된다면 코치가 무엇을 선수에게 전해주어야 할지를 알 수가 있다.

∴ 경기 전 코치의 리더십

- 선수가 코치의 미소 띤 여유 있는 모습을 보면서 심리적 안정감을 가질 수 있도록 한다.
- 선수와 눈을 마주치고 어깨를 두드려주거나 손을 잡으며 코치의 전폭적인 믿음과 격려를 전해준다.
- 이미지 트레이닝을 통해 훈련과정에서의 성취경험을 생생하게 떠올릴 수 있도록 한다.
- 오늘 경기에서 좋은 결과를 얻게 될 것이라는 코치의 믿음이 포함된 긍정적인 암시를 보낸다.
- 멘탈트레이닝을 통해 성공신념을 강화하는 긍정적 자기 확신을 반복하게 한다.
- 심호흡을 깊게 하며 성공경험에 대한 심상을 한다.
- 그동안 훈련을 통해 향상된 실력과 기술을 들려주며 선수가 자신감을 갖도록 격려한다.
- 경기에서 사용할 기술의 순서에 대해 몰입하게 도와주고 좋은 결과가 있을 것이라는 격려를 보낸다.
- 경기결과나 상대 선수에 대한 초점을 운동과제나 선수 자신에게 전환할 수 있도록 질문을 하고 할 수 있다는 자신감을 심어줄 수 있는 긍정적인 멘탈언어를 들려준다.

∴ 경기 중 코치의 리더십

- 선수가 잘하고 있다는 신체언어를 보내준다.
  엄지 치켜세우기, 고개 끄덕이기, 박수치기 등으로 격려한다.
- 코치의 흔들림 없는 바른 태도와 냉정함과 미소를 보여주고 선수의 심리를 안정시킨다.
- 코치는 심판의 판정에 흥분해서는 안 되며 심판의 판정에 승복하며 엄지를 세워준다. 만약 선수가 억울한 판정을 받았을 경우 선수를 대변하여 판정에 이의를 제기한다.
- 선수가 실수를 했을 때 즉시 긍정적인 격려를 보내주고 괜찮다는 신체언어를 전해준다.
- 선수의 좋은 행동에 격려를 보내고 긍정적인 신체언어를 사용하여 용기를 북돋아준다.
- 구체적인 기술이나 행동에 대해 긍정적인 피드백을 제공해주어 선수의 자신감을 증대시켜준다.
- 다양한 신체적인 언어를 사용하여 계속적인 지지와 격려를 보내며 응원을 함께 한다.

∴ 경기 후 코치의 리더십

- 승패에 관계없이 최선을 다한 선수를 충분히 격려하고 긍정적인 피드백을 제공한다.

- 경기결과를 긍정적으로 승화시키기 위해 멘탈언어를 활용하여 종합평가와 개방적 질문을 한다.
- 경기결과가 좋은 배움의 기회가 되었던 부분과 경기를 통해 한 단계 더 성장한 선수 자신의 모습을 느끼게 한다.
- 오늘의 경기 경험이 다음에 더 좋은 경기를 할 수 있는 선수 자신의 상태를 만들었다는 사실을 깨닫게 한다.
- 승패를 떠나 최선을 다한 상대 선수에 대해 존중과 응원의 박수를 보내는 멋진 모습을 연출한다.

코치의 리더십 지침

코치가 선수를 코칭하는 과정에서 여러 가지 갈등과 문제가 생길 수 있으며 이러한 갈등과 문제를 원활하게 해결하고 운동수행향상과 경기력을 높일 수 있는 리더십 지침이 필요하다. 코치의 리더십 지침과 코칭 행동에 따라 선수의 운동 동기가 바뀌게 된다.

∴ 코치의 언어코칭

- 코치는 선수의 긍정적 변화와 성장을 위해 멘탈언어에서 인과관계와 복문등식을 활용하여 긍정적인 멘탈상태를 만든다.
- 긍정의 언어를 자주 사용한다. '할 수 있다', '하면 된다'와 같은 긍

정적인 표현을 반복해서 성공신념을 심어준다.

- 긍정적인 피드백을 제공해주고 선수가 목표에 대해 구체적으로 선명하게 떠올리게 하여 성취 가능성을 믿게 한다.
- 선수의 노력과 집중, 자신감 넘치는 태도에 즉각적인 격려로서 보상을 제공하여 강화시킨다.
- 선수를 격려하고 긍정적 피드백을 할 수 있는 자원을 찾아야 하며 없다면 만들어서라도 제공해준다.
- 칭찬과 격려를 함께 보낸다.
- 코치는 선수의 긍정적 변화와 성장을 이끌어내는 마중물로 멘탈 언어를 활용할 수 있어야 한다.

∴ 실수에 대한 격려코칭

- 실수는 누구나 할 수 있으며 실수하지 않는 사람은 성공할 수 없다는 교훈을 깨닫게 한다.
- 선수가 실수했을 때 코치가 즉시 격려하는 일관된 모습을 보여주어 실수가 나쁘거나 두려운 것이 아니라는 사실을 선수가 학습할 수 있도록 해준다.
- 실수에 대해 격려받는 느낌을 갖게 만들어 실수가 더 큰 성공으로 가는 소중한 디딤돌이 된다는 믿음을 갖게 한다.
- 실수에 대한 피드백은 샌드위치 형태로 긍정, 부정, 긍정의 순서로 하며 격려를 함께 한다.

- 실수에 대해서 소중한 경험이라는 긍정적인 관점을 갖도록 하기 위해 실수를 하더라도 코치는 처벌을 남용해서는 안 된다.
  처벌은 실패에 대한 공포를 학습하게 만든다.
- 감정이 격해진 상태나 화가 난 상태에서는 피드백을 해서는 안 되며 일정한 시간이 경과된 이후에 실시한다.

∴ 규칙 위반에 대한 코칭

- 규칙은 모두가 지켜야 할 중요한 가치라는 인식을 가질 수 있도록 반복적인 코칭을 한다.
- 지켜야 할 규칙을 코치가 먼저 솔선수범함으로써 선수들이 모델링할 수 있게 해야 한다.
- 규칙 위반에 대해서 받는 불이익이나 처벌은 코치도 예외가 아니며 엄격하게 일관성을 유지한다.
- 선수가 규칙을 위반했다면 코치의 직접적인 처벌이나 잔소리보다 간접화법으로 자신의 잘못에 대해 깨닫고 스스로 표현할 수 있도록 유도하여 부적처벌을 통해 선수 스스로 자신의 위반 행동에 대해 반성하게 한다.
- 선수가 규칙을 위반했을 때 코치는 화를 내거나 부정적인 감정을 직접적으로는 표현하지 않는다.
- 규칙 위반은 약속위반이며 선수 본인에게 먼저 피해가 될 뿐 아니라 다른 선수들에게도 피해가 된다는 사실을 강조한다.

- 처벌의 수단으로 청소나 신체활동을 시켜서는 안 된다. 그럴 경우 청소나 신체활동이 처벌과 연합될 수 있다.

∴ 긍정 유도 코칭

- 선수의 긍정적인 태도와 행동에 대해 규범을 제시하고 선수의 노력에 대해서 격려한다.
- 선수의 행동이면에 있는 긍정적 의도와 목적을 강조하여 행동의 변화를 유도한다.
- 결과도 중요하지만 과정도 중요하다는 것을 깨달을 수 있도록 과정에 대해 긍정적 피드백을 제공한다.
- 선수의 부정적인 억압에 의한 왜곡된 행동에 대해서는 절대로 격려를 해서는 안 된다.
- 선수 자신의 행동적 변화에 대한 긍정적 피드백을 제공해주고 다른 선수의 행동과 비교해서는 안 된다.
- 스스로의 행동에 대한 더 나은 선택을 통해 행동을 바꿀 수 있도록 개방적인 질문을 한다.

∴ 성공신념 코칭

- 코치의 할 수 있다는 긍정적인 기대와 믿음을 언어적, 비언어적으로 선수가 느낄 수 있게 해준다.

- 멘탈트레이닝 과정에서 자기 확신 암시를 반복하여 할 수 있다는 절대긍정의 신념을 가질 수 있도록 한다.
- 코치가 선수에게 특별한 관심을 보여주며 라포관계를 형성한 후에 선수의 자기효능감을 높일 수 있는 반복적인 성공체험과 관련된 언어적인 격려를 보내준다.
- 선수의 과거 성취경험을 회상하거나 미래의 성공체험을 상상하며 성공과 관련된 뇌신경회로를 강화시킨다.
- 경기의 승패에 관계없이 선수를 격려하고 긍정적인 귀인과 피드백을 통해 현재의 결과를 다음 경기에서 더 잘할 수 있는 지향적 동기로 사용한다.
- 성공은 선천적으로 타고난 것이 아닌 후천적인 노력에 의해 이루어진다는 교훈을 깨달을 수 있도록 피드백해준다.
- 코치의 기대와 믿음을 제시하고 선수가 그것에 긍정적으로 반응하며 자결성을 가질 수 있도록 코칭을 해준다.
- 목표에 선수의 느낌과 생각, 말, 행동을 반복해서 일치시키면 목표가 자신을 이끈다는 신념을 갖게 해준다.
- 코치는 멘탈코칭의 목적이 부분적으로는 우승이지만 전체적으로는 선수의 인간 완성에 있다는 신념을 가져야 한다.

∴ 상황대처능력 코칭

- 코치는 선수에게 먼저 관심과 격려, 믿음을 보내어 선수 스스로

자신감과 자결성을 갖고 상황에 대처할 수 있게 도와준다.

- 선수는 성공을 통한 스타플레이어가 되고 싶어한다.
  진정한 스포츠 스타는 어떠한 상황에서도 자신의 변화와 성장에 초점을 맞추는 것이 중요하다는 것을 알 수 있게 한다.
- 훈련과 시합상황에서 관중과 상대 선수, 경기장의 분위기에 압도당하지 않고 자신의 페이스를 유지할 수 있도록 하기 위해 호흡법, 이완, 루틴 등을 활용한다.
- 프로팀의 구단주, 학교팀의 학교장 및 학부모에게 훈련상황을 설명하며 선수들의 사기진작을 위한 격려를 부탁한다.
- 코치는 단기간의 경기실적보다 장기적인 선수의 성장을 위해 훈련의 방향과 목표를 설정하고 선수들을 코칭한다.
- 훈련과정에서 다양한 상황을 설정하여 안정된 심리상태에서 상황에 대처하는 능력을 기른다.

긍정코칭 리더십

훌륭한 선수는 우수한 능력과 리더십을 가진 코치의 전문 코칭에 의해 변화하고 성장한다. 코치는 선수에 대한 무한신뢰를 바탕으로 수용성과 공감, 피드백을 통해 선수의 긍정적 자아개념을 완성시켜주는 역할을 하게 된다.

선수의 긍정적인 변화와 성장을 이끌어내는 것이 코치의 역할이기 때문에 선수의 변화를 이끌기 위해서는 코치 자신이 먼저 긍정적인 변화와 성장을 해야 한다. 즉, 코치의 긍정적인 변화가 선수의 변화를 위한 모델이 되며 동기가 되는 것이다. 코치는 자신의 긍정적인 변화와 성장이 완성된 상태에서 선수의 강점과 가능성을 이끌어내어 원하는 목표를 성취할 수 있게 도움을 줄 수 있다.

긍정적 코칭에 대한 행동특성을 숙지하여 코칭에 활용한다면 코치의 탁월한 리더십이 더욱더 빛을 볼 수 있게 된다.

- 선수와 눈을 마주치며 미소를 보인다.
- 선수의 이름을 자주 불러주며 다정하게 말한다.
- 엄지손가락을 펴서 보여주며 미소를 보낸다.
- 선수의 등을 두드려주며 격려를 보낸다.
- 선수와 대화를 자주하고 경청과 수용, 공감을 해준다.
- 목표설정에 선수를 동참시키고 그 목표가 실현될 수 있도록 응원과 격려를 아낌없이 보낸다.
- 긍정적인 멘탈언어로 강화를 한다.
  '잘하고 있다', '많이 좋아졌어', '좋았어' 등의 피드백을 제공한다.
- 언어적, 비언어적 관심을 많이 표시하여 라포를 형성한다.
- 코치가 선수에게 먼저 다가가 기술지도를 도와준다.
- 코치가 선수와 함께 연습하며 친밀감을 쌓는다.
- 코치가 먼저 변화하고 성장하기 위해 공부하며 연습하는 모습을 선수가 볼 수 있도록 솔선수범한다.

- 코치는 선수에게 관심 있는 질문을 통해 긍정적인 답을 유도하며 개방적이고 간접적인 질문을 한다.

∴ 수용적 리더십

조직의 성장은 리더가 가진 리더십의 크기만큼만 성장하듯이 선수의 성장은 코치의 탁월한 멘탈코칭능력과 리더십에 의해 이루어지게 된다. 코치의 탁월한 리더십은 선수를 있는 그대로 바라보고 수용하는데서부터 시작되는 것이다. 코치가 선수를 어떻게 수용해주는가에 따라 선수의 긍정적인 자아형성이 결정되고 운동 동기와 수행 향상의 결과가 달라지게 된다.

코치가 자신의 주관적 세상모형이나 고정관념을 갖고 선수를 대하게 되면 선수의 태도나 행동이 틀리거나 잘못되었다고 판단하기 쉬우며 다름에 대한 수용적 리더십을 갖기 어려워진다. 선수의 고민이나 궁금증, 심리적 문제, 운동수행, 목표달성 등과 관련하여 어떠한 문제에 대해서도 수용적 태도로 선수의 편에서 함께 공감하며 답을 찾아주는 리더십을 보여줄 때 상호 간에 끈끈한 라포가 형성되어 선수의 변화와 성장을 이끌 수 있다.

∴ 격려의 리더십

코치의 말과 행동은 선수의 거울뉴런에 그대로 복사되어 행동형성과 인성발달에 영향을 미치게 된다. 그렇기 때문에 코치는 언제 어디서나 밝고 긍정적인 언행을 보여주어야 한다. 만약 훈련과정에서나 시합중에 부정적인 코치의 반응과 피드백이 선수에게 반복적으로 제공된다면 실수에 대한 공포 학습과 내적동기 저하, 무력감, 심리적 혼돈, 책임 전가하기 등의 부정적인 신경회로가 강화되어 조건형성될 수 있다.

훌륭한 코치는 운동수행과 관련된 어떠한 결과에 대해서도 최선을 다한 선수에게 비난이나 비판을 가하지 않고 격려를 먼저 보내는 긍정적인 태도를 가진다. 특히 선수가 의도하지 않는 실수나 오류를 보일 경우 더 많은 격려를 보내주어 도전정신과 자신감을 충전할 수 있도록 도움을 준다.

선수의 작은 실수에 대해 코치가 부정적인 감정을 드러내는 것은 코치 본인의 자기합리화와 스트레스 해소에 도움이 될 수 있을지 모르지만 선수의 사기를 떨어뜨리고 불안을 학습하게 만드는 부정적인 결과를 낳는다. 꼭 선수에게 지적을 하거나 피드백을 해야 될 경우에는 긍정, 부정, 긍정의 순서로 샌드위치 피드백을 제공해주며 선수에게 신뢰를 함께 보내는 것이 바람직하다.

성적과 결과에만 집착하는 코치가 아니라 선수가 최선을 다한 과정에 대해 격려할 수 있는 수용과 공감능력을 갖춘 코치가 되어야 한다. 지적과 행동수정을 위한 질책은 믿음과 격려라는 긍정적인 코칭이 함께 제공될 때 더 큰 효과를 기대할 수 있다.

분명하고 선명한 목표를 보고 있는 코치는 절대적인 라포를 바탕으로 선수를 격려할 줄 안다. 그것은 코치의 격려가 목표를 더 빨리 이룰 수 있게 해준다는 것을 잘 알고 있기 때문이다.

∴ 관심의 리더십

뛰어난 리더십을 가진 코치는 선수에 대한 개인적 관심과 질문을 통해 라포를 형성하고 선수의 숨겨진 가능성과 잠재된 자원을 이끌어내어 변화시키는 능력이 있다. 선수는 자신에게 특별한 관심을 보여주는 코치에게 마음의 문을 열고 라포를 형성하여 코치가 지향하는 방향으로 성장해나간다.

코치와 선수 사이에 가장 중요한 연결의 끈은 라포이다.
상호 라포가 형성되지 않은 상황에서의 코칭은 표면적으로는 별 문제가 없는 것처럼 보이지만 코치와 선수의 엇박자 속에 공동의 목표를 상실하여 수행 저하와 경기력 상실을 초래한다. 선수와의 강력한 라포를 형성할 수 있는 방법은 코치가 보여주는 개인별 관심에서 시작된다.

∴ 자결성의 리더십

과거에는 스포츠 코치들이 지시적이고 강압적이며 일방적인 언어패턴을 많이 사용했다. 그리고 그 시기에는 그러한 코칭을 통해 열악한 환경 속에서도 좋은 성적을 내기도 했었다.

하지만 시대가 바뀌면서 코치의 코칭철학과 가치, 리더십에 대한 준거도 함께 변화하게 되었다. 코치는 자신이 갖고 있는 우수한 기술과 재능만을 선수에게 가르치는 사람이 아니다. 코치는 선수의 숨겨진 자원을 발견하고 이끌어내며 선수 스스로 더 변화하고 성장할 수 있도록 서포트해주는 역할을 해야 한다.

그러기 위해서는 코치의 탁월한 리더십과 선수의 내적동기를 향상시켜주는 멘탈코칭이 필요하다. 특히 선수의 긍정적 사고와 유연성을 높여주는 개방적이고 간접적인 질문을 많이 해주어야 한다.
일방적인 지시와 통제보다는 선수 스스로 할 수 있는 동기부여를 위해 수준있는 질문으로 선수의 자결성을 높여주는 코칭능력이 요구된다.

PART 5

NLP와 스포츠

NLP란 무엇인가

NLP는 신경(Neuro) 언어(Linguistic) 프로그래밍(Programming)의 머리글자이며 '신경언어 프로그래밍'이라고 한다.

NLP란 성공한 사람들이 특정한 분야에서 어떻게 탁월성과 우수성을 보일 수 있는지 그 원리와 기법에 대해 연구하고 배워 삶에 활용하는 것이다. NLP는 탁월성과 우수성을 가진 사람들이 특정분야에서 탁월한 성과를 이루기 위하여 사용하는 패턴을 찾아 모델링하고 활용함으로써 모델이 이룬 성과를 그대로 얻을 수 있다.

NLP는 언어적인 것이며 말로써 사람의 마음과 행동을 바꾸는 기술이다. 인간의 마음과 언어, 행동이 일어나는 원리를 이해하고 '어떻게 기법'을 활용하여 효과적으로 변화와 성취를 이루게 해주는 멘탈사용 설명서라고 할 수 있다. 어떻게 기법은 '어떻게 더 좋은 방법으로 좋은 성과를 얻을 수 있을까'라는 긍정의 결과를 얻기 위한 질문방법이다.

N의 신경(Neuro)은 인간의 모든 학습과 경험, 행동은 신경계의 영향을 받으며 신경계의 작용으로 이루어진다는 의미이다. 신경계는 중추신경계와 말초신경계로 구성되며 경험의 기본요소는 오감적인 신경계통의 작용으로 이루어진다.

L의 언어(Linguistic)는 모든 정보는 오감적으로 입력되고 저장되며 출력된다는 의미이다. 언어가 뇌신경과 연결되어 있어 언어를 통하여 모든 측정과 창조가 가능하다. 그래서 언어를 바꾸면 신경회로가 바뀌고 마음의 지도까지도 바뀌게 되는 것이다.

P의 프로그래밍(Programming)은 컴퓨터 용어로써 개인의 뇌에 구성된 행동과 감정패턴, 기억, 신경망 등이 저장된 것을 의미한다.
학습과 경험은 언어로 저장되고 프로그래밍된다. 모든 행동은 뇌에 프로그래밍된 결과가 나타난 것이다.

스포츠에서 멘탈코칭은 언어라는 도구를 통해 선수의 특정한 능력과 기술을 프로그래밍시켜 내현기억화하는 과정이다. NLP의 원리와 기법은 선수가 가진 가능성과 잠재력을 증폭시켜 원하는 성과를 달성시켜 주는 훌륭한 성취도구가 될 수 있다. 성공한 우수선수들이 가진 탁월성의 비밀을 찾아 핵심기술을 모델링한다면 누구나 그와 같은 성취를 이룰 수 있게 되는 것이 NLP의 힘이다.

NLP전제조건

스포츠멘탈코칭에서 활용하는 NLP전제조건이란 코치와 선수의 가치와 믿음이 만든 전제가 옳다고 가정하는 것이다. 꼭 그것이 옳거나 반드시 진리이기 때문이 아니라 그것이 옳고 진리라고 믿고 받아들일 때 좀 더 나은 선택과 기회를 가질 수 있기 때문에 코치와 선수 모두에게 전제조건이 중요하다.

코치는 선수의 숨겨진 가능성과 잠재력을 발견하고 선택하여 반복 훈련을 통해 변화시키고 성장시키는 역할을 하는 사람이다.
코치가 자신의 사명과 목표, 선수에 대한 믿음을 가지고 전제조건의 내용에 근거하여 코칭을 하게 되면 반드시 바람직한 성과를 얻을 수 있게 된다. 마치 '~인 것처럼' 믿음을 가질 때 그 믿음에 대한 결과를 얻게 되는 것이다.

코치는 자신의 코칭능력과 철학을 바탕으로 선수를 성장 가능성과 잠재력을 가진 존재로 보아야 한다. 그렇게 될 때 선수는 코치가 가진 전제조건을 수용하여 변화하게 되는 것이다. 전제조건은 그것이 사실이든 아니든 상관하지 않는다. 그것이 사실이라는 믿음을 가지고 그대로 실천한다면 그 믿음이 갖는 통제의 힘에 의해 현실적인 성과를 만들어내기 때문이다.

코치가 가진 믿음의 크기에 따라 선수의 변화와 성장의 크기가 결정되기 때문에 만족스러운 성취를 이루고 싶다면 전제조건에 대한 코치와 선수의 절대적 믿음이 필요하다. 차원이 다른 코칭, 품격 있는 코칭, 성과를 창조하는 코칭을 할 수 있는 탁월성을 가진 코치가 가져야 할 전제조건이 있다.

∴ 지도는 영토가 아니다

폴란드 출신의 수학자 알프레드 코지브스키는 지도는 영토가 아니며 지도는 영토를 편리하게 그려놓은 그림에 불과하다고 했다.

코치가 보고 듣고 느끼는 모든 정보는 사실과 차이가 있으며 자신의 주관적 관점으로 다르게 인식하고 반응할 뿐이다. 똑같은 경험을 해도 코치와 선수가 갖고 있는 마음의 지도에 따라 받아들이는 방법과 느낌이 전혀 다르다. 어떤 사실 자체보다는 서로의 마음속 지도로 다른 대상과 상황을 바라보고 수용함으로써 주관적 실재가 만든 마음의 지도를 가지고 왜곡하게 되는 것이다.

코치가 보는 선수의 행동은 영토가 아닌 지도라는 것을 알아야 한다. 선수의 영토인 심층적인 의도와 목적은 잘 드러나 있지 않고 마음의 지도인 행동과 기능만 드러난다. 코치는 선수의 지도와 소통하고 있다는 사실을 아는 것이 중요하다.

멘탈코칭은 선수의 영토가 아닌 지도를 변화시키는 기법이다.
스포츠멘탈코칭은 지도를 만드는 반복 훈련이며 지도를 바꿈으로써 영토를 바꾸는 학습과정이다. 코치가 보고 있는 것이 선수의 모든 것이 아니다. 탁월한 코치는 마음의 지도를 바꿀 수 있는 긍정적인 목적과 의도를 활용하여 마음의 영토를 바꾸는 능력을 가진 사람이다.

∴ 모든 행동에는 긍정적 의도가 있다

선수의 모든 선택과 행동에는 긍정적 의도와 목적이 있다.
코치가 이 전제를 이해하고 수용한다면 선수를 바라보는 관점이 유연해지며 공감을 바탕으로 더 넓은 포용력을 가질 수 있게 된다.
선수가 특정 상황에서 하는 모든 행동은 코치가 의식하지 못할지라도 반드시 긍정적인 목적을 갖고 있으며 그 목적을 이해한다면 선수의 행동에 대한 순수한 의도를 알아차릴 수 있다.

코치가 선수의 드러난 행동과 긍정적 의도를 분리할 수 있다면 선수가 더 나은 선택을 할 수 있도록 서포트해줄 수 있게 된다.
코치가 해야 할 코칭행위는 선수의 행동 자체와 행동이면에 숨어있는 긍정적인 의도나 목적을 구분하여 더 나은 선택과 전략으로 운동수행과 경기력을 향상시키는 결과를 얻는 것이다.

코치가 선수의 관점에서 숨은 의도를 발견하고 행동의 변화를 유도할 수 있다면 보다 더 나은 선택을 할 수 있다. 신경질적이거나 화를 내고 있는 선수를 보면 코치도 화가 난다. 이때 선수의 입장에서 화를 내고 있는 긍정적 의도를 찾게 되면 현재 상황에서 신경질적이고 화를 내고 있는 선수가 이해되고 공감이 되면서 좀 더 유연한 선택과 피드백을 해줄 수 있다.

코치의 초점과 목적은 선수의 긍정적인 변화에 있는 것이지 결코 부정적인 행동에 감정적으로 반응하는데 있는 것이 아니다.
선수의 부정적인 행동조차 긍정적인 의도를 찾아 공감해주게 되면 현재보다 더 나은 행동을 선택할 수 있게 되어 긍정적인 변화와 성과를 얻을 수 있게 되는 것이다.

비난하고 짜증을 내는 행동, 시합에 져서 우울해하는 행동, 집중을 하지 못하는 행동, 불안을 심하게 느끼는 행동 등 선수의 모든 부정적인 행동까지도 문제해결을 위한 긍정적 의도를 찾아 다른 행동을 선택할 수 있도록 해주는 것이 탁월한 코치의 멘탈능력이다. 선수의 행동이 부정적으로 보이는 것은 코치가 선수의 행동만 보고 선수의 긍정적인 의도를 알지 못하기 때문이다.

코치는 선수의 실수와 잘못에 대한 비난에 앞서 선수의 긍정적인 의도를 찾아 행동과 분리해내어 선수가 가진 본래의 긍정적인 의도를 충족시킬 수 있는 다른 선택을 할 수 있도록 도와주어야 한다.
선수가 더 나은 선택으로 긍정적인 결과를 얻을 수 있게 해주는 것이 탁월성을 가진 코치의 역할이다.

∴ 이해하기를 원한다면 실행하라

선수가 갖고 있는 대부분의 한계는 다른 사람이나 외부환경 때문에 생기는 것이 아니라 자기 내면에 있는 제한 신념 때문에 생긴다.
문제에 초점을 맞추고 있는 동안에는 문제에 구속될 수밖에 없다.
문제에 초점을 맞추고 자신을 제한하게 되면 더 나은 성과를 내기 위한 도전을 해보지도 않고 불가능한 조건을 합리화하며 아무런 실행을 하지 못하게 된다. 문제에 맞추어진 선수의 초점을 전환하여 원하는 목표에 초점을 맞추고 그 목표에 모든 자원과 에너지를 일치시켜 실행하면 이루지 못할 일이 없어진다.

'백문이 불여일견'이라고 했다. 백번 듣는 것보다 한번 보는 것이 더 중요하다는 뜻이다. 하지만 스포츠멘탈코칭에서는 이보다 더 진화된 '백견이 불여일행'이라고 한다. 백번 보는 것보다 한번 실행하는 것이 더 중요하다는 뜻이다.

선수는 훈련과 시합과정에서 성공과 실패에 대한 다양한 경험을 되풀이하면서 코치로부터 피드백을 받게 된다. 성공과 실패 경험을 통해 자신을 더 다듬고 채워가며 새로운 도전을 자신감 있게 할 수 있는 성공신념을 강화할 수 있도록 긍정적 피드백으로 서포트해주는 것이 탁월성을 가진 코치의 역할이다.

∴ 선택할 수 있는 것이 바람직하다

가장 유연한 사고와 행동을 할 수 있는 사람이 가장 큰 영향력을 가질 수 있다. 선택할 수 있다는 것은 그렇지 못한 경우보다 더 융통성을 갖게 해주기 때문이다.

코치가 융통성이 부족하여 선택의 폭이 좁혀지면 원하지 않는 선택을 해야 하는 나쁜 상황에 몰리게 된다. 몸이 아프기 전에 건강을 관리해야 더 나은 행동을 선택을 할 수 있게 되듯이 코치는 먼저 스스로의 상태를 긍정적으로 만들어야 하고 멘탈코칭능력을 배양하여 더 나은 전략과 코칭을 선택할 수 있는 유연성을 가져야 한다.

코치가 시합의 결과인 승패를 선택할 수는 없지만 시합에서 좋은 성적을 낼 수 있는 전략과 훈련과정은 선택할 수 있다. 탁월한 전략과 훈련과정을 선택하지 못한 상태에서 시합 결과만 선택하려 한다면 그것은 바람직하지 못한 결과를 얻게 된다. 왜냐하면 선수는 코치가 선택한 전략과 훈련과정에 완벽하게 노력하기 때문이다.

원하지 않는 결과는 코치와 선수가 좀 더 일찍 나은 전략과 훈련과정을 선택하지 못했기 때문에 얻은 것일 뿐이다. 일등과 꼴찌는 각자의 전략과 선택에 최선을 다해 완벽하게 훈련한 결과이다.
꼴찌는 선택의 시기가 이미 늦은 상태에서 꼴찌라는 결과를 선택할 수

밖에 없어진다. 꼴찌를 할 수 있다면 일등도 할 수 있다. 누구라도 좀 더 일찍 꼴찌의 전략이 아닌 일등의 전략을 선택하여 최선을 다한다면 당연히 일등을 할 수밖에 없을 것이다.

자신이 원하는 결과를 얻지 못했다면 그 결과를 원망할 것이 아니라 선택을 바꾸어야 한다. 선수가 자신의 전략을 세우고 기술을 연습하며 체력을 강화하는 이유는 여러 가지 상황에서 최적의 반응과 상황대처 능력을 가질 수 있는 선택의 폭을 넓히기 위해서이다.

자신이 탄 배가 폭포 가까이 왔을 때는 이미 선택의 시간은 지났다. 그때는 폭포에 추락하는 선택밖에 하지 못한다. 배가 좀 더 상류에 있을 때 추락하지 않는 더 좋은 선택을 하기 위한 유연성을 갖게 된다는 사실을 명심해야 한다.

∴ 실패란 없다. 다만 피드백만 있을 뿐이다

스포츠에서 실패라는 말은 존재하지 않는다. 그것은 실패라는 말을 다르게 바꾸어 보면 실패할 수밖에 없는 전략의 선택에 의해 실패에 완전히 성공한 것이기 때문이다. 세상에서 가장 어리석은 사람은 같은 행동을 반복하면서도 다른 결과를 기대하는 사람이다.

스포츠는 수많은 실패의 과정을 피드백하여 성공의 결과를 만드는 과정이다. 그렇기 때문에 모든 실패는 완전한 실패가 아니라 성공으로 가는 소중한 징검다리를 놓는 것으로 볼 수 있다.

실패라는 경험에 대한 긍정적인 피드백을 얼마나 많이 받느냐에 따라 성공이라는 결과를 얻는 것이다.

실패에 대한 정의는 실패를 실패로 받아들이고 그 실패의 함정에 갇혀 영원한 실패로 수용할 때 그것을 실패라고 한다. 그래서 성급하게 실패라고 단정하는 것이 어리석은 선택이 될 수 있는 것이다.

피드백을 통해 실패를 성공으로 가는 소중한 체험과 디딤돌로 만들 수 있다면 실패를 많이 할수록 성공에 더 가까이 가게 된다. 다만 코치의 절대적 성공신념과 긍정적인 피드백이 제공될 때 실패는 성공으로 가는 중요한 디딤돌이 될 수가 있다.

성공한 스포츠 선수들의 공통점을 보면 그들에게는 남들보다 훨씬 더 큰 시련과 좌절이 있었다는 사실이다. 그들은 숱한 시련과 난관을 겪으며 넘어지기도 하고 실패를 거듭하면서 좌절을 겪기도 한다.

하지만 성공한 스포츠 선수들은 좌절과 실패에 대한 지속적인 피드백을 통해 자신을 담금질하면서 현재의 실패를 미래의 승리로 향해 나아가는 소중한 징검다리로 활용했다는 공통점이 있다.

축구선수는 수천수만 번의 킥 연습을 통해 자신이 원하는 지점에 공이 도달하지 않는 방법을 알아가면서 차츰 자신이 원하는 방향으로 공이 정확하게 들어갈 수 있는 범위를 찾게 되고 나중에는 자신이 마음먹은 대로 공을 보낼 수 있는 실력을 갖추게 된다. 처음 몇 번 공이 골대 안으로 들어가지 않았다고 실망하거나 포기했다면 결코 훌륭한 선수가 될 수 없었을 것이다.

처음 공을 찰 때 그 공이 정확하게 목표한 곳으로 바로 갈 수는 없다. 하지만 수많은 훈련과정에서 반복된 피드백을 통해 계속 연습한다면 점차 자신이 원하는 목표지점에 정확하게 공을 보낼 수 있는 실력을 갖춘 최고의 선수가 되는 것이다.

코치와 선수는 실패 자체를 두려워해서는 안 된다.
정말 두려워해야 할 것은 실패가 아니라 실패에 대한 잘못된 피드백이다. 피드백이 잘못되면 실패에 영원히 통제당하게 되지만 피드백을 긍정적으로 잘하게 되면 실패가 성공으로 가는 소중한 경험으로 축적된다. 한 번의 실패에 의기소침하거나 좌절하여 더 나은 발전을 위한 새로운 도전을 멈출 수는 없다. 실패 경험에 대한 피드백을 통해 긍정적인 교훈을 얻을 수 있을 때 현재와 다른 원하는 목표에 더 가까이 갈 수 있기 때문이다.

'오늘 패배했다'라는 말은 선택한 전략에 최선을 다해 패배에 성공한 것일 뿐이다. 탁월한 코치는 패배에 대해서 전략과 훈련과정을 바꾸는 피드백을 통해 성공으로 가는 디딤돌을 하나 더 얻는 것이라는 긍정적인 마음의 자세와 태도를 가진다. 그리고 실수에 대한 질책과 비난보다 격려와 피드백을 통해 현재의 실수를 성공으로 가는 중요한 과정이 될 수 있게 해주는 능력을 가지고 있다.

∴ 필요한 모든 자원은 선수가 가지고 있다

선수는 필요한 모든 자원을 이미 자신이 가지고 있으며 그것을 찾아 활용하는 훈련을 통해 선수가 자신의 능력을 스스로 키울 수 있도록 도움을 주는 것이 탁월성을 가진 코치의 역할이다.

코치의 역할은 없는 것을 새롭게 만들어 선수에게 가르치는 것이 아니라 선수의 가능성과 잠재자원을 찾아내어 반복 훈련과 피드백을 통해 목표달성을 위한 최상의 운동수행 상태를 만드는 것이다.
코치의 리더십과 멘탈코칭능력, 전략, 기술 등은 선수가 가진 잠재력과 가능성을 목표달성이라는 현실적인 성과로 만드는데 필요한 중요한 수단이고 도구이다.

스포츠에서는 가르친다는 뜻의 티칭이라는 용어보다 선수가 가진 가능성과 잠재자원을 발견하고 이끌어내어 원하는 성취를 이룰 수 있도록 서포트해주는 코칭이라는 용어를 많이 사용한다.
코칭은 선수가 이미 가지고 있는 자원을 찾아내고 훈련시켜 최상의 운동수행을 할 수 있도록 서포트해주는 것이다. 코치의 멘탈코칭능력에 따라 선수가 가진 가능성과 잠재자원을 운동 목표에 일치시켜 운동성과의 차이를 만든다.

그 어떤 선수도 자원이 없거나 가능성이 없는 선수는 없다.
다만 현재 그러한 자원이 없는 상태가 존재할 뿐이다. 코치는 선수의 숨겨진 긍정의 성취 자원을 찾아 증폭시켜 극적인 성과를 얻을 수 있도록 도움을 주어야 한다. 선수의 부정적 자원까지도 성취를 위한 긍정적 자원으로 전환하거나 활용할 수 있는 코치의 멘탈능력과 리더십이 필요한 것이다. 모든 자원은 선수가 이미 가지고 있으며 그 자원에 초점모으기와 일치시키기를 할 수 있다면 원하는 목표달성은 꿈이 아닌 현실로 다가오게 된다. 중요한 것은 그것에 대한 코치의 절대적 믿음과 철학이다.

∴ 의사소통은 선수의 반응에 의해 결정된다

선수와의 소통은 일방통행이 아닌 쌍방향 소통이 되어야 한다. 선수와 서로 주고받는 교감 없이 이루어지는 코치의 일방적인 지시는 선수를 수동적이고 의존적으로 만들며 스스로 판단하고 결정할 수 있는 자결성을 상실하게 하여 코치가 의도한 긍정적인 변화를 이끌어내지 못하게 된다.

코치는 자신의 긍정적 의도가 언어와 행동으로 선수에게 전달될 때 코치의 세상모형에 의해 생략, 왜곡, 일반화의 필터링을 거치면서 코치가 전해주고자 했던 본래의 의도와 다르게 전해질 수 있다는 것을 알고 있어야 한다. 듣는 선수의 입장에서도 생략, 왜곡, 일반화된 자신의 세상모형으로 정보를 받아들이기 때문에 코치의 말하고자 하는 의도를 잘못 이해할 수가 있는 것이다.

만약 선수가 코치의 의도를 잘못 이해하고 받아들였다면 그 책임은 듣는 선수에게 있는 것이 아니라 말을 하는 코치 자신의 의사소통능력에 문제가 있다고 보아야 한다. 코치가 자신의 의도를 정확히 전달하기 위해서는 선수의 세상모형에 맞추어서 말을 해야 하며 선수에 대해 수용과 공감이 전제될 때 선수는 코치의 의도를 수용할 수 있는 상태로 변화하게 된다.

선수와의 소통은 어떤 식으로든 이루어지고 있다. 그것이 부정적이든 긍정적이든 코치가 한 말에 대한 선수의 반응과 피드백이 달라질 뿐 어떠한 말이라도 소통 자체는 이루어진다. 다만 잘못된 소통방법으로 인한 손해는 코치와 선수가 함께 입게 되며 그 책임은 선수가 아닌 코치에게 있는 것이다.

선수와의 원활한 의사소통을 통해 코치가 바라는 성과를 얻고자 한다면 코치 자신의 변화가 우선되어야 한다. 만약 소통과정에서 코치가 원하는 결과를 얻지 못했다면 코치 자신의 소통능력에 대한 피드백을 통해 더 나은 방법으로 의사소통할 수 있는 선택을 하는 것이 바람직하다. 코칭과정에서 선수의 반응이 곧 코치의 의사소통능력이라는 사실을 알아차릴 수 있어야 한다.

∴ 탁월성은 모델링이 가능하다

'누군가 할 수 있다면 다른 사람도 할 수 있다' 이 말은 성공을 이룬 우수한 선수의 핵심 요인을 그대로 따라한다면 어떤 선수라도 성공을 할 수 있다는 뜻이다. 스포츠에서 가장 빠른 학습방법은 모델링이다.
모델링은 탁월성을 가진 성공한 선수의 핵심기법을 모방하여 원하는 결과를 얻는 가속 학습법이다.

성공한 선수의 차별화된 사고와 행동 패턴의 핵심이 무엇인가를 분석하여 성공한 선수가 갖고 있는 우수성과 탁월성을 모델링하여 똑같은 방법으로 그대로 실천한다면 즉각적인 성과를 얻을 수가 있다.
성공한 선수의 고유한 사고와 행동 속에는 성공할 수밖에 없었던 핵심기술을 갖고 있기 때문에 성공한 선수에 대한 모델링을 통해 이 핵심기술을 자신의 것으로 만들 수 있다면 성공한 선수의 성과를 다른 선수도 이룰 수 있게 된다.

많은 선수들이 성공한 선수들을 모델링하지만 그와 같은 성취결과를 만들어내지 못하는 이유는 탁월성과 우수성에 대한 모델링 방법이 잘못되었기 때문이다. 자신이 모방하고 싶은 것만 편향되게 받아들이고 자신의 내적표상에 맞게끔 적당하게 변형시켜 받아들인다.
성공한 선수가 가진 탁월성의 핵심기술을 생략, 왜곡하면서 완전한 모델링이 되지 않기 때문에 성공의 결과를 얻지 못하게 되는 것일 뿐이지 성공을 위한 모델링 자체가 불가능한 것은 아닌 것이다.

∴ 모든 경험은 감각을 통해 이루어진다

모든 학습과 훈련, 시합과정에서 의식적이든 잠재의식적이든 정보의 입력과 출력은 오감을 통해 이루어진다. 운동학습과 경험은 오감을 중심으로 하는 감각기관과 중추신경계를 통해 이루어지며 그것이 반복되어 뇌에 프로그래밍 된다.

감각기관에는 수많은 정보가 계속적으로 입력되며 입력된 정보에 의해 내적상태가 변한다. 또한 내적상태에 따라 똑같은 정보를 다르게 경험하기도 한다. 똑같은 정보이지만 내적상태가 바뀌면 다른 감각으로 받아들이며 행동반응도 다르게 나타나는 것이다.

반복적으로 감각을 바꾸게 되면 뇌신경회로가 바뀐다.
의도적인 반복 훈련과 학습과정에서 감각을 새롭게 바꾸게 되면 기존의 뇌에 프로그래밍된 운동 지도까지 변화하게 된다. 예를 들어 처음 운동을 학습할 때는 기술 습득이나 수행이 힘들고 자신감도 약했지만 반복 훈련을 통해 성취경험이 누적되고 시합에서 성취할 때의 즐거움과 유능감을 반복해서 느끼게 될 때 운동에 대한 감각이 즐거움과 자신감으로 변화하게 되는 것이다.

뇌는 상상과 현실을 구분하지 못하기 때문에 실제 경험이든 상상이든 오감적 차원에서 생생하게 체험하면 감각이 변하고 바뀐 감각이 마음의 지도까지 바꿀 수 있다. 따라서 코치가 감각의 기능에 대해 제대로 이해하고 멘탈코칭에 활용할 수 있는 능력을 갖추고 있다면 선수의 상태를 원하는 대로 조절할 수 있게 된다.

∴ 경험은 구조화되어 있다

인간의 뇌에는 모든 학습과 경험, 유전자까지 저장되어 있는 뉴런의 숫자가 약 천억 개가 넘는다. 하나의 뉴런이 다른 수만 개 이상의 뉴런들과 병렬적 연결을 짓고 있으며 그 연결은 특정한 네트워크를 형성하고 있다. 마치 거미줄처럼 촘촘하게 구조화되어 비국소성으로 전체성을 이루고 있는 것이다.

공중목욕탕에서 자신의 소지품을 넣어둔 사물함의 번호를 기억하고 열쇠를 잘 챙겨야 목욕 후 자신의 소지품을 찾을 수 있듯이 뇌의 신경회로도 마찬가지로 조직화되고 구조화되어 있어야 필요할 때 언제든지 끄집어내어 사용할 수 있다. 그리고 수많은 뉴런들이 서로 전기화학적 신호를 주고받으며 관계있는 것들끼리 더 굵은 연결을 만들어 뇌에 더 강한 신경적 구조를 형성한다.

운동학습과 반복 훈련을 통해 프로그래밍된 기술과 동작은 치밀한 신경구조로 연결되기 때문에 굵게 강화되어 우선적으로 활성화된다. 그래서 운동은 수많은 반복 훈련을 통해 특정 신경회로를 강화시켜 기술과 동작이 구조화되고 전체성을 만들어 언제든지 원하는 수행을 완벽하게 할 수 있는 상태를 만들어준다.

이처럼 모든 운동기술과 동작은 이미 뇌에 구조화되고 프로그래밍되어 있으며 감각까지도 함께 연합되면서 기억시스템에 저장된다. 그래서 특정 상황이나 기술, 동작을 할 때 경험에 대한 느낌이나 정서도 함께 연합되어 심리적 상태를 통제하게 되는 것이다.

만약 운동수행과정에서 자신감 부족이나 불안 등의 부정적인 심리상태가 선수를 괴롭힌다면 멘탈코칭을 통해 기억에 연합되어 있는 부정적 정서를 분리시켜 주어야 한다. 부정적인 감정을 일으키는 감각을 긍정적인 감정을 일으키는 내용으로 전환하는 멘탈훈련을 반복하게 되면 새로운 신경회로가 굵게 활성화되면서 뇌의 구조가 바뀌어 부정적인 상태를 극복할 수 있게 되는 것이다.

∴ 정신과 육체는 하나다

몸과 마음은 상호작용을 하며 서로에게 영향을 미친다. 운동을 통해 몸을 바꾸면 마음이 바뀌고 마음을 바꾸면 몸이 바뀌는 심신상관성을 가지고 있다. 정신과 육체는 서로를 도와주는 상관적 관계이며 협응을 통해 어느 하나를 변화시키면 다른 하나도 함께 변화하게 된다. 다르게 말하면 다른 하나에 영향을 주지 않고 또 다른 하나를 변화시킨다는 것은 불가능하다.

스포츠에서 많이 활용하는 이미지 트레이닝은 멘탈적인 변화를 통해 신체능력과 기술을 향상시키는 효과를 얻을 수 있다. 반대로 스포츠의 모든 움직임과 동작, 기술훈련은 멘탈과 관련된 프로그램을 생성시키거나 강화한다. 그래서 두 가지 중 어느 한 가지의 변화는 결국 두 가지 모두를 변화시키는 것과 같은 것이다.

건강한 멘탈이 건강한 신체를 만들고 건강한 신체가 건강한 멘탈을 만든다. 그렇기 때문에 코치는 정신과 육체의 상관성을 이용하여 선수의 긍정적인 변화와 성장을 이끌어내는 멘탈코칭능력을 가져야 한다.

라포형성

모든 인간관계와 자기계발의 전제가 되는 라포는 프랑스어로 수익, 이익, 관계, 보고서라는 뜻을 갖고 있으며 신뢰관계, 협조관계, 협응관계를 의미한다.

코치가 아무리 탁월한 전략과 코칭기술을 가지고 있다 하더라도 선수와의 라포관계가 형성되어있지 않다면 성과가 작게 나오거나 오히려 부작용이 나타날 수도 있다. 라포가 형성되어 있지 않은 상태에서는 선수가 코치의 코칭에 관심이 없거나 비판적이 되면서 심리적 저항상태가 생기기 때문이다. 그래서 선수와의 라포형성이 중요하다.

코치와 선수가 서로 비슷하거나 공통점이 많을수록 공감대가 쉽게 형성되어 친밀감과 편안함, 익숙함이 생기고 서로를 믿게 되면서 더 강한 라포가 형성된다. 또한 서로의 말에 관심을 기울이고 경청을 해주며 공감하게 되면 상호 라포가 형성되어 수행 향상 효과를 기대할 수 있다. 이것이 라포가 가지고 있는 힘이다. 결국 코치가 선수와의 라포를 형성하는 궁극적인 목적은 영향력을 행사하여 선수의 긍정적인 변화와 성취를 이루는 것이다.

라포는 코치와 선수가 상호 신뢰의 분위기와 관계를 만들어감으로써 모든 자원을 발전적으로 활용할 수 있는 중요한 연결이 된다.
스포츠멘탈코칭 자체가 강력한 라포를 전제로 이루어지는 것이고 라포가 강하게 형성될 때 선수의 긍정적인 변화와 성장이 이루어진다.

코치가 선수와 라포를 형성하기 위해 사용할 수 있는 핵심적인 기술은 인식과 일치시키기이다. 코치가 선수의 의도를 인식하는 능력과 언어적, 비언어적으로 얼마나 일치시키기를 할 수 있느냐에 따라 라포가 형성되는 것이다. 코치가 자신의 탁월한 능력을 전제로 선수를 얼마나 배려하여 공통적인 목적을 가지고 일치시킬 수 있는 능력을 가졌는가에 따라 라포의 강도가 결정된다. 코치의 멘탈코칭능력과 선수의 변화와 성장을 이끌어내는 리더십은 선수와의 라포를 얼마나 강하게 형성할 수 있는가에 의해 결정되는 것이다.

라포형성의 구체적 방법은 선수의 멘탈코칭뿐만 아니라 상담에서도 유용하게 사용할 수 있는 기법들이다.

∴ 관심갖기

좋은 코칭은 코치의 관심갖기 행동에서부터 시작된다.
관심갖기 행동은 라포형성의 지름길이며 코치가 몸과 마음으로 선수에게 관심과 주의를 집중함으로써 선수 자신이 귀하고 존중받는 대상이라는 자존감을 높여주고 자신감을 갖게 해준다. 선수가 코치의 관심을 알아차리고 수용할 수 있도록 하기 위해 4가지 태도와 반응을 가지는 것이 필요하다.

좋은 자세

진정으로 선수의 가능성을 인정하고 존중의 마음이 묻어나는 코치의 자세가 중요하다. 선수를 향한 몸의 위치, 움직임 등이 따뜻함과 친밀감을 느낄 수 있도록 한다.

시선 마주치기

눈은 선수와의 소통을 이어주는 마음의 통로이다.
코치의 믿음과 관심이 느껴지는 기대와 확신을 전해주는 온화한 눈빛은 친밀감을 형성하여 선수의 집중력을 높이고 자신감을 향상시켜준다. 코치의 관심 어린 온화한 시선은 선수로 하여금 관심받고 있다는 느낌을 갖게 하여 코치에 대한 믿음과 신뢰를 쌓는다.

밝은 표정

코치의 얼굴 표정은 선수의 자기대상이 된다. 응원과 믿음이 묻어있는 밝은 표정과 부드러우면서 단호한 음성, 부드러운 미소 등이 선수의 정서를 안정시키고 자신감을 갖게 해준다.

긍정적인 반응

선수의 말이나 행동에 적극적인 관심을 보여주어야 한다.
고개를 끄덕이거나 미소 짓기, 맞장구치기, 엄지손가락 치켜세우기, 기립박수, 즉각적인 격려나 피드백을 제공하여 코치가 항상 관심 있게 지켜보고 있다는 사실을 알아차릴 수 있게 해준다. 코치의 긍정적인 반응은 선수가 더 많은 긍정적인 자원을 알아차리고 접촉할 수 있는 마중물과 같은 역할을 한다.

∴ 일치시키기

선수의 말과 행동에 대한 이해와 수용, 공감을 바탕으로 일치시키기를 하게 되면 강력한 라포를 형성할 수 있다. 선수의 말과 행동에 코치가 맞추어주거나 유목화하며 요점을 정리해주는 것이 도움이 된다.
일치시키기를 통해 선수와의 친밀감과 동질감이 높아져 라포형성에 긍정적인 영향을 미친다.

백트랙

선수가 한 말을 코치가 그대로 반복함으로써 선수의 말을 잘 알아듣고 있으며 충분히 공감하고 있다는 메시지를 전한다.

[선수] 이번 훈련은 너무 힘들어요.
[코치] 훈련이 많이 힘들다고?

바꾸어 말하기

선수의 말을 같은 뜻을 가진 다른 말로 바꾸어 말함으로써 자신의 말이 공감받는 느낌이 들어 마음의 문을 열게 된다.

[선수] 처음하는 이번 훈련이 너무 힘들어요.
[코치] 처음이라 훈련강도가 너무 세다고 느끼는구나.

요약하기

코치가 선수의 말을 압축하고 요점을 정리해서 명확하게 함으로써 선수가 대화의 맥락을 유지하고 자신의 생각을 정리할 수 있도록 대화의 방향을 리드해준다. 정리되지 못한 자신의 말을 요약해서 말해주는 코치에게 선수는 라포를 형성하게 된다.

[선수] 이번 시합에서 좋은 성적을 내고 싶어요.

그래서 평소보다 두 배 이상 열심히 훈련을 했어요.

그런데도 잘 될 수 있을지 걱정이 앞서요.

[코치] 시합에 대해 걱정하고 있구나. 그 마음은 잘하려고 하는 것이니까 더 좋은 결과가 있을 것 같은데.

유목화

유목화는 사고방식의 범위를 좁히거나 넓힘으로써 선수와 일치시키기를 통해 라포와 공감적인 관계를 형성하는 언어기법이다.
선수의 창의적이고 유연한 사고능력을 향상시켜 더 나은 선택을 위한 능력을 이끌어내는 언어적 일치시키기이다.

선수 개인의 성향에 따라 부분적인 자극과 정보에 대해서는 아주 섬세하게 반응하면서도 전체성이 결여되어 있는 선수가 있다. 반대로 전체성은 잘 형성되어 있는데 디테일한 부분에 감각이 둔하거나 신경을 쓰지 못하는 선수가 있다.

선수의 성향에 맞추어 상향유목화, 동급유목화, 하향유목화 기법을 활용하여 일치시키기가 가능하며 선수의 사고방식과 세상모형에 맞춰주어 궁극적으로는 선수의 변화와 성장을 유도하게 된다.

【상향유목화】

소통과정에서 크게 전체로 확장하여 일치시킨다.

[선수] 우리가 이겼어요.

[코치] 그래, 우리가 이겼어. 대회 3연패를 달성했어.
앞으로도 계속 더 잘할 수 있을 거야.

【동급유목화】

같은 수준으로 나열하여 소통하며 일치시킨다.

[선수] 우리가 이겼어요. 너무 기뻐요.

[코치] 그래, 우리가 이겼어. 나도 너무 기쁘구나.

【하향유목화】

세밀하고 구체적으로 소통하며 일치시킨다.

[선수] 우리가 이겼어요.

[코치] 그래, 우리가 이겼어.
이번에 우리가 이길 수 있었던 것은 그동안 힘든 훈련을 견디며 노력한 여러분의 수고 덕분이야. 특히 체력훈련과 멘탈트레이닝을 많이 했던 것이 큰 도움이 되었어.

∴ 공감하기

공감은 스포츠 코치들이 선수들과의 의사소통에서 가장 중요한 요소이다. 그런데도 코치에게 가장 부족한 것이 선수와의 공감능력이다. 스포츠멘탈코칭과 상담에서 가장 중요한 것이 코치의 공감능력이지만 전제적 코칭 스타일을 가진 코치의 경우 공감하기를 소홀히 하는 경우가 많다. 일방적으로 지시하고 통제하려는 리더십을 가진 코치들의 경우 자신은 선수들과 공감을 잘하고 있다고 생각하지만 선수들은 공감받고 있다는 느낌을 갖기 어렵다.

공감은 코치가 선수의 말이나 행동 속에 담겨있는 기분이나 감정을 함께 느끼며 선수의 마음속으로 들어가서 긍정적으로 변화시키는 라포의 핵심기술이다. 공감의 가장 기본적인 틀은 '너는 ...라고 느끼고 있구나', '그렇구나' 등과 같이 함께 느끼고 이해하는데서부터 시작된다.

표면공감

겉으로 드러난 선수의 말과 감정상태를 코치가 이해하고 함께 느끼는 것을 말한다. 표면적이고 일반적인 형태로 공감을 하는 것이며 스포츠코칭에서 대부분의 공감은 표면공감이다.

[선수] 코치님, 처음으로 우리가 이겼어요. 모두가 우리 팀이 질 것으로 예상했는데 우리가 이겼어요. 정말 기뻐요.

[코치] 그래, 우리가 처음으로 이겨서 참 기쁘구나.
여러분 모두 고생 많았다. 앞으로 더 열심히 하자.

심층공감

선수의 말에 신중하게 경청하며 선수가 마음속으로 생각하거나 느끼고 있는 내면의 기분까지 이해하고 함께 느끼기 때문에 보다 깊은 수준에서 공감이 이루어진다.

[선수] 코치님, 처음으로 우리가 이겼어요.
[코치] 그래, 우리가 처음으로 이겨서 너무 기쁘구나.
그동안 여러분 한 명 한 명이 모두 열심히 한 덕분이다.
오늘의 승리는 여러분이 노력한 결과야. 진심으로 축하해.

∴ 맞추기와 이끌기

코치의 코칭 목적은 선수의 변화와 성장을 통한 목표달성이다.
선수의 변화와 성장을 이끌어내기 위해서는 코치 자신의 입장보다 선수의 입장에 서서 먼저 맞추기를 해주어야 한다. 맞추기의 목적은 이끌기에 있으며 선수의 긍정적인 변화와 성장을 이끌기 위한 징검다리 역할과 마중물의 역할을 하는 것이 맞추어주는 것이다.

맞추기

코치가 선수의 말과 행동에 먼저 맞추어 가는 방법이다.

선수는 자신에게 맞추어주는 코치에 대해서 마음의 경계를 풀어 라포를 형성하게 된다. 코치가 선수의 자세와 반응, 움직임, 음성, 호흡, 선호표상체계, 말, 가치관, 감정 등을 수용하고 맞추어주는 것은 이끌기를 위한 사전작업이다.

이끌기

맞추기는 목적이 아니라 선수를 이끌기 위한 과정이다.
선수의 긍정적 변화를 위해 먼저 맞추기를 하고 라포가 형성된 상태에서 영향력을 행사하여 특정한 방향으로 이끌기를 하는 것이다.
맞추기를 통해 선수와 충분한 라포형성이 된 후 이끌기를 하게 되면 코치가 의도한 대로 쉽게 선수를 이끌 수 있게 된다.

∴ 관심 어린 질문하기

선수의 뇌는 코치가 하는 어떠한 질문에도 답을 하게끔 프로그래밍되어 있다. 코치가 선수에게 질문을 어떻게 하느냐에 따라 선수의 마음상태와 행동이 변화된다.

코치는 선수에게 더 알아볼 것이 있거나 깊은 이해가 필요할 때 질문하기 기법을 활용한다. 또한 코치 자신이 의도하는 방향으로 선수를 이끌거나 유도하기 위해 질문을 사용하기도 한다. 코치의 훌륭한 질문은 선수의 상태와 수준을 긍정적으로 바꿀 수 있는 힘을 가지고 있다.

코치는 선수의 상황과 수준에 따라 질문기법들을 유연하게 활용할 수 있어야 한다.

폐쇄적 질문

스포츠 현장에서 가장 많이 쓰이는 질문방법으로서 상황과 대상에 따라 단순하고 획일화시키기 위한 긍정적 의도로 질문한다.
하지만 이 질문은 '예, 아니오'의 대답 밖에 얻지 못한다. 경직되고 고정된 사고의 틀을 가졌거나 권위적인 코치가 많이 사용한다.

- 잘 알겠습니까? 잘 알아들었습니까? 잘 알겠죠?
- 할 수 있겠습니까? 할 수 있겠죠? 해야 되겠죠?

개방적 질문

선수의 창의적이고 자발적인 반응을 촉진하는 질문방법이다.
구체적인 대답을 하게 되고 자신의 심층적인 이야기까지도 할 수 있기 때문에 선수와의 라포형성에 도움이 된다.

- 네 생각은 어때?
- 네 의견을 듣고 싶은데?
- 더 좋은 방법이 무엇일까?

- 어떻게 하면 더 좋은 방법을 선택할 수 있을까?

직접 질문

코치의 직접적인 질문은 빠르고 강하게 전달되는 긍정적인 효과가 있지만 듣는 선수의 입장에서는 추궁당하는 것 같은 느낌이 들게 하거나 대답을 강요하는 것 같은 부정적 정서가 들어 질문에 대한 저항심리와 거부감을 가질 수 있다.

- 누가 그랬어?
- 네가 한 행동이 맞니?
- 네가 먼저 시작했구나.
- 누가 그렇게 하라고 시켰어?

간접 질문

직접 질문보다 강도는 약하지만 효과는 훨씬 더 크다.
듣는 사람은 추궁당하는 느낌이 없기 때문에 편안한 마음으로 자결성을 갖고 대답을 할 수 있게 된다.

- 힘들면 좀 쉬었다 해도 괜찮은데 지금 쉴까?
  조금 더하고 쉴까? 어떻게 하는 것이 좋겠어?

■ 누가 먼저 놀자고 했는지 말해줄 수 있겠니?

■ 내 생각에는 지금의 이 문제를 해결하기 위해서는 관점의 전환이 필요한 것 같은데 너의 견해를 말해줄 수 있겠니?

이중 질문

한꺼번에 두 가지를 동시에 제시하여 묻는 질문법이다.
선수가 결정을 잘 내리지 못하거나 어린 선수의 경우 결정하는데 힘들어 할 수 있으므로 선택을 도와주고자 할 때 사용한다.

■ 오늘 체력단련을 먼저 할까? 기술훈련을 먼저 할까?

■ 한 명씩 발표를 할까? 두 명씩 짝을 지어 발표를 할까?

왜라는 질문

코치는 선수의 행동에 대한 심리를 알고 싶을 때 '왜'라는 질문을 사용한다. 이 질문은 추궁당하거나 조사받는 느낌이 들기 때문에 부정적인 용도로는 사용하지 않는 것이 좋다.

■ 너는 왜 또 지각을 했어? 왜 자꾸 지각을 하는 거야?

■ 넌 하는 일마다 왜 그렇게 안 되니? 왜 그랬어?

■ 왜 시키지도 않는 일을 해서 사고를 치니?

∴ 자기 노출

코치의 개인적인 경험이나 생각을 선수의 상황에 맞는 소재로 활용하기 위해 스토리텔링 하는 것이다. 선수는 자신과 비슷한 경험을 했던 코치의 이야기를 들으며 감정이입이 되면서 동질감과 친밀감을 느끼게 된다. 선수는 자신과 유사한 경험에 대해 이야기하는 코치와 동일한 감정이 생김으로써 강한 라포가 형성될 수 있다.

주관적 자기 노출

코치 자신의 입장에서 경험했거나 느꼈던 감정, 정서, 정보, 교훈 등에 관해 선수와 허심탄회하게 이야기를 한다.
선수는 코치의 자기 경험에 대한 이야기를 듣는 동안 선수 자신의 문제와 심리적 갈등에 대해 탐색하고 심리적 안정감을 유지하게 되면서 해결방법까지 찾을 수 있게 된다. 선수는 코치의 자기 노출을 들으면서 강력한 라포를 형성한다.

- 네가 약속을 지키지 않아 많이 서운한 생각이 들었다.
- 나는 그 문제에 대해 이렇게 생각해.
- 네가 훈련을 열심히 하지 않아 많이 걱정하고 있다.
- 나는 처음부터 네가 잘할 수 있다고 믿었어,
- 내 생각에는 첫 번째 선택이 현명할 것 같아.

공감적 자기 노출

선수와 공통된 생각, 감정, 기분, 정보, 경험을 진솔되게 털어놓는 것이다. 보통 '나도 네 나이 때는 그랬어'와 같은 형태로 선수에게 공감해주며 코치 자신의 경험과 감정에 대해 표현한다.

- 네 기분 충분히 알 것 같다. 나도 과거에 너처럼...
- 많이 힘들겠구나. 나도 지금 네가 겪는 고통보다 더 큰...

∴ 피드백

선수의 운동수행과 경기력에 대한 결과를 평가하고 그것을 코칭과정에 효과적으로 반영하는 것을 피드백이라 한다.

선수의 말과 행동이 다르거나 생략, 왜곡, 일반화가 심할 경우 코치가 제3자의 입장에서 객관적인 정보를 제공해주어 선수가 자신의 상태를 점검하여 수정함으로써 더 나은 선택과 행동을 할 수 있도록 도움을 주는 행위라고 할 수 있다.

피드백 방법

- 평가하는 말은 피하고 서술식으로 표현하는 것이 좋다.
- 코치의 주관적 심증으로 피드백해서는 안되며 객관적 증거와 정

확한 근거를 바탕으로 이루어져야 한다.

- 억지로 강요하기보다 선수 스스로 수용하고 행동할 수 있도록 안내하며 서포트해주는 역할을 해준다.
- 행동 주체는 선수 자신이며 책임도 선수 자신에게 있다는 점을 깨닫게 도와준다.
- 코치의 왜곡된 판단을 경계해야 한다.
  가치판단을 할 때는 그럴만한 근거를 가지고 해야 한다.

∴ 맞닥뜨림

선수가 분명한 잘못을 했거나 맥락이 없이 일관성을 상실했을 때, 말과 행동의 불일치나 모순이 있을 때 맞닥뜨림을 통해 그것을 직접적으로 지적해주는 것이다.

맞닥뜨림을 하기 위해서는 코치가 절대적 권위를 가지고 있거나 선수와의 단단한 라포가 형성되어 있어야 한다. 그렇지 않을 경우 상호불신과 오해로 인하여 마음의 상처를 남길 수 있다. 맞닥뜨림은 최소한의 선택 범위에서 실시해야 한다.

맞닥뜨림 적용상황

- 선수가 부정적 자기 제한 신념을 너무 강하게 갖고 있을 때
- 선수의 말이 일관성이 없을 때

- 선수의 말과 행동이 불일치 할 때
- 선수가 사실과 다른 왜곡이나 거짓말을 할 때
- 선수의 언행이 도덕, 규칙, 양심 등과 불일치 될 때
- 다른 선수의 수행 향상에 방해가 될 때

맞닥뜨림 주의상황

- 코치의 감정이 절대로 개입되어서는 안 된다.
- 구체적이고 객관적인 증거를 바탕으로 실시한다.
- 선수의 변화를 일방적으로 강요해서는 안된다.
- 맞닥뜨림을 시작했다면 선수의 반발과 저항이 있더라도 끝까지 마무리해야 한다.
- 선수의 행동과 의도를 분리하여 부정적 행동에 대해 지적하되 긍정적 의도에 대해서는 인정해준다.

선수와의 갈등해결

코치가 선수의 모든 욕구나 감정을 전부 수용하고 공감해주며 맞추어줄 수는 없다. 코치와 선수가 갖고 있는 목적이 같다고 하더라도 목적을 달성하기 위한 전략과 선택 기준이 서로 다를 수가 있기 때문이다. 이러한 선수와의 갈등상황 속에서 합리적인 최상의 해결방법을 찾

는 것이 코치의 지혜이고 능력이다.

∴ 승-패 전략

코치가 이기고 선수가 지는 갈등해결기법으로서 코치가 가진 절대적인 권력이나 권위로 선수의 욕구를 제압하고 무조건적인 복종을 원하는 코칭전략이다. 이런 유형의 코치는 전제적 리더십을 가졌거나 자신의 과거 코칭경험에 대한 우월적 심리와 확증편향을 가지고 있다.
자신이 절대적으로 옳다는 주관적이고 자기중심적인 편향성과 왜곡되고 일반화된 틀에 갇혀있는 경우가 많다.

코치가 이기고 선수가 지는 승-패 전략은 탁월한 리더십이나 코칭능력으로 우수한 선수를 키우기도 하지만 선수의 특성에 따라서는 심리적인 위축과 부적응, 감정의 억압 등으로 내적동기가 감소되고 자결성이 낮아지는 부작용이 생기기도 한다.

∴ 패-승 전략

때로는 코치가 져주는 것이 더 나은 결과를 만들 수도 있다.
선수가 이기고 코치가 지는 갈등해결기법으로서 선수의 욕구나 상태에 맞추어주기 위해 코치가 자신의 신념이나 목적, 가치를 포기하게 되는 전략이다. 우수한 실력을 가진 선수가 너무 강하게 나오기 때문에 갈등상황이 불편하거나 후유증이 두려워 코치가 의도적으로 지는 선택을 하는 경우도 있다.

이 전략은 우선에 선수와 부딪히거나 갈등상황에서의 스트레스에 노출되지 않기 때문에 문제가 드러나지 않지만 선수의 변화와 성장을 코치가 포기하는 것과 마찬가지이므로 장기적으로 그 손해는 고스란히 선수에게 돌아가게 된다.

∴ 패–패 전략

가장 최악의 선택에 의한 최악의 결과를 얻게 된다. 쉽게 말해서 '너 죽고 나 죽자'는 공멸을 선택하는 전략이다. 코치와 선수가 서로 이길려고 하는 과정에서 불필요한 감정이 개입되면 작은 문제가 확대되어 처음의 작은 문제는 지엽적인 것이 되고 갈등과정에서 생긴 오해와 다툼으로 코치와 선수 모두 지는 선택을 하는 것이다.

이 전략을 선택하게 되면 상호불신으로 관계가 멀어지고 상호간의 라포가 완전히 상실되어 서로에게 부정적인 앙금을 간직하게 되면서 나쁜 영향을 미치게 된다. 최악의 코치가 선택하는 최악의 전략이며 동물적이고 감정적인 전략이라고 할 수 있다.

∴ 승–승 전략

코치와 선수가 상호 라포를 형성한 상태에서 수용과 공감을 바탕으로 지는 사람이 없이 적극적 의미에서 서로가 이기는 전략이다.

승–승 전략은 서로의 욕구충족과 더불어 좌절이나 갈등이 생기지 않아 가장 바람직한 갈등해결방법이며 '너 메시지'보다 '나 메시지'를 이용하여 선수와의 갈등을 없앤다.

[너 메시지] 열심히 훈련하지 않는 너 때문에 화가나 미치겠어.
[나 메시지] 네가 요즘 열심히 훈련하지 않아 내가 걱정이 된다.

∴ 미인공격화비불

사람의 뇌는 본능적으로 편안함과 즐거움을 추구하기 때문에 다른 사람의 관심과 격려, 공감, 긍정적인 피드백을 바란다. 그리고 본능적으로 고통을 회피하려고 하기 때문에 비난이나 비판, 공격을 받게 되면 도피하거나 똑같이 되갚아주려 한다.

코치에게는 갈등해결을 위한 전략도 필요하지만 먼저 자신의 상태를 긍정적으로 변화시키고 유지시켜주는 멘탈코치로서의 인간관계능력 및 리더십 원칙을 갖추는 것이 더 중요하다.

뇌가 좋아하는 것

【미소짓기】

코치의 얼굴은 자기 자신보다 선수가 더 많이 본다.
코치의 웃는 얼굴이 선수의 밝은 표정과 긍정적인 마음상태를 갖게 해주어 수행에 긍정적인 영향을 미친다.

【인사하기】

코치가 먼저 솔선수범하는 자세와 태도로 밝게 인사할 수 있는 적극성을 가질 때 모델링 효과에 의해 선수의 바른 인성이 갖추어진다.

【공감하기】

선수와 함께 같은 방향을 보고 같은 느낌을 가질 때 일체감이 형성되며 맞추기를 통해 이끌기가 가능해진다. 선수는 코치에게 인정받고 공감받기를 원하기 때문에 공감하기는 라포형성을 통한 코치의 영향력을 키우는 선택이 된다.

【격려하기】

코치에게 격려를 받은 선수는 동기가 유발되어 마음의 날개를 달게 된다. 자기효능감과 자존감, 유능감이 증대되어 무엇이든 할 수 있는 긍정의 상태를 만들 수 있을 뿐 아니라 스스로 노력하고자 하는 자결성과 긍정적인 멘탈을 강화시켜준다.

뇌가 싫어하는 것

【화내기】

코치가 감정이 섞인 화를 낼 때 선수의 뇌는 순간적으로 정지되고 화내는 나쁜 태도를 학습하여 따라하게 된다. 코치의 화내는 습관은 선수와의 부정적 감정을 자극하여 서로의 관계를 멀어지게 할 뿐만 아니라 코치 자신에게도 나쁜 영향을 미친다.

화를 자주 반복하면 습관이 되어 더 좋은 상태를 선택할 수 있는 융통성을 잃게 된다. 더 중요한 것은 코치의 화내는 모습을 선수가 모델링하여 학습하게 되는 악순환이 되풀이 된다는 것이다.

【비난·비평하기】

옛말에 남의 흉이 한 가지면 자기 흉은 열 가지라고 했다. 선수의 단점을 비난하거나 비평하기보다 격려가 필요하다.

코치는 선수의 잠재된 가능성과 자원에 초점을 맞추고 그 자원을 증폭시켜 성취를 이룰 수 있도록 서포트해주는 역할을 하는 것이다.
코치가 비난과 비평을 앞세우면 선수가 가진 장점과 자원을 보지 못하고 단점과 문제에만 초점을 맞추게 되어 선수의 긍정적인 변화를 기대하기 어려워진다.

【불평·불만하기】

코치 자신의 왜곡된 세상모형으로 선수를 바라보게 되면 모든 것이 부족해 보이고 마음에 들지 않을 수도 있다. 불평과 불만의 원인은 코치의 마음에 있는 것일 뿐 선수에게 있는 것은 아니다. 반복되는 코치의 불평과 불만은 선수에게 스트레스를 줄 뿐만 아니라 부정적인 세상모형을 갖게 만든다.

선호표상체계

표상이란 어떤 상황이나 대상, 경험과정에서 마음속의 느낌이나 경험 등을 외부로 생생하게 그려내는 것을 말한다. 생각이나 경험과정에서 습관적으로 특정한 한 가지 내부감각을 더 많이 사용하게 되는 것을 선호표상체계라고 한다. 사람에 따라 선호표상체계는 다르며 어떤 사람은 타고난 재능에 의해 특정 감각이 발달되기도 하고 특정 감각을 반복해서 많이 사용하여 선호표상체계가 형성되기도 한다.
코치가 선수의 선호표상체계를 파악한다면 선수의 표상체계에 맞는 효과적인 코칭을 할 수 있게 된다.

운동선수의 경우는 신체감각의 발달이 중요하다.
그래서 신체활동능력이 뛰어난 사람이 운동선수가 되는 경우가 많다.
스포츠 참가자들은 대부분 신체감각적인 선호표상체계를 많이 갖고 있는데 그것이 개인의 타고난 성향일 수도 있고 반복적인 신체훈련을 통한 학습의 효과일 수도 있다. 어떤 경우라도 선수의 선호표상체계를 파악하여 코칭에 적절하게 활용한다면 생산적인 코칭효과를 기대할 수 있으며 선수의 표상체계에 맞추어주는 코칭을 통해 코치와 선수가 라포관계를 형성하는데도 도움이 된다.

선호표상체계는 오감 중 미각과 후각은 신체감각에 포함하기 때문에 세 가지 감각으로 분류한다. 라포를 바탕으로 효율적인 코칭과 성취결과를 얻기 위해서는 먼저 코치 자신의 선호표상체계를 이해하고 선수의 선호표상체계를 파악하는 것이 필요하다.

∴ 시각 선호표상체계

시각적인 선호표상체계를 갖고 있는 선수들의 특징은 머릿속에 영상이나 그림, 이미지를 떠올리며 이야기하는 경향이 있다. 떠오르는 영상과 그림에는 색상, 모양, 크기, 움직임 등의 많은 자료와 정보가 포함되어 있기 때문에 반응이 빠르다.

시각을 선호하는 선수를 코칭할 때는 이미지를 떠올릴 수 있게 하거나 영상을 볼 수 있게 해주는 것이 효과가 좋다. '시합에서 승리했던 그때 그 순간을 다시 떠올린다면 어떤 기분일까?'와 같이 시각적 이미지를 떠올릴 수 있게 해주어야 한다.

코칭방법도 교재나 파워포인트, 시범, 증거물과 같이 직접 볼 수 있게 하거나 시각적 심상으로 교육효과를 높일 수 있다. 시각적인 선수는 다른 사람에게 어떻게 보이는가에 초점을 맞추고 이미지를 많이 떠올리기 때문에 빠르게 떠오르는 이미지를 따라가기 위해 말이 빨라지고 높은 톤으로 말하는 경향을 가진다.

시각 선호표상체계 선수에 대한 질문

- 경기장에 들어서면 마음을 편안하고 안정적으로 만들어주는 것이 무엇인지 찾아볼 수 있나요?
- 경기장의 조명, 시설, 밝기, 관중석, 경쟁 선수, 심판 등을 보며 안정되고 편안한 호흡을 느낄 수 있나요?

- 모든 관중들이 나의 승리를 위해 열정적으로 응원하는 모습을 생생하게 상상할 수 있을까요?
- 평소 연습했던 대로 차분하게 시합을 잘하고 있는 장면을 선명하게 떠올려 볼 수 있나요?
- 미래에 성공한 나의 모습을 상상할 때 가장 당당하고 멋있는 장면은 어떤 것일까요?
- 자신의 성공경험을 선명하게 이미지로 그릴 수 있나요?

시각 선호표상체계 선수가 자주 쓰는 표현

본다	보기 좋다	초점	이미지	상상
잘 보인다	눈부시다	반짝이는	그림	날씬하다
잘 안보인다	아름다운	주목하다	보고싶다	날카롭다
어둡다	경치	날아간다	그리다	뚱뚱하다
밝다	활짝 펴고	빛난다	떠올리다	없어 보인다
멋진 모습	폼난다	메달	트로피	시상 장면

∴ 청각 선호표상체계

청각적인 선호표상체계를 갖고 있는 선수들의 특징은 소리와 언어에 민감한 반응을 보이는 경향이 있다. 눈에 보이는 시각적 정보인 전경이나 이미지, 자신과 타인의 상태 등을 언어적으로 잘 표현한다.
청각 선호표상체계를 가진 선수에게는 소리를 직접 들려주는 것이 좋으며 심상과정에서 정숙함을 유도하거나 반대로 특정한 소리를 듣게 해주는 것이 효과가 좋다.

이런 유형의 선수에게는 언어적인 수용과 공감, 격려를 자주 들려주고 파이팅을 표현해주는 것이 자신감과 용기를 갖게 해줄 뿐만 아니라 라포형성에도 도움이 된다. 복잡한 과제나 자료보다는 언어적으로 설명해주면 좋아하고 학습효과도 뛰어나다. 청각 선호표상체계를 갖고 있는 선수에게는 우수한 선수의 객관적인 핵심기법이나 사례, 데이터를 들려주면 효과적이다.

청각 선호표상체계 선수에 대한 질문

- 자신이 승리했을 때 어떤 말을 하나요?
- 관중석의 힘찬 응원소리를 들을 수 있나요?
- 자신감 넘치고 힘 있는 자신의 기합소리를 들을 수 있나요?
- '할 수 있다', '난 승리할 것이다'는 마음의 소리가 들리나요?
- 자신이 득점을 했을 때 어떤 소리가 들리나요?
- 어떤 칭찬과 격려의 말을 들었나요?
- 자신이 승리했을 때 어떤 소리가 들렸나요?
- 코치의 말 중에서 어떤 것이 가장 기억에 남나요?
- 자기 자신에게 스스로 어떤 격려를 하고 싶나요?

청각 선호표상체계 선수가 자주 쓰는 표현

소리	고요한	논쟁하다	듣기 좋은	듣기 싫은
듣다	낮은 소리	토론하다	외치다	발표
들리다	힘든 소리	이야기	함성 지르다	소리치다
작게 들린다	웃음소리	침묵	기합	비난
조용한	따지다	칭찬	질문	목소리
박자	욕하다	격려	대답하다	구령

∴ 신체감각 선호표상체계

운동선수들이 가장 많이 가지고 있는 유형이며 언어와 경험을 신체감각으로 처리하고 말로 표현하기 때문에 여유 있는 속도로 말을 하고 약간 뜸을 들이는 느낌을 주기도 한다.

신체감각형은 스킨십과 행동하기를 좋아하며 행동이 앞서기 때문에 먼저 시작하고 생각할 때가 많다. 스킨십이 부족하거나 떨어져 있으면 자신에 대한 관심이 없는 것으로 왜곡해서 받아들인다.

그렇기 때문에 신체감각을 선호하는 선수에게는 적절한 스킨십 제공과 리듬에 맞추어 이야기하는 것이 효과적이다.

이런 유형의 선수에게 너무 빠르고 각성된 대화는 역효과를 낼 수도 있다. 선수의 신체감각을 편안하게 해줄 수 있는 언어적, 비언어적 표현을 함께 해주는 것이 좋으며 선수가 직접 경험을 할 수 있도록 하는 것이 가장 효과가 좋다.

신체감각 선호표상체계 선수에 대한 질문

- 승리를 결정지었을 때의 느낌은 어땠나요?
- 시합 중 실수로 넘어졌을 때 어떤 느낌이었나요?
- 얼마나 호흡이 거칠어져야 최선을 다했다는 느낌이 들까요?
- 시합을 앞두고 느꼈던 긴장이 멘탈훈련을 통해 이완되는 느낌을 상상할 수 있나요?
- 쉬지 않고 3시간 동안 땀 흘리며 연습했을 때 몸상태가 어떻게 변화되었나요?
- 승리했을 때 동료와의 포옹은 어떤 기분이었나요?

신체감각 선호표상체계 선수가 자주 쓰는 표현

부드럽다	접촉하다	까칠하다	따뜻하다	꽉 잡다
느낀다	뜨겁다	편안하다	고통받다	초조한
무시하다	차갑다	푹신하다	냉랭하다	힘들다
놀림당하다	믿다	긴장하다	향기	문지르다
누르다	끌어당기다	압력	만지다	밀다
거칠다	달라붙다	맛있다	당기다	설레임

∴ 선호표상체계와 커뮤니케이션

코치가 자신의 선호표상체계를 알고 있으면 선수들과의 커뮤니케이션에서 자신의 언어를 적절히 조절할 수가 있다. 또한 자신의 선호표상체계에서 자주 사용하지 않는 표상체계를 사용할 수 있도록 평소에 의식적으로 훈련을 해놓는 것이 자신과 다른 선호표상체계를 가진 선수들과 일치시키기가 쉬워진다.

평소에 말을 하거나 글을 쓸 때 의식적으로 세 가지 표상체계를 골고루 사용하게 되면 선수와의 라포형성과 소통에 도움이 된다. 선호표상체계를 이해하고 활용하게 되면 서로 간의 이해가 증진되며 라포가 쉽게 형성되어 코치의 영향력을 극대화할 수 있다.

만약 선수의 선호표상체계를 잘 모르거나 서로 다른 선호표상체계를 가진 여러 선수들을 대상으로 집단 코칭을 할 때는 보편적인 언어를 사용해야 한다. 일반적인 보편적 언어는 모든 선수들이 쉽게 받아들여지는 언어이다. 예를 들어 승리, 노력, 열정, 최선, 집중, 자신감, 목표 등은 보편적인 언어로서 각자의 선호표상체계와 관계없이 소통이 가능하기 때문에 쉽게 연결을 만들어낸다.

∴ 선호표상체계의 특징

선수들은 저마다 선호표상체계가 다를 수 있으며 한 명의 선수가 한 가지 표상체계만 갖고 있는 것이 아니라 복합적으로 갖고 있다.

복합적인 표상체계 중에서 상대적으로 더 많이 사용하는 것이 선호표상체계이다. 각 선호표상체계의 특징은 다음과 같다.

시각기능

- 코치나 부모, 관중, 동료에게 어떻게 보이는지에 대해 관심을 많이 가지며 시각적으로 민감하게 의식한다.
- 경쟁선수의 움직임을 민감하게 살핀다.
- 상대를 볼 때 외모를 먼저 보는 경향이 있다.
- 물건의 디자인이나 색상, 모양을 우선적으로 의식한다.
- 정리정돈을 잘하며 흐트러진 환경을 싫어한다.
- 문서나 그림, 시각적 자료를 좋아한다.
- 유니폼이나 차, 액세서리에 관심이 많다.
- 말이 빠르고 톤이 높다.
- 상품을 구매할 때 디자인이나 포장이 중요하다.
- 자세나 태도 등 눈에 보이는 행동을 중요하게 생각한다.
- 이왕이면 화려한 색상이나 디자인을 좋아한다.

청각기능

- 코치나 동료의 평가나 피드백에 민감하다.
- 코치의 목소리에 영향을 많이 받는다.

- 주변의 시끄러운 불필요한 소리에 민감하게 반응하여 집중을 하지 못할 때가 많다.
- 음악을 좋아한다.
- 말이 많은 편이고 전화할 때 수다스럽다.
- 주변의 말에 쉽게 동조하며 귀가 얇다는 소리를 듣는다.
- 한번 들었던 말은 잘 기억한다.
- 특정한 목소리에 민감하게 반응한다.
- 문서나 교재보다 말로써 코칭하는 것을 좋아한다.
- 코치로부터 인정, 격려의 말을 듣게 되면 활력을 얻는다.
- 강요나 일방적 지시, 통제적인 말에 저항한다.
- 말 한마디에 마음이 쉽게 움직인다.
- 칭찬과 격려에 긍정적으로 반응한다.

신체감각기능

- 다른 사람들과 가까이에서 이야기하며 스킨십을 좋아한다.
- 먼저 행동하면서 생각하고 보완해나간다.
- 몸으로 익히는 활동을 좋아하고 지식습득의 의미기억보다 신체활동을 통한 일화기억을 더 잘한다.
- 직감, 영감이 발달되어 있으며 촉이 좋다.
- 감성이 풍부하여 친화력이 높다.
- 감정이 풍부하여 기복이 심하고 잘 울고 잘 웃는다.

- 스트레스를 잘 받고 잘 해소한다.
- 신체운동기능이 발달되어 있고 활동하는 것을 좋아한다.
- 단순한 것을 좋아하며 너무 복잡한 것을 싫어한다.
- '일단 먼저 시작하자', '한번 해보는 거야' 등의 말을 좋아한다.
- 운동신경이 발달되어 있다.

내부언어적 기능

- 때로는 사색을 좋아하며 독백을 많이 하는 편이다.
- 혼자 있는 시간을 편하게 생각한다.
- 사고, 논리, 분석, 판단 등의 능력이 탁월하다.
- 절차, 순서, 계열, 이치 등을 철저히 따진다.
- 단어, 용어 등의 언어사용에 대해 아주 민감하다.
- 성실하며 처음의 마음과 나중의 마음이 일관성을 갖고 있다.
- 혼자만의 취미를 즐긴다.
- 내부적인 검증을 많이 하기 때문에 실수가 적다.
- 행동의 시작이 느린 편이고 우유부단하다.
- 기획이나 아이디어, 검증, 분석 등의 일에 소질이 많다.

∴ 선호표상체계의 검사

각 문항을 읽고 그 내용이 자신에게 가장 크게 해당되는 것에는 4점을, 두 번째로 해당되는 것에는 3점을, 별로 해당되지 않거나 정도가 약한 것에는 2점을, 가장 적게 해당되는 것에는 1점을 각 문항 앞의 빈칸에 각각 기입한다. 같은 점수를 두 번 이상 쓰지 않도록 주의한다.

1. 내가 중요한 결정을 할 때 나에게 가장 영향을 미치는 것은 다음과 같은 것이다.

___직관적인 느낌

___다른 사람들이 하는 말

___전체적인 일의 모습과 조화

___면밀한 검토와 연구

2. 다른 사람과 논쟁을 벌일 때 내가 가장 민감하게 반응하는 부분은 다음과 같다.

___상대방의 목소리 톤

___상대방이 논쟁하는 모습

___상대방의 논쟁 내용

___상대방의 진실된 감정

3. 나는 평소와 다른 심리상태가 될 때 다음과 같은 것이 바뀌는 경향이 있다.

___옷차림새나 화장

___감정의 표현

___언어나 용어

___목소리 상태

4. 나는 다음과 같은 것을 하기가 가장 쉽다.

___음질 좋은 오디오를 켜놓고 음악듣기

___관심 있는 주제와 관련하여 논리적으로 생각하기

___가장 안락하게 느껴지는 가구를 고르기

___색상이 잘 어울리는 디자인을 고르기

5. 나를 가장 잘 나타내는 것은 다음과 같다.

___나는 주변의 소음에 민감하다.

___나는 어떤 사실이나 자료를 분석할 때 논리성을 따진다.

___나는 옷의 촉감에 매우 민감한 편이다.

___나는 실내의 가구 배치나 색상에 민감한 편이다.

6. 사람들이 나를 가장 잘 알려면 다음과 같이 하는 것이 좋다.

___내가 느끼는 것을 경험하기

___나의 관점과 함께 하면서 보기

___내가 무슨 말과 표현을 어떻게 하는지 주의 깊게 들어보기

___내가 하고자 하거나 말하는 것의 의미에 관심갖기

7. 나는 다음과 같이 하는 것을 좋아한다.

___다른 사람들이 말하는 것을 듣기

___계획을 세울 때 전체적인 모습을 먼저 그려보기

___정보나 자료가 있을 때 논리적 체계를 세우고 정리하기

___사람을 처음 만날 때 그에 대한 느낌을 중시하기

8. 나로 말할 것 같으면...

___눈으로 보고 확인하기 전에는 잘 믿지 않는 경향이 있다.

___상대방이 애절한 목소리로 부탁을 해오면 거절하지 못한다.

___느낌으로 옳다고 여겨지면 따지지 않고 믿고 받아들인다.

___이치에 맞고 합리적이면 나는 받아들인다.

9. 나는 스트레스를 받으면...

___음악을 듣는다.

___책을 읽고 사색을 한다.

___편안하게 누워서 휴식을 취한다.

___좋은 경치를 배경으로 하는 영화나 그림을 본다.

10. 처음 본 사람이라도 다음과 같이 그를 기억해낼 수 있다.

___얼굴 모습이나 옷차림새

___목소리

___그에 대한 느낌

___그의 직업이나 하는 일이 무엇일까 생각해보고

∴ 선호표상체계의 채점

1. 문제별로 답의 순서에 따라 아래의 빈 칸에 옮겨 기입한다.

1	2	3	4	5
K (　　)	A (　　)	V (　　)	A (　　)	A (　　)
A (　　)	V (　　)	K (　　)	D (　　)	D (　　)
V (　　)	D (　　)	D (　　)	K (　　)	K (　　)
D (　　)	K (　　)	A (　　)	V (　　)	V (　　)
6	**7**	**8**	**9**	**10**
K (　　)	A (　　)	V (　　)	A (　　)	V (　　)
V (　　)	V (　　)	A (　　)	D (　　)	A (　　)
A (　　)	D (　　)	K (　　)	K (　　)	K (　　)
D (　　)	K (　　)	D (　　)	V (　　)	D (　　)

2. 각 기호에 해당하는 숫자를 각 문항별로 합하여 각 유형별로 합계 점을 내고 꺾은선 그래프를 만든다.

	1	2	3	4	5	6	7	8	9	10	계	
V												V
A												A
K												K
D												D

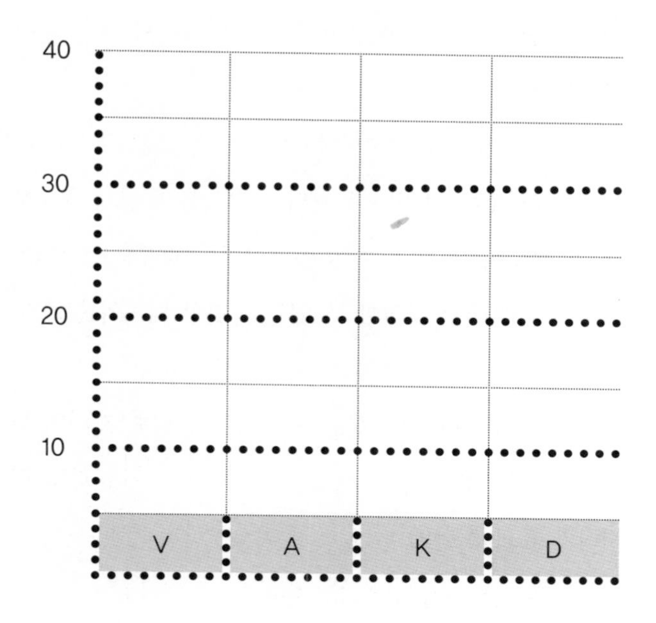

목표설정

뇌는 선명하고 분명한 목표를 성취하기 위해 심리적, 생리적, 신체적 움직임과 반응을 통합하여 조절하고 통제한다. 목표가 막연하거나 희미해서 특정되지 않으면 뇌는 막연하고 모호한 반응을 할 수밖에 없다. 정확성이 요구되는 스포츠에서 막연하고 추상적인 목표는 원하는 결과를 얻지 못하게 만든다. 목표가 분명하지 않으면 주의의 초점을 맞출 수 없기 때문에 목표와 멀어지게 된다.

위대한 성취를 이룬 운동선수들의 공통점은 분명한 목표가 있었으며 그 목표가 선명하고 아주 컸다는 사실이다. 선명하고 큰 목표가 그들을 이끌었으며 힘들고 지치거나 시련이 찾아왔을 때 그 목표가 그들을 인도해주었다.

스포츠에서 목표가 중요한 이유는 분명한 목표를 정하고 나면 목표를 실현하기 위한 모든 자원이 동원되고 그것을 현실로 창조해내는 힘을 얻게 되기 때문이다. 그 힘이 운동과정에서 겪게 되는 여러 가지 어려움과 좌절을 극복하고 성취할 수 있는 굳건한 의지와 끈기가 되어 목표에 자신을 가까이 끌어당기는 자성을 갖게 해준다.

목표를 분명하게 세우게 되면 목표를 성취하기 위해 자신의 느낌과 생각, 말, 행동을 반복하며 주변 사람, 환경의 모든 자원과도 하나로 일치시켜 시너지 효과를 얻게 된다.

스포츠에서 목표는 초점 맞추기로 이해할 수 있다.

아무리 큰 돋보기도 초점을 일치시키지 못하면 작은 에너지도 얻지 못한다. 하지만 작은 돋보기라 할지라도 일치시키기를 통해 초점을 맞출 수만 있다면 원하는 강한 에너지를 활용할 수가 있게 된다.

코치나 선수가 자원이 없어 변화와 성공을 할 수 없는 것이 아니라 목표가 분명하지 않거나 희미해서 자신의 느낌과 생각, 말, 행동을 목표에 일치시키지 못하고 있을 뿐이다.

선수의 멘탈상태와 마음의 지도를 긍정적으로 변화시켜 행동할 수 있게 하는 힘은 선명한 목표에 있다. 코치와 선수가 세운 목표가 빨리 성취될 수도 있고 늦게 성취될 수도 있지만 그 목표가 크고 선명하다면 반드시 성취될 수밖에 없다. 그것은 목표를 마음에 분명하고 깊게 새긴다면 마음속 내비게이션이 작동되어 목표가 끌어당기는 힘에 의해 성취가 실현될 수 밖에 없기 때문이다.

선수가 목표를 성취하기 위해 가는 길에는 수많은 난관과 시련이 기다리고 있으며 그 과정에서 좌절과 실패를 경험하기도 한다.
이 과정에서 목표가 희미하거나 크기가 작다면 쉽게 포기할 수도 있지만 분명한 목표를 가진 선수는 자기 앞에 놓인 수많은 걸림돌을 성취를 위한 소중한 자원과 디딤돌로 만들 수 있는 힘을 갖게 된다.
목표를 설정할 때는 그 목표가 실현될 수밖에 없도록 다음과 같이 뇌에 프로그래밍시켜야 한다.

∴ 구체적인 목표를 진술하라

'나는 최고의 선수가 되겠다', '나는 반드시 성공할 것이다'와 같이 막연하고 추상적인 기대나 바램이 아닌 구체적이고 긍정적인 목표를 진술해야 한다. 구체적으로 실제 행동 차원의 무엇을 명확하게 하는가에 대해 진술함으로써 뇌에 프로그래밍된다.

- 나는 지금보다 두 배 이상 훈련시간과 강도를 올려 1년 뒤에 우리 팀에서 최고의 선수가 되겠다.
- 체력훈련을 하루에 두 시간 하고 멘탈트레이닝을 한 시간씩 실천하여 1년 안에 지금의 실력을 두 배로 향상시키겠다.
- 나는 3년 안에 국가대표선수가 되어 올림픽에 출전하겠다.
- 경기력에 영향을 미치는 심리적 안정감을 일관성 있게 유지하기

위해 자율훈련법을 하루 3회 이상 실시하겠다.

∴ 현재 상황에 대해 진술하라

인간의 뇌는 본능적으로 즐거움과 보상을 추구하고 고통을 회피하려는 성향을 가지고 있다. 구체적인 목표와 차이가 있는 지금 현재 선수의 상황이나 능력에 대해 고통으로 지각하기 때문에 사실적으로 진술하는 것이 중요하다. 구체적인 목표를 추구하는데 걸림돌이 되는 부정적인 현재상태와 변화하지 못할 때 겪게 될 고통을 떠올림으로써 목표를 향해 행동의 변화를 유도하는 회피적 동기를 자극하여 지렛대의 효과를 얻을 수 있다.

- 중요한 시합에서 긴장과 불안이 심하다.
- 나는 목표에 대한 확신이 없어 동기가 약하다.
- 나는 현재 우리 팀에서 중간 정도의 실력밖에 안 된다.
- 나의 불확실한 미래를 생각하면 걱정이 된다.
- 현재상태를 그대로 유지하는 것은 나의 자존감이 상하고 심한 열등감을 계속 느끼게 한다.

∴ 구체적인 실행에 대해 진술하라

목표를 이루기 위해 구체적으로 어떠한 준비와 행동을 하고 있는지에 대해 사실대로 진술한다. 선수 자신이 노력하고 있는 과제와 코치나 다른 사람으로부터 도움을 받고 있는 구체적인 사항 등에 대해 디테일하게 진술하는 것이 좋다.

- 부지런한 훈련습관을 만들기 위해 기상시간을 두 시간 앞당겨 실천하고 있다.
- 주 1회 멘탈전문코치의 도움을 받아 멘탈을 강화하여 어떠한 상황에서도 최상의 멘탈상태를 유지하고 있다.
- 올림픽에 출전하는 국가대표선수가 되기 위해 멘탈훈련과 기술훈련, 체력훈련을 과거보다 한 시간씩 더 늘리고 성공한 국가대표선수를 철저하게 모델링하고 있다.
- 멘탈이 강한 선수가 되기 위해 하루 3회 이상 자율훈련을 실천하고 있으며 멘탈호흡법과 이완훈련, 트랜스훈련을 매일 반복하면서 멘탈이 매우 강해지고 있는 것을 느낀다.
- 하루 훈련을 마치고 훈련일지를 기록하여 훈련과정에서 느낀 장단점을 스스로 분석하며 피드백하고 있다.
- 목표설정 후 구체적인 목표가 하나씩 이루어져 가는 변화를 느끼며 더 큰 변화와 발전을 위해 멘탈코칭을 하고 있다.

∴ 생생하게 결과진술을 하라

뇌의 착각기능을 활용하는 방법이다. 인간의 뇌는 상상과 현실을 구분할 수 있는 기능이 없기 때문에 선명한 상상을 반복적으로 하게 되면 그것을 사실로 받아들이고 그와 관련된 믿음을 만들어 스스로를 통제하게 된다. 미래결과에 대한 체험을 지금-여기에서 상상으로 체험하기 때문에 현재상태를 바꾼다.

성공한 결과에 대한 오감적인 선명한 상상은 미래를 가상으로 경험하면서 그것을 뇌에 기억으로 남기게 되어 믿음을 만든다. 미래의 목표가 이미 달성된 상태에서의 오감적 경험에 대해 진술하고 경험함으로써 뇌는 착각을 통해 실제 현실에서의 결과를 성취할 수 있는 모든 방법을 찾아 작동시키게 된다.

- 가슴에 국가대표의 상징인 태극기를 달고 있는 나의 당당한 모습이 너무나 자랑스럽다.
- 대한민국을 대표하는 국가대표선수로서 국제대회에서 차분함과 안정된 상태로 좋은 성적을 냈던 나 자신의 경험을 방송 인터뷰에서 밝히고 있는 모습이 대견하다.
- 국가대표로서 성공한 나 자신을 격려해주는 관중들에게 손을 흔들고 인터뷰를 하고 있는 자신의 상태를 본다.
- 성공한 스포츠 선수가 된 나 자신의 일상적 생활과 경제적 성취, 명예 등을 생각하면서 얼마나 행복한지를 느껴본다.
- 나 자신의 목표설정과 성공경험을 다른 선수들에게 전수해주며 멘탈의 중요성을 강조한다.

∴ 확실한 증거를 제시하라

선수가 목표를 달성한 후에 어떤 변화가 있는지 구체적인 증거를 만들어 제시한다. 자신의 목표가 이루어졌음을 증명해줄 수 있는 구체적인 증거를 만들어 미래기억으로 프로그래밍시키게 되면 뇌는 착각을 일으켜 그것을 현실로 인정해버리게 된다. 결과진술에 이어 증거를 제시하게 되면 강력한 믿음이 생겨 그 믿음이 실제로 그러한 현실적인 결과를 만들어버린다.

- 성공한 이후에 스포츠 꿈나무들을 위해 거액의 기부금을 내고 방송국에서 촬영한 영상을 본다.
- 국가대표선수 유니폼에 나의 이름이 선명하게 새겨져 있다.
- 금메달을 입에 물고 승리를 기뻐하는 모습이 찍힌 사진을 본다.
- 성공한 자신이 TV와 신문에 인터뷰했던 내용을 증명하는 사진과 영상을 사람들이 보고 있다.
- 고급 승용차와 정원이 있는 집 앞에서 촬영한 사진을 본다.

∴ 생태를 점검하라

목표를 달성한 이후에 선수 자신이 얻는 것과 잃는 것에 대해 생태를 점검하게 되면 지향적 동기와 회피적 동기가 부여되어 행동을 하게 됨으로써 현실에서의 목표성취를 앞당기게 된다.

목표를 달성하면 얻게 되는 것

목표를 달성하면 얻게 되는 것	
자신감과 당당함	마음의 여유
자아실현	긍정적인 생각
코칭능력	운동실력
자존감과 자기효능감	경제적 여유
지혜	활력
발표력과 리더십	건강
인기	나눔과 행복

목표를 달성하면 잃게 되는 것

목표를 달성하면 잃게 되는 것	
불안과 두려움	부정적 사고
투사	열등감
비난과 무시	눈치
게으름과 가난함	패배의식과 트라우마
좌절과 시련	우울함과 소심함
간섭과 통제	무력감

∴ 실행

아무리 훌륭한 목표를 설정하고 뇌를 긍정적으로 착각시켜도 그것을 행동으로 옮기지 않는다면 그 어떤 변화와 성취도 기대할 수가 없다. 중요한 것은 실행이다. 목표설정에 의한 실행으로 원하는 성취를 이룰 수 있게 된다. 완전한 준비상태에서의 실행이 아니라 목표로 이동하기 위한 실행을 먼저 하게 되면 목표가 가까이 온다.

상태조절

운동수행과 경기력을 최상의 상태로 끌어올리기 위해서는 스포츠 종목과 상황에 따라 선수에게 가장 적합한 심리적, 생리적 상태가 요구된다. 흔히 선수의 상태가 좋다거나 좋지 않다고 할 때 상태란 멘탈의 상태, 생리적 상태, 신체적 상태 등과 같이 운동수행에 적합한 특정한 조건을 말한다.

선수 개인의 능력과 기술이 아무리 탁월해도 시합상황에서 선수의 상태가 좋지 못하다면 원하는 최상의 결과를 얻을 수 없게 된다. 시합상황에서 선수가 원하는 최상의 결과를 일관성 있게 유지하기 위해서는 평소 훈련과정에서 자신의 상태를 임의로 조절할 수 있는 멘탈 능력을 가지는 것이 중요하다.

선수는 시합상황에서 상대 선수나 상황의 자극과 정보에 반응하면서 때로는 지나친 긴장이나 불안을 느끼기도 하고 흥분과 설레임을 느끼기도 한다. 중요한 것은 자신의 능력과 기술을 충분히 발휘할 수 있게 하는 자신감과 유능감, 마음의 안정감, 집중력, 일치시키기 등의 긍정적인 상태가 만들어지면 원하는 목표를 성취할 수 있는 가능성이 더 높아지게 된다는 것이다.

하지만 걱정, 긴장, 산만함, 질투, 두려움, 피로함 등의 부정적인 상태가 만들어지면 원하는 목표를 성취할 수 있는 가능성이 낮아진다.
시합상황에서 선수의 현재상태를 결정짓는 것은 훈련과정에서 어떠한 정서적 경험이 구성되어 있느냐에 따라 달라진다.

훈련과정에서의 학습과 경험, 피드백이 반복되면서 선수의 잠재의식에 어떠한 정서적 연합이 뿌리내리고 있는가에 따라 시합상황에서의 상태가 긍정적이 되기도 하고 부정적이 되기도 한다. 선수의 현재상태가 운동수행능력과 경기력에 미치는 영향이 절대적이라면 훈련과정에서 긍정적인 상태를 유지할 수 있는 성공경험과 긍정적인 격려, 피드백을 반복적으로 제공하는 것이 필요하다.

∴ 정서와 각성

중요한 시합에 출전을 준비하고 있는 선수가 수많은 관중과 TV 생중계, 실력이 뛰어난 경쟁 선수들을 보며 긴장되고 불안한 마음이 일어나는 것은 자연스러운 현상이다. 이때 마음속으로 '긴장하지 말자', '불안해하지 말자'라고 되내이며 마음을 안정시키려 해보지만 그럴수록 더 긴장과 불안이 증폭된다.

이러한 현상은 표면적으로는 선수가 자신의 이성과 의식에 의해 자기 조절과 통제가 되는 것처럼 보이지만 실제로는 감정과 정서에 의해 직접적인 영향과 통제를 받고 있기 때문이다. 감정과 정서는 스포츠에서 긍정적 에너지가 되어 활력을 불어넣기도 하지만 지나친 각성과 불안 상태에 지속적으로 노출될 경우 심리적 정보간섭에 의해 운동수행에 방해를 받기도 한다.

선수의 지나친 긴장과 불안 등의 상태는 대부분 정서가 부정적으로 활성화되면서 생기는 것이다. 정서는 심리적 상태뿐만 아니라 신체적 각성과 반응을 포함한다. 예를 들어 골프처럼 멘탈의 비중이 높은 스포츠는 심리적, 신체적 각성을 너무 높은 상태로 올리게 되면 좋은 성적을 기대하기 어렵다. 반면 역도는 높은 각성을 요구한다. 각성상태가 종목과 기술에 적응적 기능을 하여 성과를 얻게 만드는 것이다.

각성은 자율신경계에서 통제하고 있으며 교감신경과 부교감신경이 우리 몸의 적절한 항등성을 유지시키는 기능을 맡고 있다.
만약에 심리적, 생리적 요인에 의해 교감신경이 지나치게 활성화되면 각성이 높아진다. 과도한 각성상태는 정서적 불안정을 초래하게 되어 주의집중력이 흐트러지거나 주의의 폭이 좁아져 중요한 단서나 정보까지도 놓치게 되는 부작용이 나타난다.

이때 부교감신경은 높아진 각성을 다시 항등성 상태로 끌어내리기 위해 작용하여 몸을 정상적인 안정된 상태로 돌려놓는다. 물론 너무 낮은 상태가 되면 다시 각성시켜 신체의 건강과 안정을 유지하기 위한 항등성을 되찾게 된다.

일상생활에서는 몸 자체에서 항등성을 가지고 상태를 조절하기 때문에 큰 문제없이 환경적 상황에 적응할 수 있다. 하지만 스포츠에서는 특정한 환경이나 상황에서 특정한 시간에 요구되는 각성상태가 적합하지 못하면 선수가 가진 능력과 기술을 제대로 활용하지 못하게 되어 큰 문제가 된다. 그래서 임의적으로 선수가 자신의 심리적 상태를 조절할 수 있는 멘탈통제능력이 중요한 것이다.

예를 들어 시합상황에서 긴장된 각성을 조절하기 위한 호흡법, 이완법, 자기암시, 앵커링, 자율훈련법 등을 활용하기 위해서는 평소 훈련과정에서 반복적으로 트레이닝하여 원하는 상태를 임의로 조절이 가능하게 만들어야 한다.

교감신경 (각성)	상태		상태	부교감신경 (이완)
동공확대	+	눈	−	동공축소
감소	−	침분비	+	증가
축축함	+	피부	−	건조함
증가	+	땀분비	−	감소
빠르게	+	심장	−	느리게
활성	+	소화	−	부진
증대	+	부신	−	감소

∴ 생리적 상태와 정서

인간의 마음과 몸은 완벽하게 상호 협력하는 상보성을 가지고 하나의 시스템으로 가동되고 있다. 몸을 변화시키면 마음이 변화되고 마음을 변화시키면 몸이 변화된다. 마음과 몸은 비국소성을 가지고 하나의 시스템으로 가동되기 때문에 하나의 패턴이 잘못되면 나머지 하나도 부정적인 영향을 받을 수밖에 없다.

어떤 경험이 뇌에 저장될 때는 특정한 신경적 반응을 일으키도록 정서가 함께 프로그래밍된다. 이렇게 정서가 함께 프로그래밍되면 지금 현재의 상황에 관계없이 과거의 경험에 의한 기억의 영향으로 지금 현재의 마음과 몸상태가 통제당한다.

그래서 과거에 성취경험과 격려, 긍정적인 피드백이 반복되었다면 현재의 상태가 자신감 넘치고 호기심이 풍부한 마음상태가 되며 심신상관성에 의해 신체적인 상태도 건강해진다. 즉, 과거의 기억을 회상하는 것만으로도 심리적인 자신감이 넘치고 신체적인 활력이 넘치게 되는 것은 마음이 바뀌면 몸이 바뀌기 때문이다.

그리고 규칙적인 운동을 통해 몸상태를 건강하게 만들어 운동기술이 향상된다면 신체적 유능감이 일반화되어 무엇이든 잘할 수 있다는 정신적 자신감까지 함께 충만해질 수 있다. 몸이 바뀌면 마음도 함께 바뀌게 된다. 그렇기 때문에 몸과 마음은 서로 다른 형태의 하나라고 할 수 있는 것이다. 생리적 상태와 정서는 상관성을 갖고 있기 때문에 하나를 바꾸면 나머지도 함께 바뀌게 된다.

∴ 상태의 종류와 선택

동물은 자신의 생명을 안전하게 지키기 위하여 보호색을 갖거나 환경에 알맞게 적응하기 위해 자신의 상태를 변화시키며 진화한다.
사람도 마찬가지로 환경과 상황에 맞는 반복적인 훈련에 의해 가장 적합한 자신의 상태를 만들어 계속 진화하게 된다.

선수가 훈련과정에서 어떤 코치를 만나 어떠한 코칭을 받느냐에 따라 자신의 상태가 조건형성되어 변화한다. 특정한 경험이나 피드백에 의해 자신의 감각을 외부적으로 맞추는 '외부집중상태'일 수도 있고 마음속으로 보고 느끼며 내면으로 깊이 들어가 생각에 잠기는 '내면집중상태'일 수도 있다.

운동상황에서 선수가 어느 한 가지 상태에 절대적으로 머물러있는 경우는 거의 없다. 그것은 의식이 내면에 대한 지각과 외부에 대한 지각이 부분적으로 혼합되어 있기 때문이며 긍정과 부정의 정서도 완전한 구분이 된 상태는 존재하기 어렵다. 어느 상태가 더 비중을 많이 차지하느냐의 차이일 뿐이며 가장 적합한 자신의 상태를 만들기 위해 선택하는 것이다. 그래서 상황에 따라 변화하는 가변성을 가지게 된다.

마음의 상태를 어떻게 선택하고 사용하는가에 따라 운동상황에서 전혀 다른 결과를 얻게 되는 경우를 많이 찾아볼 수 있다.
예를 들어 자전거 타기나 축구 등을 할 때는 외부집중상태가 수행에 도움이 되고 명상이나 멘탈트레이닝 등을 할 때는 내면집중상태가 더 도움이 된다. 만약 자전거 타기를 할 때 자신의 상태를 내면집중상태로 만든다면 도로의 수많은 다양한 변수에 대한 합리적인 판단과 행동을 제대로 하지 못해 사고의 위험성이 높아진다. 반대로 명상을 하면서 외부집중상태를 만들게 되면 수많은 자극과 정보가 심리적 간섭이 되어 자신과의 만남이 힘들어진다.

비슷한 예로 훈련이 중요하지 않다는 왜곡된 믿음을 가지고 자만심에 빠져있는 선수에게는 부정적인 마음상태를 활용하여 위기감과 각성을 일으키는 것이 도움이 되고 자신감이 낮거나 불안한 심리를 갖고 있는 선수에게는 긍정적인 격려와 피드백으로 마음의 안정과 여유를 갖게 하는 것이 도움이 된다. 중요한 것은 마음상태는 언제든지 변화할 수 있는 가변성을 가지고 있다는 것이다. 외부 자극이나 정보가 가변성을 갖게 만들기도 하지만 내면의 인지상태에 따라 가변성을 갖게 되기도 한다.

선수가 자신의 상태변화를 통해 원하는 성과를 얻기 위해서는 코치의 멘탈코칭역할이 중요하다. 멘탈코칭을 반복하게 되면 선수 스스로 자신의 상태를 임의로 만들 수도 있고 원하는 상태로 변화시킬 수도 있다. 그래서 자원이 없는 선수는 없다고 하는 것이다. 다만 자원이 없는 상태가 있을 뿐이다.

중요한 것은 선수의 상태를 지금 여기에서 바꿀 수 있다면 상황에 가장 적합한 잠재된 자원을 찾을 수 있다는 사실이다. 운동수행과 경기력에 도움이 되는 선수의 상태는 훈련을 통해 선택하는 것이고 선택된 것을 반복하여 자신의 상태를 일관성 있게 유지하는 것이다.
선수의 모든 행동은 지금 현재의 상태에서 나타난다.

∴ 상태 이끌어내기

최적의 운동수행 상태에서 최상의 경기력을 발휘할 수 있는 우수한 선수를 만들기 위해서는 전문적인 멘탈언어코칭 기술이 필요하다. 그것은 코치의 멘탈언어코칭능력에 따라 코치가 원하는 대로 선수의 상태를 바꿀 수 있기 때문이다.

선수가 자신감이 부족하거나 신념이 약할 때 과거의 성취경험이나 자신감이 충만했던 기억을 떠올리게 되면 과거의 긍정적인 상태가 현재 상태를 변화시켜 자신감 넘치고 활력 있는 상태로 변화한다. 지금 현재상태에서 자신감이 넘치는 상태로 자원을 이끌어내고 싶다면 과거의 긍정적인 기억이나 성공경험을 지금-여기의 현재에서 생생하게 재현시키면 되는 것이다.

만약 선수가 과거의 성공경험이 없다면 오감적 상상훈련을 통해 미래의 성공 이미지를 만들어낼 수도 있다. 미래경험 만들기를 통해 미래에 선수가 원하는 목표가 달성된 가상의 성취경험을 반복적으로 생생하게 떠올리게 되면 뇌에 미래기억이 만들어져 현재의 상태를 긍정적으로 바꿀 수가 있게 된다. 이 모든 변화를 유도할 수 있는 마중물 역할을 하는 것이 코치의 멘탈언어능력이다.

코치는 선수와의 상담과 코칭과정에서 선수의 긍정적인 상태를 이끌어내기 위해 다양한 기법들을 활용할 수 있으며 선수에 대한 관심 갖기, 경청, 공감, 질문하기 등을 통해서 내면에 숨겨져 있는 자원을 끄집어내어 선수의 상태를 긍정적으로 바꿀 수 있다. 예를 들어 '과거에 승리했던 순간을 떠올렸을 때 마음과 몸상태가 어떻게 변하는지 느낄 수 있다면 그것을 말로 표현할 수 있을까'와 같은 간단한 질문만으로도 선수의 상태가 바뀌게 된다. 몇 마디의 멘탈언어만으로 선수의 상태를 긍정적으로 바꿀 수 있는 것이다.

코치는 더 나은 운동수행과 경기력을 높이기 위해 선수를 최상의 상태로 만들어야 한다. 앵커링, 최면, 자율훈련법, 루틴 등의 멘탈기법 등을 활용할 수 있어야 하며 특히 멘탈언어를 사용하여 선수의 긍정적인 상태변화를 유도하는 능력을 가지는 것이 필요하다.

탁월성을 가진 코치는 현재의 선수상태를 긍정적으로 이끌어내어 미래의 선수상태까지 긍정적으로 바꿀 수 있는 멘탈코칭능력을 가져야 하는 것이다.

PART 6

멘탈언어코칭법

말이 가진 힘

우리가 하는 말은 뇌신경과 연결되어 있어 말을 바꾸면 뇌신경회로가 바뀌고 몸이 바뀌게 된다. 듣는 말이든 하는 말이든 가리지 않고 말은 모두가 똑같은 영향력을 가지고 있다. 그리고 어떤 생각을 선명하게 떠올리는 것만으로도 그 순간 몸에서는 신경회로가 활성화되고 새로운 화학물질이 분비되면서 몸상태를 바꾸어 버린다.

말도 마찬가지로 우리의 몸을 말과 관계되는 상태로 바꾸는 힘을 가지고 있다. 말을 바꾸게 되면 뇌가 몸 전체를 통제하고 있기 때문에 뇌신경회로를 새롭게 생성시키거나 강화시켜 엄청난 양의 신경화학물질을 방출하고 말과 관련된 정서까지 연합하여 자신의 존재와 정체성까지도 바꾸어 버린다.

뇌는 어떠한 말이든 가리지 않고 말과 관련된 신경회로를 먼저 활성화시켜 몸의 화학적 반응을 일으킨다. 반복적인 생각과 말은 똑같이 뇌신경회로에 직접적인 자극을 보내고 특정한 신경적 반응을 일으키게 만든다. 우리는 무의식적으로 어떤 생각과 말을 습관적으로 매일 반복하고 있으면서도 그것을 알아차리지 못한다.

일상생활 속에서 자신도 모르게 반복해서 사용하는 말이 부정적인 내용이면 그 말이 자신의 존재와 상태를 부정적으로 만들어 건강을 잃게 만들 수도 있다. 만약 부정적인 말을 반복해서 사용하게 되면 부정적 신경회로와 화학물질이 과다하게 분비되어 몸이 비정상적인 상태가 되고 뇌는 그것을 정상적인 기저선 상태로 착각하게 된다.

이렇게 착각한 상태가 곧 '나'의 존재와 정체성을 만든다.
즉, 어떤 말을 습관적으로 반복해서 사용하는가에 따라 나의 존재와 정체성이 결정된다는 것이다.

뇌는 칠흑같이 어두운 두개골 속에 안전하게 자리 잡고 있으면서도 완벽하게 자신의 기능을 수행하고 있다. 뇌는 가장 중요한 역할을 담당하면서도 외부세계를 직접 접촉할 수 없다. 그래서 뇌는 감각을 통해 외부세계와 소통을 하고 자신의 내면세계를 접촉할 때도 감각을 통해서만 가능하다. 그렇기 때문에 감각을 조절하거나 통제할 수 있게 되면 자신의 뇌를 원하는 상태로 바꾸거나 조작할 수도 있다. 말은 넓은 의미에서 소리에 해당되며 청각이라는 감각으로 뇌에 연결되어 있어 말을 바꾸면 뇌신경회로가 바뀌고 반대로 뇌신경회로를 바꾸어도 말이 바뀌게 되는 것이다.

지금 이 순간 책 읽기를 멈추고 주변의 소리에 귀를 기울여보면 조금 전까지만 해도 전혀 들리지 않던 소리가 들리는 것을 알아차릴 수 있게 된다. 바람소리, 냉장고 소리, 자동차 경적소리 등이 들린다. 그 소리에 주의의 초점을 모으는 것만으로도 헤아릴 수 없을 정도로 많은 뇌세포에 엄청난 양의 전류가 흐르게 된다. 특정한 소리에 귀를 기울이는 것만으로도 뇌가 조금 전에 하던 작업을 중지하고 소리와 관련된 작업을 하고 있는 것이다.

별다른 중요한 의미를 가지지 못한 단순한 소리에도 우리 뇌가 이처럼 구조를 바꾸고 작업을 새롭게 한다. 특정한 의미를 지닌 말이나 정서적 의미를 가진 말을 반복해서 듣게 되면 뇌는 그와 관련된 특정한 반응을 하게 된다. 주변의 단순한 소리에 신경회로와 화학물질의 분비, 혈액의 흐름까지 바꾸었다면 그것보다 몇 배, 몇십 배 더 강한 자극이 되는 의미 있는 말이나 정서적 의미를 가진 중요한 말에는 메가톤급의 반응이 일어나게 되는 것이다.

뇌는 비국소성에 의해 모든 뉴런이 시냅스 연결을 만들고 전기화학적 신호로 연결을 짓고 있다. 천억 개가 넘는 신경세포들은 전기화학적으로 서로 교류하면서 강한 연결을 형성하고 있기 때문에 의미 있는 말을 통해 주의의 초점을 약간만 전환해도 비국소성으로 연결되어 복잡하게 얽힌 뇌신경회로에 연쇄적인 변화을 일으킨다. 짧은 몇 마디의 말로도 뇌신경회로에 연쇄적인 변화를 일으킬 수 있는 것이다. 이 모든 것이 말에 의해 일어나는 변화이다.

신경학적인 관점에서 접근하면 우리의 존재는 언제, 어디서, 어떻게, 얼마나 오랫동안 주의를 기울이고 있는가에 의해 증명된다고 볼 수 있다. '나'라는 존재는 지금 여기에서 어떤 말과 생각, 느낌, 행동을 반복적으로 오랫동안 지속하는가에 의해 확인될 수 있는 것이라고 볼 때 언제, 어디서, 어떻게, 얼마나 오랫동안 주의의 초점을 맞추어 사용하는가에 의해 자신의 존재와 정체성이 증명되는 것이다.

'사자'라는 말을 하기 전에 사자는 존재하지 않는다. 하지만 '사자'라는 말을 듣는 순간 사자가 떠오른다. 말에 의해 주의를 기울이게 되면 모든 것이 현실이 되고 조금 전까지 존재하지 않았던 것이 실재하게 된다. 그래서 말이 창조력을 가지고 있다고 하는 것이다.

그리고 생각을 말로 표현하게 되면 두 배의 실행력을 갖게 된다.

말을 할 때 말과 관련된 뇌신경회로가 활성화되고 신경성장인자의 분비로 회로가 굵게 강화되면서 기억의 응고화에 힘을 실어주기 때문이다. 그래서 반복적으로 특정한 말을 사용하게 되면 그것이 자신의 존재를 만드는 신경학적 구조까지 결정짓게 된다.

뇌에는 우리가 살아오면서 학습하고 경험한 모든 기억이 저장되어 있다. 생각, 기억, 꿈, 희망, 열정, 사명, 비전, 두려움, 습관, 고통, 즐거움 행복, 정서 등이 천억 개가 넘는 뉴런에 모두 담겨있으며 이러한 정보들은 서로가 비국소성으로 연결을 짓고 있어 관계있는 정보끼리 조직화되고 구조화된다. 이렇게 조직화되어 있는 연결을 몇 마디의 말로써 바꿀 수가 있는 것이다.

뇌신경회로의 구성은 끊임없이 변화하는 가소성을 가지고 있으며 뇌세포의 연결은 반복적으로 사용하는 말에 의해 새롭게 재구성된다.
우리가 무의식적으로 반복해서 사용하는 말이 우리의 존재를 만들기 때문에 말이 곧 자신의 존재가 되는 것이다.

인간은 다른 동물들과 달리 자신을 변화시키는 능력을 타고났다.
그것이 바로 말을 할 수 있는 능력이며 이것은 신이 인간에게만 내린 축복이다. 신이 내린 축복을 부정적으로 잘못 사용하면 자신을 병들게 만들지만 긍정적으로 잘 사용하게 되면 건강과 성취, 행복을 끌어당기는 자성을 갖게 된다.

스포츠에서 멘탈언어는 말이 가진 놀라운 힘을 활용하여 선수의 긍정적 변화와 성장을 통해 목표를 성취하는 기능을 한다. 우리가 하는 말과 듣는 말은 뇌신경회로와 연결되어 있기 때문에 말을 긍정적으로 바꾼다는 것은 뇌구조를 긍정적인 상태로 바꾸는 것이다.

멘탈언어의 중요성

스포츠에서 멘탈언어는 코치가 의도적으로 생략, 왜곡, 일반화된 추상적이고 모호한 언어를 사용하여 트랜스 상태에서 메시지를 전달하는 언어기법이다. 의도적으로 생략, 왜곡, 일반화된 코치의 말에 생긴 빈틈을 선수 스스로 채워 넣을 수 있도록 유도하여 코치의 의도대로 긍정적인 변화를 일으키는 최면적 화법이라고 할 수 있다.

멘탈언어는 의식은 있지만 의식이 일시적으로 작동되지 않고 잠재의식이 활성화되어 코치의 의도된 말을 선수가 이해와 분석, 비판, 의심 없이 그대로 수용하여 믿게 되는 최면적 효과를 얻게 해준다.
그렇기 때문에 코치는 선수의 숨겨진 가능성과 잠재력을 일깨우고 선수가 가진 긍정적 의도와 목적을 최대한 살릴 수 있는 멘탈언어를 활용할 수 있어야 한다. 모든 성취 자원은 선수가 이미 가지고 있다는 전제 속에 코치의 탁월한 멘탈언어코칭능력으로 선수의 잠재된 자원을 이끌어내고 성장시켜 나갈 수 있다는 믿음을 가지는 것이 중요하다.

코칭과정에서 코치가 멘탈언어를 활용하게 되면 선수의 긍정적인 변화와 성장을 이끌어낼 수 있는 멘탈코칭능력을 배양할 수 있게 된다.
코치가 멘탈언어를 완전하게 학습하여 반복적으로 사용하게 되면 선수의 변화와 성장을 이끌 수 있는 언어의 마술사가 될 수도 있다.

멘탈언어는 최고의 최면 전문가인 밀턴 에릭슨의 언어패턴을 모방하여 분석하고 체계화시킨 밀턴모델을 활용한 것이다.

멘탈언어를 활용한 코칭은 선수 스스로 자신의 잠재된 자원을 찾아내도록 하기 위하여 의도적으로 생략, 왜곡, 일반화된 언어를 사용한다. 코치가 선수에게 직접적으로 지시하지 않고 추상적이고 모호한 일상적 대화 패턴을 사용하기 때문에 선수 스스로 그 빈틈을 채워 넣어 일반화시키고 긍정적인 신념을 만들게 된다.

멘탈언어를 유용하게 활용하기 위해서는 코치가 먼저 선수에게 맞추어 준 후 이끌기가 쉽게 될 수 있게 만들고 선수의 의식적 마음을 분산시켜 잠재의식 차원에서의 변화를 이끌어낼 수 있어야 한다.
추상적이고 모호한 표현을 사용하여 선수가 스스로 뜻을 폭넓게 해석할 수 있도록 유도해주며 비지시적인 암시를 통해 자결성을 갖고 긍정적인 행동을 일으키도록 이끌어가는 것이다.

멘탈언어는 트랜스를 유도하여 선수의 긍정적 자원을 이끌어내고 증폭시킴으로써 큰 그림을 볼 수 있는 전체성을 갖게 한다. 그렇게 함으로써 포괄적이며 임의적인 해석이 가능하도록 하여 선수가 보다 더 합리적인 선택을 할 수 있는 자율적 판단과 행동을 하는데 도움을 준다.

코치가 멘탈언어를 활용하여 선수의 운동수행과 경기력을 향상시키고 바람직한 상태로 이끌기 위해서는 선수와의 '라포관계'가 가장 중요하다. 그러기 위해서 코치는 선수를 존중하고 공감할 수 있는 마음의 자세와 태도를 가져야 하며 더 나은 변화와 성장을 위해서 코치가 먼저 선수에게 맞추어줄 수 있는 리더십을 가져야 한다.

이처럼 코치는 선수에게 먼저 맞추어주기를 바탕으로 상호 라포를 형성하여 선수의 정서적 안정감과 고도의 집중상태를 유도할 수 있는 멘탈언어 코칭능력을 가지는 것이 필요하다. 코치가 제시해주는 암시를 선수 자신의 주관적 경험에 비추어 긍정적 의미를 부여할 수 있게 하기 위해서 먼저 라포가 형성되어 있어야 하는 것이다.

트랜스 상태에서 코치가 들려주는 멘탈언어에 대해 선수가 자신의 여러 가지 경험과 상상을 통하여 주관적인 자신의 세상모형으로 해석하고 최적의 학습효과를 얻을 수 있도록 의도적으로 생략, 왜곡, 일반화된 추상적 언어를 사용하여 코칭을 한다. 이러한 코치의 멘탈언어는 선수가 눈치채지 못하는 가운데 트랜스 상태에서 선수의 마음 깊숙한 곳에 새로운 프로그램을 심어 긍정적인 변화와 성취를 위한 행동을 유도하는 강력한 힘을 가지게 된다.

멘탈언어를 사용할 때 처음에는 다소 생소한 느낌이 들 수도 있지만 반복해서 사용하다 보면 멘탈언어 속에 선수의 마음을 사로잡는 놀라운 힘이 있다는 사실을 깨닫게 될 것이다.

마음읽기

마음읽기란 선수에 대한 구체적인 자료나 근거 없이 선수의 생각과 감정을 마치 잘 아는 것처럼 말함으로써 코치가 원하는 선수의 긍정적인 변화를 이끌어내는 멘탈화법이다. 상황과 대상에 맞게끔 마음읽기를 응용해서 활용하면 선수의 긍정적인 변화와 성장을 이끌어내는 중요한 코칭 도구가 된다.

처음에는 몇 가지만 활용해보고 점차적으로 늘려가게 되면 코치가 선수의 마음을 훔치는 언어의 마술사로 변하는 것을 체험할 수 있다. 코치가 운동학습과 훈련과정에서 마음읽기를 활용하게 되면 선수의 마음상태를 긍정적으로 바꿀 수 있는 멘탈코칭능력을 갖게 된다.

- 여러분도 이미 잘 알고 있겠지만 할 수 있다는 우리의 반복된 생각과 말이 우리가 원하는 승리를 만들어줄 것입니다.
- 오늘 여러분의 마음속에 있는 목표를 선명하게 떠올려보세요. 그 목표가 어떤 것이든 여러분이 지금 떠올린 그 목표에 대한 믿음만큼 이룰 수 있을 것이라고 나는 믿습니다.
- 여러분 모두가 잘 알고 있을 거예요. 우리가 마음을 모아 열정적으로 함께 노력하면 안 되는 일이 없다는 것을 말이에요. 우리가 좀 더 노력한다면 지금보다 얼마나 더 큰 성취를 이룰 수 있을지는 여러분이 더 잘 알고 있잖아요.
- 그동안 최선을 다해 훈련을 하면서 우리 자신이 놀랄 만큼 자신감과 실력이 향상되었다는 것을 여러분 모두가 알고 있을 것입니다. 여러분의 그 알아차림이 앞으로 여러분을 더 성장시키는 힘이 된다는 사실을 나도 잘 알고 있습니다.
- 늘 그래왔듯이 오늘도 여러분이 얼마나 차분한 마음상태로 멋진 시합을 할 것인지 기대됩니다.

- 나는 지금 여러분을 보면서 확실한 믿음을 갖게 되었습니다.
  평소 연습한대로 자신의 실력을 믿으며 더 잘할 수 있다는 절대적인 긍정의 멘탈이 여러분의 얼굴에 묻어있어요.
- 오늘 여러분은 모두가 땀 흘리며 최선을 다해 열심히 훈련했습니다. 여러분이 열심히 훈련을 마친 후 지금 느끼고 있는 자신감과 성취감, 안정된 마음상태를 잘 기억해두세요.
  여러분이 지금 느끼는 이 마음의 상태가 여러분의 멘탈을 얼마나 강하게 만들어주는지에 대해서 굳이 내가 따로 말하지 않아도 스스로 잘 알고 있을 것입니다.
- 나는 여러분이 그동안 하면 된다는 절대긍정의 멘탈로 정말 열심히 운동을 해왔다는 것을 잘 알고 있습니다.
  그 마음을 잘 알고 있기에 나는 여러분의 성공을 믿습니다.
  나의 믿음이 결코 틀리지 않다는 것을 여러분의 태도와 눈빛이 증명하고 있습니다.
- 지금 여러분의 마음을 잘 알고 있습니다.
  그리고 그 마음이 어떤 경기결과를 가져다 줄 것인지에 대해서도 잘 알고 있습니다. 지금 여러분의 자신감 넘치는 마음을 만나보세요. 여러분의 마음이 곧 경기결과를 만든다는 사실을 여러분도 잘 알게 될 것입니다.
- 여러분도 잘 알고 있겠지만 열심히 노력하지 않는 선수가 성공할 수 있겠습니까? 만약에 여러분의 노력이 다른 선수보다 두 배가 된다면 여러분이 얻는 성과의 크기가 어떻게 될지 생각해 보았나

요? 굳이 내가 강조하지 않아도 모든 성과는 노력의 결실이라는 것을 여러분이 더 잘 알고 있을 것입니다.

- 시합에 들어가기 전에 여러분 스스로에게 물어보세요.

  나는 오늘 어떤 마음가짐으로 시합에 임하고 있는지에 대해 스스로 그 답을 찾게 될 것입니다. 모든 것은 여러분의 마음자세에서 만들어진다는 사실을 기억하세요.

- 오늘 시합을 통해 멋진 승리의 주인공이 된 자신의 모습을 생생하게 상상할 수 있을까요? 여러분이 생생하게 상상한 만큼 멋지게 승리한 모습을 현실에서 반드시 찾아볼 수 있을 거예요.

  여러분의 승리한 모습을 기대합니다.

- 여러분이 간절하게 바라는 것이 무엇인지 잘 알고 있습니다.

  여러분의 그 간절한 바램을 느껴보세요. 여러분이 간절히 바라는 것은 반드시 성취될 수 있다는 사실을 우리 모두가 믿고 있다면 그것은 반드시 이루어질 수밖에 없습니다.

- 우리 모두가 잘 알고 있잖아요. 이번 시합을 위해 우리가 그동안 얼마나 최선을 다해서 운동했는지를...

- 나는 여러분의 행동과 눈빛만 봐도 여러분의 마음을 느낄 수 있습니다. 왜냐하면 우리는 모두가 한 마음이니까요.

- 여러분이 지금 느끼는 좌절과 고통이 여러분을 더 성장시키는 영양분이 될 것입니다. 우리는 지금 이 힘든 순간을 잘 기억해 두어야 합니다. 그래야만 여러분은 최고의 선수가 될 수 있습니다.

  훌륭한 선수는 남들보다 더 많은 실패와 좌절을 겪는다는 사실을 알고 있을 것입니다. 지금 여러분의 강한 멘탈이 여러분을 더 크게 성장시켜줄 영양분이 될 것입니다.

- 여러분 모두가 알다시피 승리에 대한 여러분의 강한 믿음이 내일의 영광스러운 승리를 만들어 줄 것입니다.
- 우리 모두는 잘 알고 있잖아요. 할 수 있다고 생각하면 할 수 있다는 사실을 말입니다. 지금 여러분의 생각이 내일의 영광스러운 결과를 얻게 해준다는 믿음을 확인해보세요.
- 자기 자신에 대한 믿음의 크기만큼 원하는 것을 얻게 될 거예요.
  지금 여러분이 가진 믿음의 크기를 두 배로 키워보세요.
  여러분이 선택할 수 있는 것은 결과가 아니라 지금 현재 여러분의 믿음이라는 사실을 잘 알고 있을 것입니다.
  그렇기 때문에 여러분의 내일은 더욱더 기대가 됩니다.
- 오늘의 실패에 우리가 좌절하지 않고 다시 도전할 수 있다면 다음에는 반드시 더 나은 결과를 얻게 된다는 사실을 여러분이 더 잘 알고 있을 것입니다.
- 여러분은 지금 자기 자신에 대해 어떤 생각을 하고 있나요?
  어떤 생각을 하던 여러분이 현재 생각하는 자기 자신보다 여러분은 훨씬 더 위대한 사람이라는 것을 명심하세요.
- 나는 여러분의 성공신념을 존중합니다. 여러분의 성공신념이 여러분의 성공한 내일을 만듭니다.
- 위대한 승리를 바라는 여러분의 마음은 모두가 하나입니다.
  그리고 그 위대한 승리를 이루기 위해 우리가 얼마나 더 많은 땀을 흘려야 하는지도 너무나 잘 알고 있습니다.

수행자 상실

가치판단의 수행자가 생략된 상태에서 코치가 주관적 가치판단을 내리는 것이지만 받아들이는 선수의 입장에서는 그 가치판단이 절대적 준거로 일반화되어 학습되면서 선수의 긍정적인 변화를 기대할 수 있게 해주는 멘탈화법이다.

수행자 상실을 긍정적으로 사용하게 되면 선수의 바람직한 행동을 형성하거나 수정하는데 큰 도움이 된다. 실제로는 코치의 주관이 개입되어 왜곡된 화법이지만 선수의 입장에서는 코치의 말이 절대적 가치나 준거가 되는 효과가 있기 때문에 선수의 부정적인 태도와 습관을 수정하거나 형성하는데도 긍정적인 영향을 미치게 하는 언어기법이다.

- 여러분이 멘탈훈련에 대해서 궁금하게 여기는 것은 관심이에요.
  그것은 아주 긍정적이고 바람직한 태도라고 할 수 있죠.
- 이번 시합은 우리 모두에게 너무나 중요합니다.
  이번 시합에서 우리가 우승하게 된다면 그동안 여러분들의 우승을 위해 힘들게 뒷바라지 해주신 부모님께 최고의 선물이 될 것입니다. 모두 한마음으로 최선을 다할 수 있을까요?
- 내 말에 집중하며 귀를 기울이고 있는 여러분의 바른 태도가 참

으로 믿음직스러워요. 우수한 선수는 바른 태도뿐 아니라 집중력과 수용성도 높다는 사실을 알아야 합니다.

- 여러분이 이번 시합을 준비하며 훈련하는 과정에서 무엇이든 할 수 있다는 자신감을 충전하고 도전정신을 배운 것이 최고의 가치 있는 수확이에요.
- 선수가 규칙적인 생활을 하지 못하고 결석과 지각을 자주 하는 것은 경기력을 방해하는 아주 나쁜 습관이에요.
- 옳아요. 그 말이 옳아요. 여러분의 말이 맞아요.

  스스로 할 수 있다고 말하면 할 수 있게 되는 거예요.
- 시합의 결과인 우승보다 더 소중한 것은 훈련과정에서 열정적으로 최선을 다하며 노력하는 여러분의 태도에요. 그 태도가 먼 훗날 여러분의 더 큰 승리와 영광을 만들어주는 밑거름이 된다는 사실을 명심하세요.
- 여러분의 생각이 틀렸습니다. 그것은 옳지 않아요.

  잘못된 것에 대해 단호하게 아니라고 말하며 결단할 수 있는 여러분의 참된 용기가 필요합니다.
- 목표를 이루기 위해 어떠한 고통과 어려움에도 쉽게 포기하지 않는 오뚜기와 같은 여러분의 강한 멘탈상태가 가장 중요합니다.
- 훈련과정에서 끝까지 포기하지 않고 끈기와 인내심을 가지고 최선을 다한 여러분이 진정한 승리자입니다.
- 이번 시합에서 여러분의 살아있는 강철 멘탈이 최고로 빛이 났습니다. 여러분의 멘탈은 언제나 최고입니다.

- 열정적으로 훈련하며 자신감 있게 큰 함성과 기합을 넣을 수 있는 여러분의 태도가 가장 아름답습니다.
- 실패에 무릎 꿇지 않고 당당한 자신감으로 새롭게 도전할 수 있는 여러분의 강철 멘탈이 자랑스럽습니다.
- 운동을 대충대충한다는 것은 운동을 처음부터 시작하지 않는 것보다 더 나쁜 결과를 얻게 됩니다.
- 좋아, 아주 좋았어. 바로 그거야. 너무 잘했어요.
- 이번 동작은 완벽했어요. 굿입니다.
- 남을 속이는 것은 아주 나쁜 일이죠.
  하지만 자신을 속이는 것은 더 나쁜 일이 됩니다.
- 오늘 시합은 그동안 여러분이 흘린 땀과 노력만큼 결실을 얻게 되는 소중한 날입니다. 오늘이 우리 모두에게 최고의 의미있는 날로 기억될 수 있도록 집중력을 발휘합시다.
- 여러분의 포기하지 않는 도전정신과 하면 된다는 자신감은 미래의 성공을 위한 디딤돌이 될 것입니다.
- 어떤 상황에서도 마음의 흔들림 없이 최선을 다해 경기에 임하는 여러분의 긍정적인 멘탈이 최고에요.
- 실패했을 때 다시 도전할 수 있는 용기와 자신감을 갖는 것이 쉽지는 않아요. 하지만 여러분은 할 수 있습니다. 그것이 바로 여러분이 최고의 선수가 될 수 있는 이유입니다.
- 누구든 남의 말을 함부로 해서는 안 됩니다.
  남의 말을 함부로 하는 것은 아주 나쁜 태도에요.

- 여러분의 호기심과 실험정신이 최고에요.
  여러분이 가진 호기심과 실험정신이 성공을 위한 절대적인 자원이 된다는 사실을 명심하세요.
- 정말 대단하네요. 그것은 너무나 멋진 일이에요.
  이번 승리는 여러분이 흘린 땀의 결실입니다.
- 오늘 여러분 모두가 최선을 다해 열심히 노력하였습니다.
  여러분은 우리의 자랑입니다. 여러분이 최고에요.

인과관계

어느 한 사건이 다른 사건을 야기시키는 원인으로 작용한다는 사실을 암시함으로써 선수가 코치의 말을 저항 없이 쉽게 받아들여 긍정적인 세상모형과 성공신념을 갖게 하는 멘탈화법이다. 앞의 문장과 뒤의 문장이 상관관계가 없어도 앞의 문장이 사실이면 뒤의 문장도 사실로 받아들여 믿음을 만들게 된다.

특히 어린 선수들은 코치가 들려주는 인과관계적인 화법에 절대적인 믿음을 가지기 때문에 대상과 상황에 맞는 활용으로 선수의 긍정적인 변화와 성장을 이끌어내는 코칭도구로 사용할 수 있다. A라는 원인이 B라는 결과를 만든다는 왜곡된 화법이지만 듣는 입장에서는 A로 인해서 B가 생겼다는 사실을 믿게 되는 언어기법이다.

- 여러분은 지금 심상훈련을 하고 있습니다. 눈을 감고 조용히 마음의 소리에 귀를 기울이게 되면 마음이 차분해지고 지금보다 훨씬 더 몰입되는 경험을 하게 될 것입니다.
- 여러분의 함성과 기합소리가 지금보다 두 배로 커진다면 여러분의 자신감은 열 배로 더 커질 것입니다.
- 심호흡을 천천히 반복해보세요. 그러면 지금보다 훨씬 더 편안한 마음을 느낄 수 있을 거예요.
- 여러분이 하면 된다는 절대긍정의 성공신념을 반복해서 말로 하면 성취 가능성이 두 배로 높아지게 됩니다.
- 내가 여러분의 멘탈훈련을 돕는다면 여러분의 운동실력이 지금보다 훨씬 더 좋아질 것입니다.
- 여러분은 지금 힘든 훈련을 마치고 차분하게 앉아 깊은 심호흡을 하며 명상을 하고 있습니다. 차분한 마음으로 오늘 훈련과정에서 잘한 부분과 부족했던 부분을 다시 떠올려보면 자신이 무엇을 더 많이 연습해야 하는지 알 수 있을 것입니다.
- 마음속으로 '할 수 있다'를 열 번 반복해보세요.
  그러면 실제로 할 수 있는 자신감이 생기게 됩니다.
  여러분의 반복적인 생각이 여러분의 상태를 만들게 됩니다.
- 할 수 있다고 생각하면 할 수 있습니다. 할 수 없다고 생각하면 할 수 없습니다. 여러분은 선택할 수 있습니다. 여러분의 지혜로운 선택이 무엇이든 할 수 있는 여러분을 만들어줄 것입니다.
- 시합을 하기 전 이미지 트레이닝을 하게 되면 마음이 안정되고 자

신감이 향상되어 더 좋은 경기결과를 얻을 수 있습니다.

- 여러분은 이번 동계 합숙훈련을 통하여 멘탈이 더욱더 강화되었을 뿐 아니라 운동실력도 많이 향상되고 강해졌습니다.
  여러분의 노력이 오늘의 여러분을 만들었습니다.
- 힘든 훈련과정을 잘 견디고 목표에 초점을 모을 수 있었기에 오늘의 기쁨을 함께 할 수 있게 되었습니다.
- 여러분의 자신감이 묻어있는 강렬한 눈빛과 힘찬 함성소리가 상대팀의 기를 꺾게 될 거예요. 지금 여러분이 가진 할 수 있다는 자신감이 여러분이 원하는 결과를 얻게 만들어 줄 것입니다.
  그것을 여러분이 믿게 되면 그것은 현실이 됩니다.
- 여러분이 지금처럼 최선을 다해 계속 노력한다면 원하는 성취를 반드시 이룰 수가 있게 될 것입니다.
- 오늘 여러분은 최선을 다해 경기를 잘했습니다.
  최선을 다한 여러분의 태도가 승패에 관계없이 여러분 모두를 더 성장시켰습니다. 오늘과 같은 태도로 남은 경기에 최선을 다한다면 분명히 더 좋은 결과가 있을 것입니다.
- 지금처럼 아무런 심리적 간섭 없이 목표에 집중해서 열정적으로 훈련을 반복하면 그 어떤 성취도 이룰 수 있다는 것을 직접 체험하게 될 것입니다.
- 우승을 원한다면 다시 도전하세요. 도전하지 않으면 실패도 하지 않겠지만 성공 또한 할 수 없습니다. 도전하는 용기를 가진 사람만이 성공할 수 있습니다.

- 여러분이 나를 믿고 열심히 훈련에 임해주었고 나 또한 여러분을 믿었기에 우리의 두 믿음이 하나가 되어 오늘의 성공을 가능하게 했어요. 우리의 믿음이 우리를 통제하게 됩니다.
- 분명한 목표가 없이 성공한 선수는 없습니다.
  성공을 원한다면 목표를 선명하게 반복해서 떠올리세요.
  여러분의 목표가 선명하고 분명하다면 그 목표가 여러분을 성공으로 이끌어줄 거예요.
- 우리의 믿음이 우리를 통제합니다. 하면 된다는 절대긍정의 믿음이 우리의 성공을 현실로 만들어줄 거예요.
  우리의 뇌는 그 무엇이든 반복하면 믿음을 만들기 때문입니다.

복문등식

두 가지 별개의 사실을 같은 것으로 동격화함으로써 연합해서 기억하게 만든다. 행동을 형성하거나 수정하는데 활용되며 앞의 정보와 뒤에 제공되는 정보를 같은 것으로 받아들이도록 하여 조건형성시키는 멘탈 화법이다. A와 B는 서로 상관이 없을 수 있는데도 같은 것으로 표현하는 것이다.

복문등식은 선수의 행동형성과 수정을 위해 한 가지 분명한 사실에 변화가 필요한 가치나 선택을 연합시켜 긍정적인 변화를 위한 행동을 하게 만든다. 현재상태보다 더 나은 변화와 교육적 효과를 크게 기대할 수 있으며 간단한 짝짓기를 통해 선수의 긍정적인 태도와 행동을 형성할 수 있는 언어기법이다.

- 최선을 다해서 훈련하며 힘차게 지르는 함성과 기합소리가 여러분의 당당한 자신감이라는 사실을 기억하세요.
- 여러분이 지금 흘리는 땀방울은 우승이라는 목표로 가는 지름길을 밝혀주는 빛이 될 것입니다.
- 여러분이 최선을 다해 땀 흘리며 열심히 훈련을 했다는 것은 그만큼 실력이 향상되었다는 증거가 되고 그 증거는 곧 승리의 시간이 가까워졌다는 뜻이 됩니다.
- 몰입능력은 성공한 선수들이 갖고 있는 공통된 성공자원입니다. 지금 멘탈트레이닝을 하며 몰입하고 있는 여러분의 바른 태도가 바로 성공하는 사람이 갖추어야 할 가장 기본적인 태도에요. 몰입이 곧 성공으로 가는 지름길이라고 할 수 있어요.
- 언제나 최선을 다해 훈련에 임하는 여러분의 열정적인 태도가 우리 모두가 염원하는 승리를 앞당겨줄 것입니다.
- 운동을 학습한다는 것은 뇌에 운동 신경회로를 굵게 만들어 활성화시키는 것입니다. 공부도 뇌에 공부와 관련된 신경회로를 굵게 만들어 활성화시키는 것입니다. 공부할 때 사용한 신경회로와 운동할 때 사용한 신경회로는 서로 비국소성으로 연결되어 있기 때문에 운동을 잘하는 사람이 공부도 잘할 수 있는 것입니다. 그래서 운동에 자신감이 생겼다는 것은 공부에도 자신감을 가질

수 있다는 뜻이지요. 지금 여러분이 하고 있는 운동이 곧 공부이며 공부가 곧 운동이 됩니다.

- 새로운 기술을 배우는 과정에서 질문을 할 수 있는 선수는 자신의 목표가 분명하고 지금 해야 할 과제에 더 큰 관심과 호기심을 갖고 있다는 것을 의미합니다.
- 여러분이 또다시 도전할 수 있다는 것은 여러분의 마음속에 아직도 승리에 대한 뜨거운 염원이 식지 않았다는 뜻입니다.
  도전은 언제나 아름다운 것입니다. 여러분의 아름다운 도전을 함께 응원하겠습니다.
- 경기는 이길 수도 있고 질 수도 있습니다. 중요한 것은 지고 있는 경기상황에서도 루틴과 자기강화를 통해 마음의 여유를 잃지 않는 여러분은 자신을 스스로 통제할 수 있는 강한 멘탈능력을 가진 훌륭한 선수라고 할 수 있습니다.
- 새로운 기술과 전술을 잘 받아들이고 반복연습을 통해 그것을 자신의 실력으로 만들 수 있는 여러분은 성공의 주인공이 될 자격이 충분히 있는 우수한 선수입니다.
- 무엇이든 할 수 있다는 긍정적인 멘탈과 성공신념은 우수한 선수가 반드시 가져야 할 중요한 가치입니다.
- 여러분은 더 업그레이드된 최고의 선수가 되기 위해 지금 이곳에서 힘든 훈련을 하고 있습니다. 중요한 것은 훈련이 많이 힘든 만큼 우리의 승리 가능성이 그만큼 더 높아지고 있다는 사실입니다. 힘든 훈련은 바로 승리를 의미합니다.

- 눈을 감은 상태에서 이미지 트레이닝을 통해 시합상황에서의 운동기술과 동작을 오감적으로 생생하게 떠올리며 느낄 수 있다는 것은 여러분의 집중력과 멘탈능력이 점점 더 좋아지고 있다는 사실을 증명해주는 것입니다.
- 지금 여러분이 바른 자세로 앉아 나의 이야기를 경청할 수 있다는 것은 여러분의 마음가짐이 곧고 바르며 집중력이 뛰어나다는 것을 의미하지요.
- 여러분이 그동안 힘든 훈련을 잘 극복했다는 것은 앞으로 어떤 시합에서도 잘할 수 있는 선수가 되었다는 뜻입니다.
- 중요한 기술을 처음 배우는 것이 힘들다는 것은 그만큼 그것이 배울 가치가 있다는 것을 의미하지요. 쉽게 이루어지는 것보다 어렵고 힘들게 이루는 것이 더 가치가 있습니다.
- 다른 사람을 지도할 수 있는 능력을 가지고 있다는 것은 먼저 자신의 능력에 대한 믿음을 바탕으로 남을 이끌 수 있는 자성과 탁월한 리더십을 가졌다는 것을 의미합니다.
- 명상시간에 눈을 감은 상태에서 깊은 호흡을 느낄 수 있다는 것은 완전한 집중상태에서 트랜스를 느끼고 있는 것입니다.
- 부모님과 내가 여러분에게 잔소리를 많이 하는 것은 여러분을 더 많이 사랑하고 있기 때문입니다.
- 여러분은 나에게 언제나 최고의 선수입니다.

그리고 여러분 한 명 한 명이 모두 소중한 나의 제자입니다.

나는 여러분을 믿습니다. 여러분에 대한 나의 믿음과 나에 대한 여러분의 믿음이 하나가 될 때 우리의 목표는 반드시 이루어지게 될 것입니다.

기본가정

어떤 사실에 대해 코치가 언어적으로 가정함으로써 그 가정을 선수가 사실로 받아들이게 되어 변화와 성장을 이끌어내는 멘탈화법이다. 기본가정은 코치에게 아주 유용한 언어적 기술이라고 할 수 있다.

코치의 기본가정에 대해 선수가 답을 하거나 반응하게 되면 코치의 숨은 의도를 동시에 수용하게 됨으로써 선수의 빠른 변화와 성장을 자연스럽게 이끌어내는 코칭 도구로 사용할 수 있는 간접적인 멘탈언어 기법이다.

- 여러분은 지금의 상태나 결과보다 더 좋은 상태와 결과를 만들어 내는 선택을 할 수 있는 유연성과 자결성을 가지고 있습니다. 그것을 언제 알 수 있습니까?
- 지금까지 여러분이 이룬 성공보다 더 큰 성공을 위해 지금 당장 어떤 선택을 해야 할까요?
- 처음부터 너무 빨리 잘하려고 무리하지 않아도 괜찮아요. 차분하게 천천히 다시 시작해보세요.
- 바르게 앉은 자세에서 심호흡을 크게 반복하며 천천히 눈을 감을

때 느끼는 편안함을 알아차릴 수 있다면 이제 여러분은 보다 더 안정된 마음상태를 유지할 수 있게 됩니다.

- 멘탈트레이닝을 통해 여러분의 변화하는 모습을 꼭 빨리 보고 싶은 것은 아니에요. 사람마다 변화의 속도가 다르고 성공의 크기도 다르니까요. 여러분의 변화를 응원합니다.
- 여러분의 기합소리가 어제보다 얼마나 더 강해졌는지를 스스로 확인해보세요. 여러분의 기합소리가 더 강해졌다면 여러분의 자신감과 집중력이 어제보다 얼마나 더 좋아졌는지를 스스로가 알 수 있지 않을까요?
- 여러분은 과거에도 지금과 같은 놀라운 집중력을 가졌던 경험이 있을 거예요. 그렇다면 앞으로 여러분의 집중력이 어떤 놀라운 변화와 성공을 더 크게 가져올 수 있을까요?
- 오늘 승리를 한 후 느끼고 있는 이 자신감을 잃지 않고 오랫동안 지속시키려면 어떻게 해야 할까요?
- 여러분이 지금처럼 용기 있게 도전할 수 있다면 다음에는 어떤 용기 있는 행동을 더 많이 할 수 있을까요?
- 집중된 상태에서 경기를 했을 때 여러분의 마음이 얼마나 차분하고 편해졌는지를 생각해보세요.
- 훈련할 때 느끼는 지금의 이 자신감을 내일 시합을 할 때도 그대로 사용할 수 있을 것입니다.
- 지금 이 순간 훈련에 몰입하는 여러분의 긍정적인 태도가 어떤 더 좋은 성취결과를 만들어 줄 수 있을지를 생각해본다면 가슴 설레

임을 느낄 수 있지 않을까요?

- 여러분이 운동을 통해 얻게 된 자신감과 집중력, 리더십이 앞으로 여러분의 미래에 얼마나 큰 도움이 될지를 생각해본다면 어떤 마음의 자세로 운동을 해야 할지 알 수 있을 것입니다.
- 깊은 몰입상태에 들어가기 전에 느꼈던 긴장과 각성이 잠시후 사라지고 완전한 자유로움을 느끼게 될 것입니다.
- 여러분은 발전된 자신의 지금 현재 모습보다 더 발전된 자신의 멋진 모습을 떠올릴 때 어떤 느낌이 드나요?
- 여러분은 열정적으로 땀 흘리며 운동하면서 자신이 얼마나 훌륭한 멘탈과 긍정적인 태도를 가졌는지를 생각해보았나요?
  변화된 현재상태 이상의 더 나은 여러분의 변화를 기대합니다.
- 여러분은 운동을 통해서 많은 지혜를 얻었습니다. 그 지혜가 여러분의 더 큰 성취를 이끌어줄 마중물이 될 것입니다.

포괄적 수량화

일부의 것을 전부로 또는 조금이라도 있는 것을 전무한 것으로 묘사하는 표현방법이며 왜곡과 일반화가 일어나게 하여 선수의 긍정적인 변화와 성장을 이끌어내는 멘탈화법이다.

포괄적 수량화는 '모든', '항상', '늘', '전부', '모두'와 같이 많은 사람들이 선택한 것은 정의롭고 안전하다는 심리적 요인이 작동된다.

암묵적으로 숨어 들어오는 코치의 긍정적인 코칭 의도를 선수가 수용하게 하여 변화와 성장을 이끌어내는 언어기법이다.

- 목표를 이루기 위해 언제나 쉬지 않고 열심히 훈련하는 여러분은 모두가 성공할 수 있습니다.
- 부모님은 언제나 여러분을 응원하고 있습니다.
  부모님의 사랑을 항상 가슴에 새기는 사람이 되어야 합니다.
  모든 성공한 선수의 뒤에는 부모님의 믿음과 희생이 있다는 사실을 여러분 모두가 잘 알고 있을 것입니다.
- 지금부터 모두 눈을 감아보세요. 여러분 모두가 눈을 감은 상태에서 완전한 깊은 호흡을 천천히 느낄 수 있을 때 완전한 이완과 집중상태를 느낄 수 있을 것입니다.
- 우리는 아무도 완전하지 않아요. 다만 우리는 완전하기 위해 쉬지 않고 반복적인 훈련을 하며 최선을 다할 뿐이죠.
  항상 최선을 다하는 여러분이 최고입니다.
- 우리가 지금처럼 한마음으로 뜻을 모아 최선을 다해 경기에 임한다면 이루지 못할 일이 있을까요?
- 여러분이 그동안 훈련과정에서 배웠던 모든 기술과 전술, 멘탈이 연합되어 여러분을 완전히 다른 능력을 가진 훌륭한 선수로 성장시키는 디딤돌 역할을 하고 있습니다.
- 여러분이 멘탈트레이닝을 통해 완전한 자신감과 집중력을 키운다면 여러분은 이루지 못할 일이 전혀 없어요.

여러분 안에 승리를 위한 모든 자원이 가득합니다.

- 우리에게는 언제나 꿈과 희망을 선택할 자유의지가 있습니다. 그것을 우리 모두가 잘 알고 있잖아요.
- 지금껏 항상 그래왔듯이 나는 언제나 여러분을 위해 최선을 다할 것입니다. 나는 여러분을 믿습니다.
- 우리의 멘탈과 운동실력은 다른 어떤 팀보다 우수합니다. 우리는 그 누구도 도전하지 못했던 극기훈련을 통해 최고의 강팀으로 완전히 바뀌었습니다. 그것을 나도 알고 있고 여러분도 알고 있습니다.
- 우리는 힘든 훈련과정을 함께 견디어내며 모두 하나가 되었습니다. 우리는 모두가 하나입니다. 모두가 서로를 믿고 하나가 될 수 있을 때 승리는 우리의 것이 될 것입니다.
- 우리 앞에 놓인 장애물과 시련이 아무리 크다해도 자신감 넘치는 여러분에게는 아무런 방해가 될 수 없어요.
- 마음과 몸이 완전히 일치된 몰입상태에서는 모두가 자신의 능력을 100% 이상 사용할 수 있어요.
- 여러분이 지금처럼 언제나 변함없이 최선을 다해 열정적으로 훈련을 한다면 항상 승리할 수 있는 여러분이 될 거예요. 언제나 여러분의 열정을 응원합니다.
- 여러분이 언제나 최선을 다해 열정적으로 노력해 왔기 때문에 앞으로 더 좋은 일들만 계속 생길 거예요. 모든 기회는 준비된 사람에게만 허용된 선물입니다.

- 집중할 수 있다면 무엇이든 학습이 가능합니다.
  이 기술은 집중력만 가진다면 누구나 쉽게 배울 수 있어요.
  늘 그래왔듯이 이번에도 집중해서 잘할 수 있을 거예요.
- 지금 이곳에 있는 여러분 모두가 잘 알고 있겠지만 할 수 있다는 여러분의 반복된 생각과 말이 성공신념이 되어 여러분의 모든 성취를 가능하게 해줄 것입니다.
- 우리 팀의 코치와 스텝, 모든 선배들이 여러분을 최고의 선수로 만들기 위해 함께 도움을 줄 거예요. 앞으로 최고의 선수가 될 여러분을 환영합니다.
- 여러분이 한 가지 기술에 대해 완전히 잘할 수 있는 능력을 가지게 되었다면 다른 것을 배울 때도 더 쉽게 배울 수 있는 능력을 가졌다는 것을 의미합니다.
- 늘 그래왔듯이 이번에도 좋은 결과를 예상합니다. 성공은 여러분이 흘린 땀의 양에 의해 결정된다는 사실을 기억하세요.
- 여러분의 의식과 무의식을 목표에 일치시킬 수만 있다면 그 어떤 것도 이루지 못할 일이 없습니다.
- 성공한 모든 선수들의 공통점은 먼저 일치된 자기 자신을 만나고 남들보다 더 많은 반복 트레이닝을 통하여 그들이 원하는 목표를 이루었다는 사실입니다.
- 이번 시합에서 어느 팀이 승리할지는 아무도 알 수 없습니다.
  하지만 여러분 모두는 알고 있습니다. 여러분의 강한 멘탈이 여러분이 원하는 성취를 이루게 해준다는 것을 말입니다.

시합 결과를 우리가 선택할 수 없지만 승리를 위한 멘탈상태와 노력은 우리의 자유의지로 얼마든지 선택할 수 있습니다.
그 선택이 무엇이든 결과는 여러분의 선택에 의해 결정됩니다.

서법기능어

코치가 선수의 성장 가능성과 필연성을 암시함으로써 선수의 좁혀진 멘탈의 경계를 확장하고 방향성과 목표에 초점을 맞추어 건강한 멘탈과 생활의 규범을 규정하는 효과를 기대할 수 있는 멘탈화법이다.
서법기능어는 가능성과 필연성에 대한 규범을 명확하게 만들어 긍정적인 세상모형과 관점을 형성하여 선수의 변화와 성장을 이끌어내는 언어기법이다.

∴ 가능성

- 그동안 최고의 훈련과정을 거쳐 완성된 여러분의 정신력과 실력은 최고입니다. 여러분은 언제든지 마음만 먹으면 그 정신력과 실력을 활용하여 원하는 목표를 성취할 수 있습니다.
- 여러분의 분명한 목표를 성취할 수 있는 지금 현재에서의 용기 있는 선택과 행동이 미래에 더 크고 담대한 성취를 이루는 소중한 씨앗이 될 수 있을 것입니다.

- 훈련과정에서 보여준 여러분의 집중된 마음자세와 열정적인 태도가 다가올 시합에서 반드시 승리할 수 있는 힘이 되어 줄 것이라고 굳게 믿습니다.
- 여러분이 원하는 것을 선명하게 떠올려보세요.
  여러분의 목표가 분명하다면 그 목표가 여러분을 이끌어줄 것입니다. 스스로 할 수 있다는 결단만 할 수 있다면 말입니다.
- 이번 시합에서는 그동안 열심히 훈련한 만큼 우리가 원하는 목표를 분명히 이룰 수 있을 것입니다. 여러분이 흘린 귀중한 땀방울은 어떠한 경우에도 여러분을 속이지 않습니다.
- 여러분 마음속에 선명하고 생생한 목표를 세울 수 있다면 그 목표가 여러분을 이끌어 줄 것입니다. 이것이 끌어당김의 힘입니다.
  여러분 마음속에 선명하게 새겨진 목표가 원하는 성취를 반드시 실현시켜줄 수 있을 것입니다.
- 오늘의 패배를 발판삼아 다시 한 번 더 도전한다면 우리가 원하는 승리에 한 발짝 더 가까이 다가갈 수 있습니다.
- 여러분은 할 수 있습니다. 여러분이 할 수 있다는 생각을 반복적으로 하고 그것을 말로 표현하면 현실이 되는 것이 멘탈이 가진 초능력적인 성취의 힘입니다.
- 지금처럼 마음을 차분하게 가라앉히고 정신을 집중한다면 훨씬 더 쉽고 빠르게 배울 수 있게 됩니다.
- 만약에 여러분이 지금보다 더 강한 멘탈능력을 가지게 된다면 그동안 훈련을 통해 익혀온 기술들이 보다 더 완벽함을 갖출 수 있

게 될 것입니다.

■ 우리는 할 수 있습니다. 할 수 있다는 절대긍정의 멘탈을 선택할 수 있는 자유 의지가 우리에게 있습니다. 그리고 그것을 선택하는 순간 여러분은 할 수 있는 사람으로 이미 변화하게 됩니다.
그 변화가 여러분의 성취를 실현시켜주게 될 것입니다.

∴ 필연성

■ 여러분은 이번 시합에서 이기기 위해 최고의 집중력과 강한 멘탈로 최상의 실력을 발휘하여야 합니다.

■ 우리는 반드시 승리해야 합니다. 우리는 승리하기 위해 할 수 있는 모든 선택과 노력을 다해야만 합니다.

■ 지금하지 않으면 영원히 할 수 없을지도 모릅니다.
그래서 지금 바로 시작해야 하는 것입니다.
내일부터, 다음부터는 우리가 사용해야 할 말이 아닙니다.
우리는 지금 바로라는 말을 사용해야 합니다.

■ 여러분은 자신을 돌아보아야 합니다. 자신을 만나지 못하는 사람은 다른 사람을 이길 수 없습니다. 다른 사람을 이기기 위해서는 자신의 장점과 단점을 먼저 알아야만 하는 것입니다.

■ 이제 우리의 목표를 더욱더 분명히 보아야 하고 그 목표를 이루기 위해 모든 자원을 일치시켜 나아가야 합니다.

■ 반복적인 훈련을 통해 승리할 수밖에 없는 우리의 상태를 만

들어야 합니다. 훈련 없는 승리는 존재하지 않습니다.

- 지금 여러분은 힘든 체력강화훈련을 받고 있습니다.
최고의 선수가 되기 위해 여러분은 이 힘든 과정을 반드시 스스로의 힘으로 이겨내야만 합니다. 나는 여러분이 반드시 해낼 수 있을 것이라고 믿습니다.
- 어떤 형태로든 우리는 새로운 도전을 위한 시작을 해야 합니다.
그것은 옳고 틀림의 문제가 아닙니다. 우리에게는 승리에 대한 목마른 갈증이 있기 때문에 새로운 도전과 시작을 지금 바로 시작해야만 하는 것입니다.
- 이제 목표를 성취할 수 있는 시간이 얼마 남지 않았습니다.
우리는 절대로 포기하면 안 됩니다. 승리의 우승컵을 손에 쥘 때까지 끝까지 최선을 다해야만 합니다.
- 우리는 승리할 수 있습니다.
그리고 우리는 반드시 승리해야만 합니다. 여러분은 승리를 위한 훈련과 노력을 지금 바로 선택할 수 있습니다.
- 무엇이든 반복하면 뇌는 그것을 사실로 받아들여 믿음을 만듭니다. 그 믿음이 반복되어 자신감을 더 키울 수 있도록 우리는 연습하고 또 연습해야만 합니다.
- 여러분 스스로 할 수 있다고 생각하면 할 수 있습니다.
무엇이든 성취하기 위해서는 먼저 여러분 마음속에 할 수 있다는 생각의 씨앗을 뿌려 믿음을 키워야 합니다.
- 여러분의 함성과 기합소리가 지금보다 두 배로 커진다면 자신감은

열 배로 더 높아지게 된다는 사실을 명심하세요.

- 여러분 누구나 도전할 수 있습니다.
  그리고 도전하는 여러분의 적극적인 태도가 원하는 승리의 결과를 가져온다는 사실을 알아야 합니다.
- 우리는 승리할 수 있습니다. 우리는 반드시 승리해야 합니다.
  승리하기 위해 먼저 승리할 수 있다는 믿음을 가져야 합니다.

비구체적 동사

코치가 구체적이지 못하고 추상적인 막연한 동사를 사용함으로써 이야기의 빈 공백을 선수 스스로 채워 넣고 구체화시킬 수 있도록 하여 변화를 유도하는 멘탈화법이다.

비구체적 동사는 구체적인 행동이나 내용이 빠져있기 때문에 그 빈틈을 선수가 긍정적으로 해석하고 채워 넣도록 하여 긍정적인 변화를 유도하는 언어기법이다.

- 여러분 모두가 바른 태도와 최고의 집중상태에서 힘든 훈련을 아주 잘하고 있어요.
- 중요한 시합을 앞두고 승리를 위하여 힘든 훈련을 이겨내며 최선을 다하여 집중하는 태도가 마음에 들어요.
- 여러분은 모두가 언제나 최선을 다하고 있어요.

여러분의 그러한 태도가 우리 팀이 최고로 좋은 성적을 낼 수 있는 힘이 되고 있습니다.

- 여러분이 이룩한 지금까지의 성취를 디딤돌로 활용하여 더 큰 성취를 향해 앞으로 전진합시다.
- 여러분이 성공을 꿈꾸며 그 꿈을 이루기 위해 지금처럼 포기하지 않고 도전할 수 있다면 언젠가는 자신이 원하는 멋진 성공의 주인공이 되어 있을 것입니다.
- 여러분은 그동안 최선을 다해 열심히 노력해왔습니다.
  더 큰 발전과 승리를 위해 지금까지 해왔던 것처럼 열심히 한다면 여러분의 노력에 대한 보상이 있을 것입니다.
- 우리는 그동안 잘해왔던 것처럼 앞으로도 잘할 수 있습니다.
  성공한 선수들이 했던 것처럼 그대로 모델링하여 따라한다면 그와 같은 결과를 얻게 될 것입니다.
- 오늘 경기에서 좀 더 좋은 결과를 얻기 위해 여러분이 지금 무엇을 어떻게 해야 할지 생각해보세요.
- 문제가 발생했던 상태의 생각으로 문제를 해결하기 위한 답을 찾으려 하기 때문에 해결이 힘이 듭니다. 지금과는 다른 좀 더 나은 방법으로 새롭게 생각해보세요.
- 그동안 여러분의 뜨거운 열정과 노력으로 훌륭한 실력을 갖춘 것에 대해 칭찬하고 싶습니다.
- 여러분의 성취를 이루어주는 멘탈의 힘에 대해 궁금했습니다.
  여러분이 언제 자신의 내면에 있는 멘탈의 힘을 활용하고 무한 성취의 자원과 에너지를 만나서 원하는 성취를 이룰 수 있을지를 말입니다. 그리고 여러분이 지금 내 말을 듣고 집중하게 되면 자신의 소중한 성취 자원을 지금 바로 만날 수도 있고 잠시 후에 만날 수도 있지만 여러분은 운동을 하는 사람들이기 때문에 더 빠르게 만날 수 있습니다.

지금 이 순간 집중된 여러분의 상태가 내 말에 더 집중하도록 만들어 줄 것입니다. 여러분이 운동을 할 때 이 놀라운 집중력을 활용하여 얼마나 더 많은 성취를 이룰 수 있을지가 기대됩니다.

이제 여러분 모두가 무한 성취 자원을 사용할 수 있는 놀라운 집중력으로 무엇이든 도전하고 성취할 수 있는 위대한 멘탈능력을 갖게 되었습니다.

■ 여러분의 자신감 넘치는 당당한 태도가 보기 좋습니다.

부가의문문

진술문 형태의 말 뒤에 질문이 부가되면서 선수가 코치의 말에 저항하거나 거부하지 못하고 수용하게 만드는 멘탈화법이다.

부가의문문은 진술문에 대한 굳히기의 효과를 얻는 화법으로 상담이나 코칭에 유용하게 활용이 가능하다. 강압적이거나 추궁하는 느낌이 들지 않도록 적절한 감정조절과 목소리를 사용하여야 한다.

문장으로 보면 질문의 형태를 취하고 있지만 진술문 뒤에 오는 부가의

문문이 코치의 말을 받아들이게 하여 선수의 긍정적인 변화와 성장을 이끌어내는 언어기법이다.

- 여러분은 그동안 힘든 훈련과정을 통해서 자신감과 집중력이 많이 좋아졌습니다. 그것을 느낄 수 있나요?
- 운동을 잘하는 사람이 공부도 잘한다고 말하죠. 운동할 때 사용하는 신경회로와 공부할 때 사용하는 신경회로가 다르지 않기 때문이라고 합니다. 이 사실을 여러분도 알고 있나요?
- 여러분 모두가 최선을 다해 시합을 잘 마쳤어요.
  경기결과에 관계없이 최선을 다한 여러분 모두가 진정한 승리자입니다. 여러분도 그렇게 생각하지 않나요?
- 여러분은 이번 극기심을 키우는 합숙훈련을 통해 할 수 있다는 자신감이 크게 높아졌습니다. 그렇지 않나요?
- 여러분은 할 수 있습니다. 할 수 있다는 여러분의 생각이 중요합니다. 할 수 있다는 생각이 할 수 있는 여러분을 만듭니다.
  할 수 있겠습니까?
- 스포츠에서 노력은 언제나 아름다운 것이죠. 그렇지 않나요?
- 누가 씩씩하고 당당하게 먼저 용기를 내어 도전할 수 있을지 궁금합니다. 한번 볼까요?
- 여러분은 우리나라의 자랑스러운 대표선수입니다.
  국가대표는 자신의 운동실력도 중요하지만 흔들림 없는 멘탈능력을 가지고 있어야 해요. 여러분은 어떤가요?

- 여러분이 대한민국의 희망입니다. 여러분이 할 수 있다고 생각하면 할 수 있습니다. 할 수 있겠습니까?
- 여러분은 어떤 상황에서도 이길 수 있다는 믿음과 자신감을 가지고 있습니다. 앞으로도 여러분의 믿음과 자신감을 기대할게요.
  충분히 기대해도 되겠죠?
- 훈련 중에 산만한 행동이나 장난을 치는 습관은 본인뿐만 아니라 다른 선수에게도 피해를 줍니다. 그래도 장난과 산만한 행동을 계속해야 할까요?
- 우리는 부정적인 말과 행동이 나쁘다는 것을 잘 알고 있습니다.
  여기에 있는 여러분은 부정적인 말과 행동을 하지 않을 것이라고 믿습니다. 나의 믿음을 믿어도 될까요?
- 여러분이 최선을 다해 열정적으로 운동하는 모습을 보면서 기분이 너무나 좋습니다. 계속 잘할 수 있겠죠?
- 여러분이 지금 흘리고 있는 땀의 차이가 메달의 색깔을 결정한다는 사실을 항상 명심하세요. 잘 알겠습니까?
- 땀은 우리를 배신하지 않습니다.
  땀 흘리지 않는 선수는 스스로를 배신하는 것입니다.
  그것을 모르는 사람이 있나요?
- 위대한 성취를 이룬 스포츠 선수들의 공통점은 그들에게는 분명한 목표가 있었으며 그 목표가 아주 선명하고 컸다는 사실입니다. 여러분도 크고 선명한 목표를 가진다면 그와 같은 성취를 이룰 수 있습니다. 그것을 믿을 수 있습니까?

참조색인결여

구체적으로 누가 무엇을 하는지 밝히지 않고 전달되지만 듣는 선수는 그 말을 자신의 이야기로 일반화시켜 사실로 받아들이게 됨으로써 운동수행향상에 긍정적인 영향을 미칠 수 있는 멘탈화법이다.

참조색인결여는 행위자를 막연하고 추상적으로 일반화시켜 선수가 저항 없이 받아들이게 되는 효과가 있다. '여러분', '사람들은', '그들은', '누구나', '우리', '어떤 사람'과 같이 직접적으로 자신을 지목하지 않지만 그 말을 듣게 되면 그 말 속에 선수가 갇히게 되면서 자신의 것으로 상상하고 받아들여 긍정적인 변화와 성장을 이끌어내는 언어기법이다.

- 누군가 할 수 있다면 여러분도 할 수 있습니다.
  누군가 금메달을 목에 걸었다면 다음 금메달을 목에 거는 주인공은 바로 여러분이 될 것입니다.
- 만약에 누군가가 그 무엇을 이루지 못한다면 그 이유는 마음속에 그 무엇이 없기 때문입니다. 먼저 마음속에 그 무엇을 창조하는 멘탈의 힘을 활용할 수 있다면 누구든지 자신이 원하는 것을 이룰 수 있습니다.
- 자기 자신을 어떻게 생각하느냐 하는 것을 '자기개념'이라고 합니다. 여러분은 자기 자신의 위대한 가치를 어떻게 생각하고 표현할 수 있나요?
- 여러분은 자기 자신에 대해 어떻게 생각하고 있나요?

여러분은 스스로가 생각하는 자기 자신보다 훨씬 더 훌륭한 사람이라는 것을 항상 명심하세요.

■ 자신감이 낮은 사람은 자신이 가진 능력의 1%도 사용하지 못하지만 자신감이 높은 사람은 자신이 가진 능력뿐 아니라 다른 여러 사람의 능력과 환경의 자원을 함께 사용할 수 있는 리더십을 가지게 됩니다. 여러분이 운동을 하는 이유는 여러분의 자신감과 리더십을 더 높이기 위한 것입니다.

■ 운동을 하면 누구나 자신감이 높아지죠.
여러분은 지금 어떤 자신감을 가지고 있나요?
운동을 통해서 앞으로 어떤 자신감을 더 갖고 싶은가요?

■ 어떤 사람의 행동을 보면 그 사람의 마음을 알 수 있습니다.
사람들의 행동에는 마음이 묻어나기 때문입니다.
그래서 여러분은 더 많은 훈련을 통해 당당하고 자신감 넘치는 행동을 할 수 있는 마음의 능력을 가져야 합니다.

■ 그들은 모두가 큰 시합을 앞두고 있는 상황에서 당당하고 자신감이 넘치는 모습을 보여주고 있어요.

■ 우리 주변에는 오늘 해야 할 일을 오늘 하지 않고 내일로 미루는 사람들이 많습니다. 오늘 하지 못하는 사람은 내일도 할 수 없다는 것을 우리는 잘 알고 있습니다. 우리가 맞이하는 내일은 오늘의 연장이기 때문입니다. 운동을 하는 여러분은 그런 게으른 사람과는 다릅니다.

■ 여러분도 다 알다시피 성공을 위해서 노력하는 것만큼 소중한 가

치는 없습니다. 성공은 노력하는 사람에게 주어지는 보상이기 때문입니다. 하지만 우리 주변을 살펴보면 일부의 사람들만이 그 노력의 가치를 알고 있습니다.

- 여러분은 운동을 할 때 얼마나 최선을 다해 노력하나요?
  여러분 중에 누가 얼마나 더 많은 노력을 하고 있는지 나는 잘 알고 있습니다.
- 사람들은 누구나 마음만 먹으면 무엇이든 할 수 있어요.
  여러분이 원하는 성취를 이룰 수 있는 힘은 여러분의 마음에 있다는 것을 잊지 마세요.
- 이제 모두가 잘 알겠지만 그래도 한 번 더 강조합니다.
  그들의 성공은 결코 우연히 아니라는 사실을 기억하세요.
  바로 훈련, 훈련, 훈련의 반복이었습니다.
- 이제 여러분은 힘든 훈련을 마치고 드디어 시합에 나가게 되었습니다. 시합은 훈련을 통해 향상된 여러분의 실력으로 승리를 확인하러 가는 것입니다.
- 그들이 그렇게 했던 것처럼 여러분도 그렇게 할 수 있습니다.
  많은 훈련을 통해 실력이 향상된 여러분이 그들보다 훨씬 더 좋은 결과를 얻을 수 있을 것이라고 확신합니다.
- 지금처럼 최선을 다해 노력한다면 여러분이 생각했던 것 이상으로 더 큰 성공을 할 수 있게 될 것입니다.
- 위대한 성공을 이룬 사람들의 공통적인 특성을 살펴보면 그들은 대부분 멘탈능력이 뛰어났다는 사실입니다.

- 위대한 성취를 이룬 선수들은 일반 선수들보다 훨씬 더 많은 땀을 흘리며 노력한다는 사실입니다.
- 용기 있는 누군가는 새로운 일에 먼저 도전을 합니다.
  우리 중에 누가 먼저 용기 있는 도전을 해볼까요?
- 기합과 대답소리를 크게 하는 선수가 자신감과 집중력이 높다는 사실을 여러분이 더 잘 알고 있을 것입니다.
  기합과 대답소리는 여러분의 자신감과 집중력을 나타내고 있다는 사실을 언제나 명심하세요.
- 여러분의 느낌과 생각, 말, 행동을 목표에 일치시키는 훈련을 반복한다면 원하는 목표를 더 빨리 이루게 됩니다.

비교생략

구체적인 비교대상을 생략한 상태에서 마치 그것이 사실인 것처럼 이야기하면 선수가 그 말에 어떠한 의심이나 저항 없이 사실로 받아들이게 하는 멘탈화법이다.

비교생략은 비교대상이 생략된 문장이지만 그 생략된 대상이 있다는 기본전제를 받아들임으로써 선수의 초점이 코치의 말에 모아지면서 긍정적인 변화와 성장을 이끌어내는 언어기법이다.

- 우리 팀의 출석률이 최고로 좋습니다.

그것은 무엇보다도 자랑스러운 일입니다.

- 이번 승리는 그 어떤 것과도 비교가 안 되는 큰 기쁨과 자긍심을 우리에게 안겨주었습니다.
- 우리 팀의 멘탈훈련 프로그램과 코치의 코칭능력이 최고라는 사실을 모르는 사람이 없습니다.
- 그동안 여러분이 일관성 있는 훈련 프로그램을 실천하여 운동실력이 많이 늘었어요. 앞으로도 지금처럼 계속 노력한다면 여러분의 실력이 점점 더 좋아지게 될 것입니다.
- 심호흡을 크게 반복해보세요. 여러분의 마음과 몸이 보다 더 나른해지면서 편안함을 느낄 수 있을 것입니다.
- 지금 여러분이 보여주고 있는 최고의 집중상태는 더 높은 수준의 완전한 몰입 능력을 갖게 해줄 것입니다.
- 여러분의 자신감이 지금보다 두 배로 커진다면 최고의 상태에서 더 좋은 결과를 얻을 수 있습니다.
- 그동안 여러분이 흘린 땀과 노력이 우리 팀을 모두가 부러워하는 전국 최고의 명문팀으로 만들었습니다.
- 지금 바로 더 나은 성취를 위해 새로운 결단을 할 수 있다면 그것이 최고의 선택이 될 수 있습니다.
- 여러분이 원하는 성취를 이룰 수 있는 방법은 무엇일까요?
  그것은 남들보다 두 배의 노력을 하는 것입니다.
  노력은 우리를 절대로 배반하지 않기 때문입니다.
- 규칙적인 반복 훈련을 통해 더 강해지고 실력이 향상될 수 있습니

다. 지금 우리가 선택할 수 있는 것은 시합에 대한 결과가 아닙니다. 지금 우리가 선택할 수 있는 것은 반복 훈련뿐입니다.

그것이 최고의 선택이 될 것입니다.

- 여러분이 다른 선수보다 집중력과 자신감, 멘탈상태가 더 좋은 이유가 무엇일까요?

  그것은 바로 여러분이 멘탈트레이닝을 더 많이 했기 때문입니다.
- 여러분의 실력이 점점 향상되고 멘탈이 보다 더 강해지는 모습을 지켜보면서 여러분의 더 많은 변화와 성공하는 미래의 모습이 기대됩니다. 여러분은 앞으로 더 큰 변화와 성취를 이루는 성공한 선수가 될 것입니다.
- 지금 여러분은 너무나 잘하고 있습니다. 그리고 점점 더 좋아지고 있어요. 앞으로도 더 잘하게 될 거예요.
- 어제보다 훨씬 잘하네요. 아주 좋아요.

  조금만 더 집중해서 노력한다면 날마다 실력이 향상된 자신을 만날 수 있게 될 거에요.
- 여러분의 의견대로 하는 것이 더 좋을 것 같습니다.

  그것이 지금 우리에게 최고의 선택이 될 것 같아요.

현재경험에 맞추기

현재 상황에서 사실을 그대로 이야기함으로써 현재 사실에 대해 부정할 수 없는 상태에서 뒤에 제공되는 정보에 대해 선수가 분석이나 저항 없이 코치의 이야기를 그대로 받아들여 믿음을 가지게 만드는 멘탈화법이다. 사실을 기반으로 현재경험에 맞추어 말을 하면 현재의 사실 뒤에 따라오는 어떤 말도 사실로 받아들이게 됨으로써 코치가 의도하는 교육적 효과를 기대할 수 있다.

중요한 것은 선수의 현재경험에 대한 관심과 관찰이며 그것을 긍정적으로 유도할 수 있는 코치의 언어코칭능력이다.

이 화법은 현재경험에 맞추어 이야기하기 때문에 선수가 어떠한 저항이나 거부도 할 수 없게 만들어 수용성을 높이는 언어기법이다.

- 여러분은 지금 자리에 앉아 바른 자세에서 나의 말에 귀를 기울이고 있습니다. 그리고 차분한 마음으로 조용히 눈을 감고 심호흡을 크게 반복하면 너무나 편안한 마음이 될 것입니다.
  이 편안한 마음이 바로 여러분의 몰입 능력입니다.
  완전한 몰입은 초능력을 발휘하게 하는 멘탈의 힘입니다.
- 지금 밖에는 비가 내리고 있고 바람이 많이 불고 있습니다.
  시합을 앞두고 있는 여러분이 이럴 때 실내에서 어떤 훈련을 해야 경기력 향상에 도움이 될 수 있을까요?
- 열심히 훈련하고 있는 여러분의 적극적인 자세와 태도를 보면서 여러분이 얼마나 빠르게 실력이 향상될 수 있을지 충분히 알 수 있을 것 같습니다.
- 지금처럼 초점이 일치된 집중상태에서 훈련을 반복하게 된다면 실

력이 향상된 수준에서의 일관성을 갖게 되어 시합에서도 좋은 성적을 낼 수 있습니다.

- 심호흡을 크게 세 번 반복해보세요. 그리고 눈을 감아보세요.
  심호흡을 한 후에 눈을 감게 되면 마음이 차분해지고 몸이 이완되는 느낌을 가질 수가 있습니다.
- 오늘 우리는 한 시간 동안 함께 땀 흘리며 열심히 운동을 했습니다. 함께 운동을 한 후에 정좌자세에서 오늘 운동했던 과정에 대해 명상을 하며 선명하게 회상해봅니다.
  명상을 통해 좋은 기억은 더 강하게 응고화시키고 나쁜 기억은 수정하거나 분리시켜 날려버릴 수 있습니다.
- 우리는 같은 팀에서 같은 유니폼을 입고 함께 운동하는 동료이기 때문에 우리 모두는 하나입니다. 땀이 피보다 더 진하다는 말은 여러분처럼 열정적으로 운동을 하며 땀을 흘려본 사람만이 이해할 수 있습니다.
- 여러분이 열심히 운동하는 과정에서 많이 힘들다고 느낄 때가 있을 것입니다. 그 힘든 느낌이 강할수록 그것을 극복하는 과정에서 여러분의 멘탈은 더 강해지게 될 것입니다.
- 여러분이 지금처럼 최선을 다해서 스스로 훈련하는 적극적인 태도와 자강불식의 마음자세가 앞으로 더 많은 성취를 이루게 해주는 힘이 될 것입니다.
- 여러분이 지금처럼 천천히 심호흡을 계속함에 따라 몸이 이완되면서 마음의 안정감을 갖게 될 것입니다.

- 여러분이 숨을 크게 내쉬고 깊이 들이마실 때마다 마음이 얼마나 차분해지고 이완되는지를 직접 느껴보세요.
- 여러분은 자리에 앉아 편하게 호흡을 하며 눈을 감은 상태에서 내 목소리를 듣고 있습니다. 집중된 상태에서 내 목소리를 듣게 되면 더욱더 또렷이 들리게 됩니다.
- 여러분이 지금처럼 밝은 표정으로 훈련에 참가해주는 것을 보니 오늘 훈련이 잘 될 것 같아요.
- 여러분의 이마에 맺힌 땀방울이 흘러내릴 때 여러분의 운동실력이 보다 더 향상된다는 사실을 명심하세요.
- 이번 훈련을 통해 변화된 자신의 모습을 떠올려보세요.
  여러분의 변화된 모습을 충분히 떠올릴 수 있을 것입니다.
- 지금 여러분은 무엇을 하고 있나요?
  스스로를 관찰해보세요. 여러분 모두가 서로 다른 모습으로 최선을 다하고 있는 자신을 발견하게 될 것입니다.
- 나는 오늘 여러분의 훈련 모습을 보고 깜짝 놀랐습니다.
  스스로 최선을 다해 운동하는 여러분의 열정을 지켜보면서 여러분의 꿈이 반드시 이루어질 것이라고 확신했습니다.

이중속박

선수에게 긍정적인 두 가지를 제시한 후에 한 가지를 선택하게 하여 어느 것을 선택하든 코치가 원하는 바람직한 결과로 유도하는 멘탈화법이다. 어린 선수의 경우 선택을 쉽게 할 수 있도록 의도적으로 이중속박을 사용하여 도움을 줄 수도 있다.

이중속박은 두 가지 중에서 하나를 선택하게 만들어 어떤 선택을 하던 선수가 변화할 수밖에 없는 외통수가 된다.
특히 나이가 어린 선수의 경우 너무 많은 정보가 제공되면 정보간섭에 의해 빠른 선택과 결단을 방해받게 되기 때문에 코치가 의도적으로 이중속박을 통해 선택을 쉽게 할 수 있도록 유도해준다. 제시된 것 중에 무엇을 선택하든지 코치가 의도한 대로 긍정적인 변화와 발전을 이룰 수 있는 언어기법이다.

- 여러분의 체력향상을 위해 여름 야외훈련을 산으로 가는 것이 좋을까요, 바다로 가는 것이 좋을까요?
- 여러분이 하루 일과를 마친 후 운동일지를 훈련장에서 바로 작성하는 것이 좋을까요, 아니면 숙소에서 잠자기 직전에 하는 것이 좋을까요?
- 여러분은 지구력을 향상시키는 체력훈련으로 줄넘기를 하고 싶나요, 아니면 오래달리기를 하고 싶나요?
- 이번 주 멘탈트레이닝 수업을 혼자서 하는 방법과 단체로 하는 방법 중에서 어느 것이 좋을까요?
- 운동수행향상을 위한 이미지 트레이닝 자세가 앉아서 하는 것이 좋을까요, 누워서 편하게 하는 것이 좋을까요?

- 여러분의 자신감을 향상시키는데 큰 도움이 되는 기합소리를 키우기 위해 배에 힘을 넣는 것과 정신을 집중하는 것 중에 어느 것을 먼저 하는 것이 도움이 될까요?
- 여러분의 정신력을 강화시켜주는 이미지 트레이닝을 운동하기 전에 하는 것이 좋을까요, 마치고 하는 것이 좋을까요?
- 여러분이 원하는 목표를 이루기 위해 빨리 결단을 내리든 천천히 결단을 내리든 여러분의 결단이 더 큰 성취를 이루는 힘이 될 것입니다. 여러분은 어떤 결단을 내릴 것인가요?
- 규칙적인 멘탈트레이닝을 통해 얻은 성과인 자신감과 집중력 중에서 어느 것이 더 많이 좋아졌나요?
- 반복된 훈련을 통해 변화된 자신의 모습을 스스로 관찰해보세요. 멘탈적인 변화가 더 많은지, 신체적인 변화가 더 많은지를 알 수 있을 것입니다.
- 여러분이 더 좋은 성적을 낼 수 있는 능력을 키우기 위해서는 자신감과 집중력이 중요합니다. 이 중요한 두 가지 중에서 여러분은 어느 것을 더 많이 사용하고 있나요?

의문문형 진술문

형식상으로는 의문문 형태로 표현되지만 내용상으로는 진술문적 표현으로 전해지기 때문에 비권위적인 모습을 띄게 되면서도 구속력을 가진 멘탈화법이다. 이러한 의문문형 진술문으로 표현되는 코치의 말은 선수로 하여금 자신도 의식하지 못하는 가운데 수용되고 반응하게 만들어 코치가 원하는 선수의 긍정적인 변화와 멘탈을 강화하는 효과를 기대할 수 있다.

의문문형 진술문은 듣는 선수의 입장에서는 자신이 스스로 선택할 수 있다는 자결성과 존중받는 느낌의 자존감을 높여주게 된다.
표면적으로는 직접적인 지시가 아니지만 듣는 선수의 입장에서는 거부할 수 없는 암묵적인 지시로 받아들여지기 때문에 긍정적인 변화와 성장을 이끌어내는 힘을 가진 언어기법이다.

- 우리가 그동안 최선을 다해 열심히 노력한 만큼 원하는 승리를 할 수 있다는 사실을 알고 있나요?
- 우리가 용기를 갖고 도전한다면 성공의 시기가 빠르고 느리고의 차이가 있을 뿐 반드시 성공할 수밖에 없다는 분명한 사실을 모두가 알고 있지 않습니까?
- 지금부터 내가 하는 말에 좀 더 초점을 맞추고 집중하는 수용적인 모습을 보여줄 수 있겠습니까?
- 여러분은 운동선수로서 스스로 연습을 할 수 있는 자유의지와 자결성을 얼마나 많이 갖고 있나요?
- 여러분은 자신이 알고 있는 자신의 존재보다 훨씬 더 훌륭한 사람이라는 사실을 언제부터 알고 있었나요?
- 여러분이 가진 간절한 꿈의 크기와 선명도만큼 꿈이 현실에서 반

드시 이루어진다는 믿음을 가지고 있습니까?

- 만약 여러분이 지금보다 두 배로 더 노력한다면 1년 후에 여러분에게 어떤 결과가 나올 수 있을까요?
- 여러분이 흘린 땀의 양에 따라 여러분의 운동실력이 향상된다는 것을 잘 알고 있다면 지금 어떤 마음의 자세로 운동을 해야 하는지도 잘 알고 있지 않을까요?
- 운동실력이 점점 더 향상되면서 여러분의 자신감과 집중력도 더 좋아졌다는 것을 느끼고 있나요?
- 후배를 사랑으로 지도해주는 것이 팀 전체의 전력을 높여주는 가치 있는 행위라는 사실은 여러분도 알고 있지요?
- 더 좋은 성적을 내기 위해 지금보다 좀 더 훈련에 집중하는 열정적인 모습을 보여준다면 어떤 변화가 있을까요?
- 이미지 트레이닝을 통해 열심히 운동하는 자신의 모습을 생생하게 떠올릴 때 실제 운동을 하는 것처럼 느껴지나요?
- 여러분은 지금보다 운동을 더 잘하기 위하여 훈련 전에 어떤 멘탈트레이닝이 필요하다고 생각하나요?
- 여러분 모두의 지혜와 힘을 다 같이 모은다면 이 어려움을 쉽게 극복할 수 있지 않을까요?
- 자리에서 일어나 창문으로 천천히 걸어가 닫혀있는 창문을 열고 자연의 건강한 기운을 마음껏 느껴볼 수 있나요?
- 많이 바쁘지 않다면 잠시만 이야기할 시간이 될까요?
- 중요한 부탁이 있는데 들어줄 수 있을까요?

- 나에게 지금 여러분의 도움이 절실히 필요합니다.
  여러분은 나에게 도움을 줄 수 있는 마음이 있나요?
- 언제나처럼 오늘도 여러분이 열정적으로 최선을 다해 운동하는 멋진 모습을 보고 싶은데 기대해도 될까요?

과다인용

선수가 자신의 의식적 분석이나 저항없이 코치의 이야기를 그대로 받아들여 믿음을 갖도록 하기 위해 정도 이상으로 인용을 많이 하는 멘탈화법이다.

과다인용을 통해 코치의 말에 절대적인 믿음을 만들어 그것이 실제라는 긍정의 착각을 할 수 있게 하는 효과를 얻는다. 불확실한 정보나 불안한 상황에서는 절대적인 가치나 준거를 찾아 심리적 안정감을 유지하려는 것이 사람들의 보편적 심리이다.

특히 나이가 어린 선수들은 자신이 직접 경험하지 못한 정보나 상황에 대해 다른 사람의 행동이나 사례에서 믿음을 만들어 준거를 형성하게 된다. 코치가 전하고자 하는 메시지에 대해 과다인용을 활용함으로써 선수가 저항없는 수용을 통해 긍정적인 변화를 이끌어낼 수 있는 중요한 도구로서의 기능을 하는 언어기법이다.

- 위대한 성취를 이룬 모든 스포츠 영웅들의 공통점을 보면 그들은

모두가 집중력이 좋았다는 사실입니다. 여러분 주위를 잘 관찰해 보세요. 공부나 운동을 잘하는 사람들의 공통점 중에서 특히 집중력이 더 뛰어나다는 사실을 알 수 있을 것입니다.

중요한 것은 여러분도 운동을 열심히 하면서 향상된 집중력으로 더 좋은 성적을 낼 수 있게 되었다는 사실입니다.

- 우리 팀이 전국대회에서 12회를 우승한 기록과 여러분 선배들이 훌륭하게 이루어 놓은 성취를 보고 주변 사람들 모두가 우리 팀과 선수 여러분을 부러워하고 있습니다.

  이번에 우리 팀이 전국 최우수팀으로 선정된 것은 여러분 모두가 열심히 노력해서 얻은 소중한 결실입니다. 여러분이 최고입니다.

  이 소중한 결실을 더 꽃피우기 위해 지금껏 해온 훈련보다 더 많은 훈련이 필요하다는 사실을 우리 모두가 알아야 합니다.

- 우리 팀에서 운동을 했던 여러분의 선배 중에서 훌륭하게 된 사람들이 많다는 사실을 여러분도 잘 알고 있을 것입니다.

  오늘은 훌륭한 성취를 이룬 여러분의 선배 중에서 특별히 세 명을 소개하겠습니다.

- 지금 이곳에 앉아서 내 말에 귀를 기울이고 있는 여러분은 이 세상에 단 한 명 밖에 없는 소중한 존재입니다.

  여러분의 건강한 성장과 무한한 성취를 위해 항상 관심과 사랑을 아끼지 않으시는 고마운 사람들을 떠올려보세요.

  부모님과 선생님, 선배, 친구가 있습니다. 그리고 그 누구보다 여러분을 아끼고 사랑하는 훌륭한 감독님과 코치가 함께 하고 있다는 사실을 분명하게 기억하세요.

- 역사적으로 위대한 성취를 이룬 스포츠 영웅들은 자신의 분명한 사명과 그 사명을 실현하기 위한 목표를 가지고 있었습니다.
  여러분이 기억하고 있는 역사적인 스포츠 영웅 중에서 세명만 추천한다면 누가 있을까요?
  그들이 가진 분명한 자신의 사명과 목표가 위대한 성취를 이루는 힘이었습니다. 여러분의 사명과 목표는 어떤 것인가요?
  여러분의 사명과 목표를 말로 하면 성취를 위한 두 배의 힘을 얻게 되고 글로 쓰게 되면 열 배의 힘을 얻게 된다면 여러분의 목표에 대해 어떻게 표현해야 할까요?
- 어떤 모임에서 다른 팀 코치 선생님을 여러명 만났는데 그 선생님들 모두가 우리 팀 선수들의 실력이 뛰어나며 특히 시합을 할 때는 최선을 다해서 너무 잘한다고 칭찬을 아끼지 않았습니다.
  그 말을 들은 모든 사람들이 고개를 끄덕이며 함께 칭찬할 때 나는 여러분이 너무나 자랑스러웠습니다.
- 이번 평창 동계올림픽에서 우리나라 국가대표선수가 경기에서 지고 있는 불리한 상황에서도 끝까지 포기하지 않고 '할 수 있다'는 자기 확신 멘탈을 반복하여 메달을 획득했던 모습을 보았을 것입니다. 이것은 동계스포츠에서 멘탈이 얼마나 중요한가를 알 수 있게 해줍니다. 골프나 양궁, 사격 등도 대표적인 멘탈 스포츠로서 선수의 멘탈상태에 따라 경기결과가 완전히 달라지게 됩니다.

선택제한침해

인간과 동물만이 감정을 가질 수 있는데도 불구하고 생명이 없는 물질이나 무생물을 의인화하는 문장형태로 표현함으로써 코치가 얻고자 하는 선수의 긍정적인 변화와 성장을 이끌어내는 효과를 기대할 수 있는 멘탈화법이다.

의인화 기법은 듣는 순간 뇌가 일시적으로 트랜스 상태에 빠짐으로써 그것을 사실로 받아들이게 되어 선수의 변화와 성장을 이끌어내고 원하는 행동을 유도하거나 수정하는 언어기법이다.

- 여러분, 끝없이 펼쳐진 수평선을 바라보세요.
  저 넓게 펼쳐진 수평선이 우리에게 더 큰 꿈과 용기를 가지라고 격려의 말을 전하고 있습니다.
- 저 넓은 바다가 우리에게 손짓하며 반갑게 맞이하고 있습니다.
  그리고 그 넓은 가슴으로 우리를 담아주며 오염된 우리의 생각과 잡념들을 깨끗이 씻어주고 있습니다.
- 여러분, 기억하세요. 벽에도 귀가 있다는 것을...
- 저 빛나는 태양이 우리에게 언제나 희망을 잃지 말라고 응원하고 있습니다. 내일도 태양은 뜬다고 말합니다.
- 대지의 꿈틀거리는 기운이 여러분에게 다시 도전하라고 강하게 외치고 있습니다. 여러분 안에 숨겨져 있는 용암처럼 불타오르는 승리에 대한 열망을 끄집어내라고 말입니다.

- 태산은 우리에게 작은 티끌도 마다하지 않는 마음으로 몰입된 상태에서 최선을 다하라고 충고합니다.
- 바람이 우리에게 전하는 말을 잘 들어보세요.
  바람이 우리에게 따뜻한 말로 아주 잘하고 있다고 격려를 보내주네요. 마음의 소리로 바람의 말을 들을 수 있다면 언제 어디서나 바람의 격려소리를 들을 수 있어요.
- 여러분이 집중해서 멘탈트레이닝을 할 때 바람과 태양도 조용히 숨죽이고 여러분을 도와주고 있습니다.
- 저 큰 바위가 우리에게 어떤 자극과 충격에도 흔들림 없이 무게중심을 잘 잡으라고 충고해줍니다.
- 여러분이 운동 중에 강력한 힘을 느낄 수 있는 기합을 크게 넣을 때마다 저 건너 숲속의 나무들이 우리에게 잘하고 있다는 응원의 큰 메아리를 들려줍니다.
- 뜨겁게 타오르는 태양이 말하기를 우리 가슴에 용광로처럼 뜨거운 열정이 묻혀있다고 말합니다. 위대한 성취를 이룬 스포츠 선수들은 자신의 가슴에 묻어둔 뜨거운 열정을 끄집어내어 사용할 줄 알았습니다.
- 한 겨울의 추위가 사람들을 괴롭힐 수도 있습니다.
  하지만 운동을 하는 우리에게 겨울의 추위는 더 이상 우리를 힘들게 하거나 방해하지 못합니다. 겨울의 추위도 여름의 더위도 멘탈이 강한 선수들에게는 성공으로 가는 소중한 징검다리가 되고 디딤돌이 될 뿐입니다.

- 가슴을 활짝 열고 열정적으로 운동할 때 어떤 기분인가요?
  완전한 몰입을 느낄 수 있나요?
- 불끈 쥔 주먹이 외치는 소리를 들어보세요.
  난 무엇이든 할 수 있다고 외치는 주먹의 소리를 들을 수 있다면 다시 도전할 수 있습니다. 그리고 다시 도전해야만 합니다.
- 하늘은 우리에게 항상 말합니다. 자기처럼 높고 큰 꿈을 가지라고 말입니다. 꿈의 크기가 여러분을 이끌어줍니다.
- 숲속의 저 새들이 열심히 지저귀는군요.
  자신들처럼 부지런한 태도를 배우라고 말입니다.

명사화

선수를 코칭하는 과정에서 긍정적이고 교육적 가치가 담긴 코치의 언어가 시간적으로 고정되고 명사화됨으로써 선수가 언어에 구속되어 긍정의 신념을 가지게 만드는 멘탈화법이다.

코치가 무의식적으로 들려주는 명사화된 긍정적인 언어가 선수를 구속하게 된다. 코치의 긍정적인 언어는 선수의 긍정적인 세상모형과 자신의 유연한 경계를 만들고 안전지대를 확장시켜 성취하는 삶의 주인공이 되는 기초를 닦아준다.

만약 코치가 부정적으로 명사화된 언어를 사용하게 되면 선수를 부정의 틀에 구속시키게 된다. 부정적인 언어는 선수를 자기 제한 신념이

지배하는 세상모형에 갇히게 만들어 자신의 경계와 안전지대를 축소시키고 환경의 수많은 긍정적 자원과 단절시킨다.
코치의 언어 하나하나가 선수의 뇌신경회로 구조를 바꾼다는 사실을 알아야 한다. 이 화법은 선수의 긍정적인 변화와 성장을 이끌어내는 세상모형을 만들 수 있는 언어기법이다.

- '훈련'이 힘들고 많이 고통스러울수록 여러분이 가진 '사명'과 '목표'를 성취시켜주는 '힘'이 된다는 '믿음'을 가져야 합니다.
  그 '믿음'이 여러분을 '통제'하고 있다는 사실을 명심하세요.
- 실패에 대한 두려움으로 포기하는 것은 언제라도 '결정'할 수 있습니다. 그것은 누구라도 할 수 있는 쉬운 일이니까요.
  그리고 포기하지 않고 계속 '도전'하는 '결정'도 본인의 '결단'으로 언제든지 할 수 있습니다. 우리가 진정 두려운 것은 실패가 아니라 '도전'을 포기하는 우리 속의 게으름과 나약한 마음입니다.
  우리가 포기하고 싶을 때가 '성공'이 가까이 다가온 것이라는 사실을 '명심'해야 합니다.
- 여러분 모두가 자신 안에 있는 성취 자원에 대한 '믿음'을 확인해 보세요. '운동'을 하면서 가지게 된 여러분 안에 있는 놀라운 '자원'을 알아차리고 '관심'과 '노력'으로 자신의 긍정적인 '자원'과 '강점'을 찾아내어 트레이닝할 수 있다면 얼마나 더 큰 '성취'를 이룰 수 있을까요?
- 우리는 운동을 잘하는 사람을 '사랑'합니다.

하지만 우리가 더 좋아하고 '사랑'하는 사람은 운동을 잘하고 못하고 관계없이 '최선'을 다해 열심히 운동하는 사람입니다.

여러분이 운동을 할 때 '최선'을 다해 열심히 '노력'한 결과는 그것이 어떤 것이라도 최고의 '가치'가 있는 것이기 때문입니다.

오늘 '최선'을 다해 열심히 '노력'한 여러분이 '최고'입니다.

- 여러분이 운동을 통해서 얻게 된 '자신감'과 '집중력'이 여러분의 성장과정에서 얼마나 중요한가를 잘 알고 있습니다.

  그래서 여러분의 '미래'에 대한 '꿈'과 '비전'을 실현시켜 줄 수 있는 중요한 능력인 '자신감'과 '집중력'을 가질 수 있도록 도와주기 위해 멘탈트레이닝을 시작하겠습니다.

- 운동을 하면서 여러분이 우수하고 탁월한 '능력'을 가지게 되었다는 것을 어떻게 확인할 수 있을까요?

  예를 들어 여러분의 '자신감', '집중력', '예절', '노력', '목표', '배려', '도전', '용기' 등에서 어떤 '변화'와 '성취'를 확인할 수 있나요?

  그리고 앞으로 운동을 통해 자신의 '능력'을 얼마나 더 많이 키울 수 있을까요?

- 여러분, '꿈'을 크게 가지세요. 여러분이 가진 '꿈'의 크기만큼 '꿈'은 현실에서 반드시 이루어지게 될 것입니다.

- 위대한 '성취'를 이룬 최고의 선수는 일반 선수가 갖고 있지 못한 그들만의 탁월한 멘탈능력을 갖고 있었습니다. 그들에게는 분명한 '사명'과 '목표'가 있었고 그것을 이루기 위해 수많은 시련과 좌절을 이겨내며 끊임없이 '도전'을 계속 했습니다.

모호성

코치가 들려주는 말이 서로 다른 의미를 가졌지만 발음이 비슷하거나 말의 초점을 흐리는 단어를 사용한다. 문맥의 범위를 확장하거나 축소하여 사용하게 되면 일시적으로 모호성을 느끼게 되어 선수의 마음이 트랜스 상태에 머물러 있게 된다. 이러한 트랜스 상태에서 마지막에 강조하는 코치의 말은 아주 강력한 메시지가 되어 의식을 우회하여 잠재의식에 그대로 녹아들기 때문에 선수가 아무런 저항없이 받아들이게 되는 멘탈화법이다.

사람의 뇌는 모호한 정보가 입력되면 그것을 해석하기 위해 모든 신경망을 활성화시키게 되고 모호한 정보가 연속해서 입력되면 뇌는 일순간 정보처리에 혼돈상태를 겪으면서 트랜스에 빠진다.

모호성에 의한 트랜스 상태에서 입력되는 코치의 말은 선수에게 강력한 영향력을 미치기 때문에 선수의 긍정적인 변화와 성장을 유도해낼 수 있는 언어기법이 된다.

- 여러분의 마음이 내 마음이고 내 마음이 여러분의 마음이라면 어찌 우리가 같은 마음이 아니라고 할 수 있겠습니까?
  우리는 모두가 하나된 마음으로 열심히 해야 합니다.
- 여러분의 당당한 모습이 마치 어릴 때의 나를 보는 것 같아 감회가 새롭습니다. 나의 어릴 때와 여러분의 지금 모습이 전혀 다르지 않군요. 비슷한 우리는 모두가 당당하고 자신감이 넘치는 강

한 멘탈을 갖고 있기 때문에 우리의 목표가 반드시 실현될 것이라고 믿어 의심치 않습니다.

- 저 배를 보세요. 저 배의 주인은 배를 좋아하고 배를 많이 먹어 배가 볼록하게 솟아있어요. 배를 먹고 있는 배위의 저 사람은 배가 불러 배탈이 나서 더 이상 배를 타지 못하고 배에서 내려 배를 만지며 배밭으로 가서 화장실을 찾고 있어요.
  무엇이든 과한 욕심은 부족한 것보다 못하다고 했습니다.
  작은 것부터 하나하나 이루어가는 우리의 집중된 노력이 더 좋은 결과를 만들어줄 것입니다.
- 가을 하늘은 참으로 아름답습니다. 하늘에서 하늘거리는 하늘색 구름을 보면서 우리는 하늘거리는 마음으로 가을의 아름다움을 느낄 수 있습니다. 가을은 참으로 아름다운 계절입니다.
  이 아름다운 계절에 땀 흘리며 열심히 하는 훈련은 여러분의 성취하는 미래를 약속합니다.
- 차를 타고 가다가 갈증이 나서 차를 마셨는데 차가 움직이는 바람에 차가 차에 쏟아졌습니다. 차를 타고 갈 때는 항상 안전에 주의를 기울여야 하듯이 운동을 할 때 제일 중요한 것이 여러분의 안전의식입니다.
- 우리는 모두가 자신만의 꿈을 가지고 있습니다.
  우리가 꾸는 꿈이 크든 작든 그 꿈이 선명하다면 꿈이 빨리 이루어질 수도 있고 늦게 이루어질 수도 있지만 여러분의 꿈이 반드시 이루어지게 된다는 믿음을 가지는 것이 중요합니다.

우리의 믿음이 우리를 통제하고 있다는 사실을 깨달았다면 선명한 꿈에 대한 믿음이 꿈을 이루게 해주는 힘이 될 거에요.

■ 나는 잘 알고 있습니다. 여러분이 얼마나 많은 가능성과 잠재력을 가진 귀하고 소중한 존재인가에 대해서 말입니다.

운동을 빨리 잘하든 늦게 잘하든 그것은 사람마다 다른 것일 뿐이에요. 운동을 빨리 잘하고 늦게 잘하고의 차이는 여러분이 얼마나 노력하는가의 차이가 만드는 결과일 뿐입니다.

여러분의 노력이 여러분이 원하는 성취의 결과를 이룰 수 있게 해주기 때문입니다.

■ 여러분의 마음을 들여다보세요.

무엇이 보이나요? 무엇이 들리나요? 무엇이 느껴지나요?

마음을 볼 수 있는 사람도 있고 마음을 들을 수 있는 사람도 있지만 마음을 느낄 수 있는 사람도 있습니다.

우리의 마음에 가득차 있는 자신감을 찾아보세요.

여러분 마음 어딘가에 있는 자신감을 더 크게 키워보세요.

자신감이 없는 사람은 없습니다. 찾지 못했을 뿐입니다.

여러분의 마음속에 있는 자신감을 찾을 수 있을 때 여러분은 더 이상 어제의 여러분이 아닙니다. 그동안 여러분은 운동을 통해 많은 자신감을 갖게 되었고 앞으로도 운동을 통해 더 많은 자신감을 가지게 될 것입니다.

■ 여러분, 올 한해가 얼마 남지 않았습니다.

다가오는 신년에는 더 큰 신념을 가져야겠습니다.

우리가 신년에 가져야할 새로운 신념은 어떤 것이 있을까요?

■ 겨울을 맞이하여 여러분이 추위를 이길 수 있는 강인한 체력을 길러 언제 어디서나 추위에 움츠리지 않는 당당하고 건강한 상태로 겨울을 보낼 수 있기를 바라는 마음으로 추위를 이길 수 있는 능력을 가지게 해주는 강도 높은 운동을 시작하겠습니다.

마음의 준비가 되었습니까?

■ 잘했어요. 아주 잘했어요. 그래 바로 그것입니다.

이렇게 잘하는 여러분의 모습이 진짜 자신의 모습이라는 사실을 지금 알았던 그 이전에 알고 있었던 상관없이 여러분이 잘하고 있다는 사실이 중요한 것입니다. 여러분 안에 이렇게 잘할 수 있는 능력을 가지고 있었다는 사실을 이제 확실히 알았습니까?

앞으로 자신의 진짜 모습을 더 많이 찾으며 더 잘할 수 있는 여러분이 되기를 바랍니다. 앞으로 여러분은 누가 도움을 주지 않더라도 스스로 자신의 진짜 모습을 찾고 잠재된 능력을 충분히 발휘할 수 있게 될 것입니다.

■ 여러분이 자신에 대해서 어떻게 생각하든 다른 사람이 여러분을 어떻게 생각하든 상관없이 자신이 생각하는 자신보다 훨씬 더 훌륭한 사람이라는 것을 알아야 해요.

할 수 없다고 생각하면 할 수 없습니다. 하지만 할 수 있다고 생각하면 누구나 할 수 있게 되는 것이 멘탈의 힘입니다.

할 수 있고 없고의 선택을 할 수 있는 것은 오로지 자기 자신밖에 없다는 사실을 마음에 새기세요.

■ 하면 된다는 생각이 여러분을 할 수 있는 사람으로 만들어줄 것입니다. '할 수 있다'를 계속해서 반복해보세요.

그러면 실제로 할 수 있는 멘탈의 힘을 가지게 될 것입니다.

활용

주변에서 발생하는 모든 상황과 정보, 언어를 긍정적인 자원으로 전환하거나 활용하여 선수의 긍정적인 변화와 성장을 이끌어내는 멘탈화법이다. 선수와 관련된 그 어떤 것도 변화와 성장을 위한 훌륭한 자원이 아닌 것이 없다. 심지어 선수가 가진 부정적인 관점이나 세상모형에 대해서도 코치의 긍정적인 피드백을 통해 변화와 성장을 위한 자원으로 활용할 수가 있는 멘탈언어코칭능력을 가져야 한다.

■ [태권도선수]

저는 태권도는 좋아하지만 겨루기는 싫고 자신이 없어요.

그래서 태권도를 하기 싫어졌어요.

[코치]

겨루기가 자신이 없고 싫다는 말을 하고 있는 네 마음을 충분히 이해할 수 있을 것 같구나. 왜냐하면 아직 너는 겨루기를 잘할 수 있는 충분한 기초훈련과 연습이 부족하기 때문에 지금 너의 말이 당연한 거야. 태권도를 좋아하면서도 아직은 겨루기에 자신이 없고 하기 싫은 마음이 있다면 지금 너의 자신감을 향상시키기 위해서 어떤 연습이 더 중요할까?

그리고 네가 만약 반복적인 훈련을 통해 네 안에 잠들어 있는 자신감을 찾는다면 어떤 상태로 변화할 수 있을까?

충분한 연습이 안 된 상태에서 너무 빠르게 자신의 능력을 부정하는 것은 비합리적 신념이 될 수 있지 않을까?

긍정적으로 변화된 네 생각을 듣고 싶은데...

■ [골프선수]

저는 요즘 연습할 때 심리적 간섭 때문에 집중이 잘 안돼요.

[코치]

괜찮아. 아직은 집중이 잘 안될 거야.

누구나 처음에는 집중이 잘 안 되는 경험을 하게 되지.

네게는 시간이 더 필요할 뿐이야. 아직은 집중을 잘하기 위한 강한 신경회로가 만들어지지 않았기 때문에 집중이 안 되는 상태에 있을 뿐이지. 네 자신이 집중을 못하는 것이 아니라 집중할 수 있는 상태로 가는 과정일 뿐이야.

■ [축구선수]

이번 시합에 져서 화가나 미치겠어요.

[코치]

시합에 졌을 때 순간적으로 화가 나는 것은 아주 자연스러운 감정표현이지. 왜냐하면 그것은 더 잘하고 싶고 이기고 싶은 긍정적인 마음에서 생기는 건강한 감정표현이기 때문이야.

사람들이 '실패는 성공의 어머니'라고 하는 이유가 실패했을 때 더 큰 지혜의 힘을 얻을 수 있기 때문이지. 지금 시합에 져서 괴로운 감정을 느낄 수 있다면 그것을 벗어나기 위해 스스로 새로운 동기와 지혜를 얻게 될 수도 있을 거야.

지금 네가 느끼는 화는 더 잘하고 싶은 너의 건강한 감정이며 그 감정을 잘 느끼고 긍정적으로 활용할 수 있는 지혜로운 사람이 된다면 이번 시합경험이 어떤 상황에서도 자신을 조절할 수 있는 강한 멘탈을 갖게 만드는 계기가 될 거야.

■ [테니스선수]

모든 것이 내 마음대로 잘 안돼요.

연습을 많이 해도 잘 안돼서 짜증이나요.

[코치]

네가 연습을 많이 했는데도 네 마음대로 잘 안돼서 짜증이 난 것이구나. 그래, 네가 최선을 다했는데도 잘 안되면 짜증이 날 수도 있지. 네 마음 충분히 알 것 같다.

나도 그럴 때가 많았었지. 나는 처음에 잘 안 될 때 운동을 그만두고 싶은 생각도 들었지만 다른 선수보다 두 배 이상 노력해서 나중에는 최고의 실력을 갖게 되었어. 나의 경험으로는 처음부터 잘하는 것보다 더 많은 연습을 통해서 경험한 후에 잘하는 것이 훨씬 더 가치 있는 배움이 되었단다.

내가 보기에는 네가 그동안 많은 연습을 통해 안 되는 방법을 알았다면 더 잘할 수 있는 방법도 찾을 수 있을 것 같은데...

내가 함께 하면서 도와준다면 잘할 수 있는 방법을 조금 더 일찍 찾지 않을까? 내가 보기에 넌 충분히 할 수 있는 재능이 있어. 그리고 난 널 믿어. 넌 지금보다 훨씬 더 훌륭한 선수가 될 거야.

말의 성취력

성공한 사람들은 그들만의 독특한 언어적 차별성을 갖고 있다. 성공한 선수들은 사용하는 말이 다르고 그들의 말에는 마음과 혼이 담겨있다. 스포츠멘탈코칭에서 코치가 사용하는 언어를 바꾸게 되면 선수의 멘탈상태가 바뀌게 된다.

인간의 존재현상에 관한 실존주의적 존재이론을 전개한 독일의 철학자 하이데거는 "언어는 존재의 집이다"라고 했다. 이 말은 인간의 사고와 행동은 사용하는 언어수준을 넘지 못한다는 뜻을 갖고 있다. 코치로부터 선수가 반복해서 듣는 멘탈언어는 뇌에 굵은 신경회로를 형성하여 자신의 존재와 정체성을 만들고 목표를 이루기 위한 일치된 초점을 만들어 원하는 성공을 이루게 하는 힘을 갖게 해준다.

PART 7

멘탈트레이닝 실기

스포츠 멘탈트레이닝의 필요성

연습할 때 느끼는 불안과 각성은 비교적 일정한 적정 각성수준을 유지한다. 그러나 시합직전이나 시합 중에는 불안과 각성이 다양한 원인으로 불규칙하고 심하게 나타난다.

멘탈트레이닝은 경기상황적 요소로부터 생긴 심리, 생리, 행동적 불안에 대한 반응 현상을 해소 또는 감소시키고 자신감과 집중력을 높여 운동수행효과를 향상시킨다. 경쟁불안을 효율적으로 통제, 조절하기 위해서는 상황적응훈련 및 멘탈트레이닝을 통한 심리적 조절방법을 터득하는 것이 도움이 된다.

자기 확신 멘탈트레이닝

선수가 슬럼프에 빠지거나 성적이 좋지 않아 의기소침하여 부정적 사고를 갖고 있을 때 이러한 생각을 멈추게 하고 과제지향적 암시로 대치함으로써 긍정적 뇌 회로를 활성화시켜 자신감을 회복시켜주는 것이 필요하다. 일관성 있는 멘탈상태를 유지하여 경기에 임하며 본인의 운동기능을 최대한 발휘할 수 있게 하는 훈련과정을 자기 확신 트레이닝이라고 한다.

우리 뇌는 그 무엇이든 반복하면 사실로 받아들이고 그것에 대한 믿음을 만들어 스스로를 통제한다. 특히 반복된 느낌과 생각, 말은 뇌에 굵은 전용 신경회로를 만들어 자동화시킨다.

- 선수의 잠재된 긍정적인 자원을 찾게 된다.
- 자신감과 자기효능감이 향상된다.
- 목표에 대한 지향적 동기유발효과가 있다.
- 경기상황에 대한 부정적 사고를 제거해준다.
- 정보간섭을 차단하여 운동과제에 대한 집중력을 높여준다.
- 성공적인 결과와 관련된 신경회로를 강화한다.
- 경기에 대한 심리적 부담감을 줄여준다.

∴ 훈련기간 멘탈트레이닝

기상 멘탈트레이닝

- 서서히 편안한 상태로 잠에서 깨어난다.
- 천천히 눈을 뜨며 누운 자세 그대로 숨을 크게 마시고 내쉬면서 자유롭게 기지개를 켠다.
- 몸을 편하게 누운 상태에서 천천히 호흡을 깊게 하며 30초 정도 완전한 자유를 느낀다. 이때 다시 잠이 들려고 하면 온몸이 쭉쭉 펴지도록 움직인다.
- 심신의 긴장을 이완하고 호흡을 편안하게 조절하면서 긍정적 자기 확신 암시를 반복 실시한다.

【자기 확신 암시】

- 편안하게 푹 잘 잤다.
- 잠을 푹 자고 나니까 머리가 맑고 상쾌하다.
- 오늘 아침 에너지가 넘치고 몸상태가 너무 좋다.
- 오늘은 좋은 일이 많이 생길 것 같은 느낌이 든다.
- 내안에 잠들어 있는 무한한 잠재력이 느껴진다.
- 긍정적인 나의 생각이 긍정의 에너지가 된다.
- 나의 지금 느낌과 생각이 오늘의 성공을 만들어낸다.
- 난 할 수 있는 사람이다. 무엇이든 할 수 있는 사람이다.
- 나는 어떤 상황에서도 나에게 주어진 과제에 최선을 다한다.
- 지금 현재의 느낌과 생각, 말, 행동이 나의 존재가 된다.

훈련 중 멘탈트레이닝

【힘든 훈련 적응을 위한 자기 확신 암시】

- 지금 훈련이 힘든 만큼 나는 점점 더 강해지고 있다.
- 내가 포기하지 않는 한 나는 반드시 목표를 성취한다.
- 세상에 공짜는 없다. 내가 흘린 땀만큼 성공의 결과를 얻는다.
- 지금 내가 많이 힘들다는 것은 성공에 가까이 왔다는 신호다.
- 나의 잠재력과 가능성은 무한하다는 것을 믿는다.
- 내게 힘든 훈련은 없다. 모든 훈련은 나를 단련할 뿐이다.
- 나는 지금 현재상태에서 최선을 다하는 선택을 할 뿐이다.

- 나는 언제나 결과를 선택하지 않는다.
  나는 오로지 지금의 내 노력을 선택할 뿐이다.

【기술훈련 적응을 위한 자기 확신 암시】

- 훈련을 통해 나의 기술이 점점 더 나아지고 있다.
- 현재 나는 기술훈련에 몰입하여 최선을 다하고 있다.
- 집중해서 기술을 훈련하는 만큼 운동실력이 향상되고 있다.
- 내가 한 번 더 연습한 만큼 기술수준이 향상되고 있다.
- 조금만 더 노력하면 운동기술이 완벽해질 수 있다.
- 나의 기술이 완성되어가고 있다. 조금만 더 노력하자.
- 나는 나의 목표를 꼭 달성한다. 난 할 수 있다.
- 오늘도 나는 실력이 좋아지고 있다. 조금만 더 노력하자.

【긍정적 훈련상황에서의 자기 확신 암시】

- 역시 내 느낌대로 성공했어. 아주 잘하고 있어.
- 옳지 바로 그거야. 좋아 지금처럼 계속 집중하자.
- 좋아 아주 좋았어. 느낌이 아주 좋아. 잘 될 거야.
- 그래 아주 잘되고 있어. 훈련을 많이 한 보람이 있어.
- 이대로 조금만 더 집중하자. 아주 잘하고 있어.
- 난 역시 잘하고 있어. 아자 아자 파이팅.
- 지금 상태로만 계속 집중해서 최선을 다하자.
- 조금 더 힘을 내자. 난 할 수 있어.

【부정적 훈련상황에서의 자기 확신 암시】

- 괜찮아. 이건 실수가 아니라 더 잘하기 위한 과정일 뿐이야.
  잘되었을 때를 생각해보자. 편안한 마음으로 집중해서 다시 한 번 시작해보자. 잘할 수 있어.
- 나는 꼭 해낼 수 있어. 할 수 있다고 생각하면 할 수 있는 거야.
  조금만 더 노력하자. 이 정도는 얼마든지 극복할 수 있어.
  성공했을 때 나의 상태를 생각하자.
- 나는 나의 능력을 믿는다. 난 할 수 있다.
  어떻게 하면 더 잘할 수 있을까에 대해서만 생각하자.
  할 수 있는 내 능력을 찾을 때까지 다시 한 번 도전해보자.
- 괜찮아. 이 정도의 어려움은 충분히 극복할 수 있어.
  그동안 잘해왔어. 조금만 더 집중하자.
  차츰 차츰 좋아지고 있어. 좋은 결과가 생길 거야.
- 나에게 불가능은 없다. 내가 포기하지 않는 한 불가능은 없다.
  다시 한 번 도전해보자. 될 때까지 해보는 거야.
  나의 사전에는 포기란 없다. 오로지 성공만이 있을 뿐이다.

∴ 시합기간 멘탈트레이닝

기상 멘탈트레이닝

- 서서히 편안한 상태로 잠에서 깬다.

■ 천천히 눈을 뜨며 크게 기지개를 켜고 깊은 호흡을 실시한다.
■ 편안히 누운 상태에서 30초 정도 천천히 숨을 깊게 들이마시고 내쉬며 트랜스 상태를 유지한다.
■ 등을 펴고 곧고 바로 앉은 자세에서 편안한 마음으로 자기 확신 암시를 반복한다.

【자기 확신 암시】

■ 아주 잘 잤다. 가슴 설레임이 있는 상쾌한 기분으로 오늘 하루를 멋지게 시작하자.
■ 시합을 앞두고 마음이 너무 편하고 안정된 느낌이다.
■ 몸 컨디션이 최상이야. 날아갈 것 같아.
■ 오늘은 왠지 좋은 일이 생길 것 같은 긍정적인 예감이야.
■ 그동안 열심히 훈련을 잘해왔기 때문에 훈련했을 때처럼 편안하게 한다면 오늘 시합이 잘될 거야.
■ 훈련할 때처럼 편안한 마음으로 시합에 임하면 내가 원하는 만큼의 좋은 성적을 얻을 수 있게 될 거야.
■ 나의 꿈은 반드시 이루어진다. 난 성공할 수 있다.
오늘이 바로 성공을 확인하는 행복한 날이 될 거야.
■ 승리할 수밖에 없는 훈련을 했기 때문에 승리한다.
훈련할 때 좋았던 것을 생각하며 편하게 시합에 임하자.
■ 나는 오늘 최선을 다할 마음의 준비가 끝났다.
■ 안정된 마음으로 오로지 시합에만 집중하자.

시합 전 멘탈트레이닝

- 눈을 감고 심호흡을 하며 이미지 트레이닝을 한다.
  자기암시 후 앵커링과 루틴을 실시한다.

【자기 확신 암시】

- 난 그동안 최선을 다해 훈련을 마쳤다.
- 훈련이 끝나고 나의 멘탈과 운동실력은 충분히 향상되었다.
  난 할 수 있다. 난 할 수 있다. 난 할 수 있다.
- 나는 그동안 많은 반복 훈련을 통해 어떤 상황에서도 잘할 수 있는 자신감과 강한 멘탈을 갖게 되었다.
- 시합을 앞둔 지금 나의 멘탈과 컨디션은 최상이다.
- 평소 연습한대로 차분하게 하자. 시합을 연습처럼 하자.
- 나는 오늘 최선을 다한다. 나는 언제나 최선을 다할 뿐이다.
- 나는 할 수 있다. 나는 할 수 있다. 나 자신을 믿자.
- 나는 잘할 수 있다. 나는 더 잘할 수 있다.
  나 자신을 믿자. 나의 믿음이 나를 통제하게 된다.

시합상황에서의 멘탈트레이닝

- 시합상황에서 평상심과 일관성 있는 심리적, 생리적 상태를 유지하기 위해 자기암시를 활용한다.

【긍정적 상황에서의 자기 확신 암시】

- 그렇지 아주 좋아. 역시 연습했던 대로 잘되고 있어.
- 잘하고 있어. 더욱 좋아질 거야. 조금만 더 집중하자.
- 옳지. 아주 좋았어. 오늘 느낌이 아주 좋아.
- 바로 그거야. 계속 차분하게 집중해서 잘해보자.
- 계속 잘할 수 있어. 지금처럼 파이팅하자.
- 좋아 아주 잘되고 있어. 앞으로 계속 더 잘될 거야.
- 오늘 경기가 잘 풀리고 있어. 지금처럼만 잘하자.
- 지금처럼만 차분하게 경기를 하자. 그동안 훈련을 많이 한 보람이 있어. 이 상태로 계속 집중해서 경기에 임하자.

【부정적 상황에서의 자기 확신 암시】

긴장을 이완할 때

- 크게 심호흡을 2회~3회 정도 실시한다.
- 숨을 깊게 들이마시면서 '난 많은 훈련을 해왔어'
- 숨을 멈추고 '그래서'
- 숨을 내쉬면서 '자신 있게 잘할 수 있어'
- 숨을 깊게 들이마시면서 '이 정도는 별거 아니야'
- 숨을 멈추고 '그래서'
- 숨을 내쉬면서 '평소 연습처럼 하면 돼'
- 숨을 깊게 들이마시면서 '난 멘탈트레이닝을 많이 했어'

■ 숨을 멈추고 '그래서'

■ 숨을 내쉬면서 '나는 잘할 수 있다'

불안과 각성을 해소할 때

■ 크게 심호흡을 2회~3회 정도 실시한다.

■ 숨을 깊게 들이마시면서 '내가 연습한 순서를 생각하자'

■ 숨을 멈추고 '그래서'

■ 숨을 내쉬면서 '훈련한 대로 하면 잘될 거야'

■ 숨을 깊게 들이마시면서 '이 정도는 별거 아니야'

■ 숨을 멈추고 '그래서'

■ 숨을 내쉬면서 '연습처럼 하면 난 잘할 수 있어'

■ 숨을 깊게 들이마시면서 '전혀 신경 쓸 것 없어'

■ 숨을 멈추고 '왜냐하면'

■ 숨을 내쉬면서 '나는 이미 차분해지고 있기 때문이야'

심판 판정에 대한 불만해소

■ 크게 심호흡을 2회~3회 정도 실시한다.

■ 숨을 깊게 들이마시면서 '심판의 판정은 공정해'

■ 숨을 멈추고 '그러므로'

■ 숨을 내쉬면서 '나는 시합에 더 집중하자'

■ 숨을 깊게 들이마시면서 '심판은 훌륭한 사람이야'

■ 숨을 멈추고 '그러므로'

■ 숨을 내쉬면서 '심판을 믿고 시합에 더 최선을 다하자'

부정적 패턴깨기

[부정적 생각]

■ 내가 성공하지 못하면 우리 팀이 지는데 부담이 된다.
실수하면 어쩌지. 긴장되고 불안하다.

[사고정지]

■ 아니야. 난 정확하게 슛을 성공시킬 수 있어.

[지향적 암시]

■ 골대를 정확히 보고 슛을 하면 반드시 성공한다.

[부정적 생각]

■ 슛한 공이 골대를 넘어가면 안 되는데...

[사고정지]

■ 아니야. 나의 슛은 언제나 정확해.

[지향적 암시]

■ 정확히 디딤발을 딛고 빈틈을 보면서 슛을 하면 꼭 성공한다.

[부정적 생각]

■ 상대의 발차기가 너무 강해서 무서워.

[사고정지]

■ 아니야. 나의 발차기 파워가 더 강해.

[지향적 암시]

■ 공격적인 경기로 상대를 기선제압하자.

신체이완기법

마음과 몸은 심신상관성에 의해 서로 연결되어 상호작용하고 있다. 신체훈련의 효과는 마음의 변화를 가져오고 마음의 변화는 신체의 변화에 직접적인 영향을 미치게 된다. 즉, 마음을 바꾸면 몸이 바뀌고 몸이 바뀌면 마음도 바뀌는 것이다. 이와 같이 마음과 몸은 서로 다른 하나의 체계이다.

점진적 신체이완기법은 신경과 근육의 긴장 및 이완을 통해 자율신경계의 기능을 통제하고 조절함으로써 스트레스와 불안을 완화시키는 멘탈훈련기법이다. 긴장된 근육부위를 정확히 탐지하고 그 부위를 최대한 수축시킨 후 점차적으로 이완시키는 것이다. 먼저 집중된 상태에서 근육을 수축시키는 것부터 연습시키는 것은 근육이 긴장된 상태의 현상과 느낌을 뇌에서 알 수 있도록 하기 위해서이다.

신체적 이완기법은 인지적 불안과 스트레스 상황에서 근육을 수축하여 긴장시키면 신체적 긴장과 뇌의 인지적인 긴장이 연합되어 신체적 이완을 시킬 때 뇌의 불안이 함께 해소되는 심신상관성을 활용하는 원리이다. 말초신경의 긴장과 이완을 통해 중추신경의 이완을 유도하여 긴장과 불안을 해소하는 원리로서 비국소성을 활용하는 것이다.

이 기법은 평상시 무리한 훈련으로 인해 극도로 피로하거나 긴장된 분위기에서 계속 훈련을 강행할 경우에도 효과가 있다. 선수가 시합경험이 부족하거나 중요하다고 생각되는 시합 직전, 시합 중, 낯선 경기장의 시설, 관중으로 인해 경기불안이 고조될 경우에 심리적 안정과 최상의 신체 컨디션을 회복하는데 큰 도움이 된다.

시합상황에서 효율적으로 활용하기 위해서는 평소에 반복된 훈련으로 뇌에 조건형성시켜 놓아야 한다. 체조처럼 매뉴얼을 만들거나 순서를 정해서 매일 연습하는 것이 좋다.

∴ 신체이완훈련의 효과

- 불안과 긴장, 스트레스를 해소한다.
- 긴장과 이완된 상태에서 마음과 몸을 일치시킬 수 있다.
- 효과적으로 자신의 내면에 집중할 수 있다.
- 신체이완훈련을 통하여 잠재의식 차원에서 생긴 긴장의 조절과 완화시키는 방법을 익힐 수 있다.
- 경기상황에 따라 변화되는 긴장의 조절능력을 향상시킨다.
- 근육의 이완과 심리적 안정을 함께 찾을 수 있다.
- 스트레스를 해소하여 숙면을 취할 수 있다.
- 충분한 심신의 이완을 통하여 최상의 수행상태를 만든다.
- 심신의 일치를 통해 운동상황에서의 지각작용과 반응시간을 앞당겨 수행을 최적화시킨다.

∴ 신체이완훈련 프로그램

발 부분

【준비】

■ 의자에 바른 자세로 앉거나 바닥에 바르게 누워 양 다리를 편하게 벌리고 두 팔은 아래로 내린다.

■ 누워서 훈련할 경우에는 트랜스를 유도하기 위해 신체 모든 부분이 바닥에 완전히 닿아 가라앉는 듯한 느낌이 들도록 하는 것이 좋으며 편안한 상태에서 조용히 눈을 감는다.

■ 호흡은 느리고 자연스럽게 유지하면서 숨을 깊게 들이마시고 천천히 내쉬며 신체를 완전하게 이완한다.

■ 신체를 이용한 이완은 원리가 같기 때문에 신체 모든 부분을 전부 사용할 수 있으며 종목과 선수 개인의 성향에 맞는 부위를 선택하여 반복 훈련을 해야 한다.

【발가락 앞으로 굽히기】

■ 깊은 심호흡을 3회 실시하여 마음의 안정감을 유지한다.

■ 숨을 깊고 길게 들이마시면서 양 발가락을 최대한 앞쪽으로 굽힌 다음 숨을 멈춘 상태에서 발가락의 오목한 부분에 긴장감을 몰입한다. 이때 무릎이 굽혀지지 않도록 주의한다.

■ 멈추었던 숨을 길게 내쉬면서 발가락의 힘을 천천히 빼고 '편안하

다'는 자기암시를 한다.

■ 3회~5회 반복 훈련하여 발가락의 긴장과 이완에 몰입한다.

【발가락 뒤로 젖히기】

■ 깊은 심호흡을 3회 실시하여 마음의 안정감을 유지한다.

■ 숨을 깊고 길게 들이마시면서 양 발가락을 최대한 젖힌 다음 숨을 멈춘 상태에서 발가락의 긴장감에 몰입한다.
이때 발목이 따라서 젖혀지지 않도록 한다.

■ 멈추었던 숨을 길게 내쉬면서 발가락의 힘을 천천히 빼고 '편안하다'는 자기암시를 한다.

■ 3회~5회 반복 훈련하여 발가락의 긴장과 이완에 몰입한다.

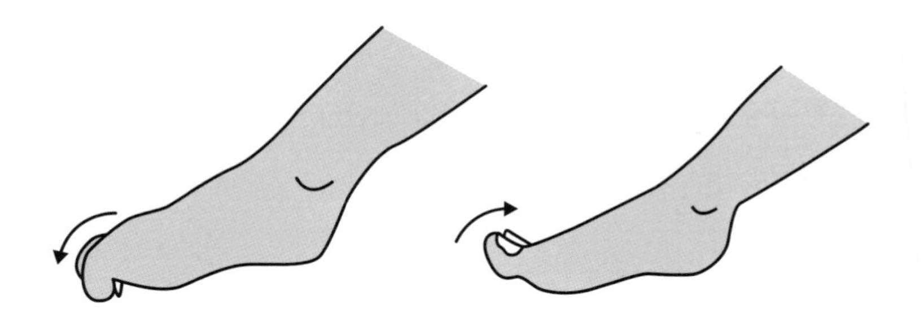

▲ 발가락 앞으로 굽히기 ▲ 발가락 뒤로 젖히기

【발목 앞으로 굽히기】

■ 깊은 심호흡을 3회 실시하여 마음의 안정감을 유지한다.

■ 숨을 깊고 길게 들이마시면서 발목을 최대한 편다.

■ 숨을 멈춘 상태에서 발목의 긴장감에 몰입한다.
이때 발가락에 힘이 들어가지 않도록 유의한다.

■ 멈추었던 숨을 길게 내쉬면서 발목에 힘을 천천히 빼고 편안하게 내려놓으면서 '편안하고 따뜻하다'는 자기암시를 한다.

■ 3회~5회 반복 훈련하여 발목의 긴장과 이완에 몰입한다.

【발목 뒤로 젖히기】

■ 깊은 심호흡을 3회 실시하여 마음의 안정감을 유지한다.

■ 숨을 깊고 길게 들이마시면서 발목을 최대한 뒤로 젖힌다.

■ 숨을 멈춘 상태에서 발목의 긴장감에 몰입한다.
이때 발가락도 따라서 젖혀지지 않도록 유의한다.

■ 숨을 길게 내쉬면서 발목에 힘을 천천히 빼고 내려놓으면서 '편안하고 따뜻하다'는 자기암시를 한다. 무릎 밑 부위가 긴장이 풀리면서 편안한 기분과 함께 따뜻하면서 무거워지는 기분이 든다.

■ 3회~5회 반복 훈련하여 발목의 긴장과 이완에 몰입한다.

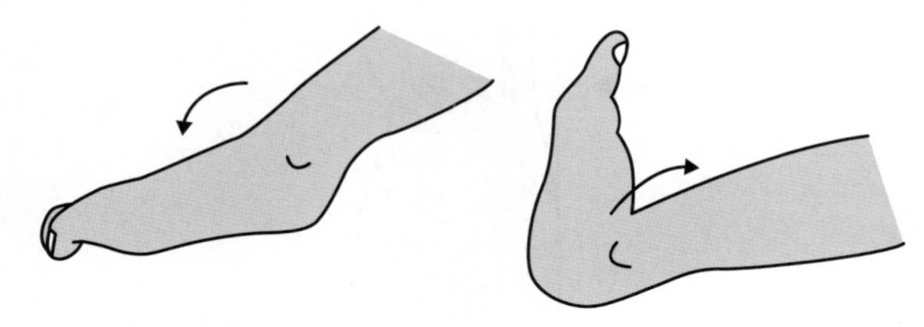

▲ 발목 앞으로 굽히기　　▲ 발목 뒤로 젖히기

복부 부분

【복부의 긴장】

- 음식을 먹은 후 1시간 이상 지났을 때 실시한다.
- 깊은 심호흡을 3회 실시하여 마음의 안정감을 유지한다.
- 편안한 상태에서 숨을 깊고 길게 들이마시고 배를 서서히 등쪽으로 최대한 끌어당긴다.
- 그대로 숨을 멈춘 상태에서 가슴과 배에 느껴지는 극도의 긴장감에 완전히 몰입한다.
- 멈추었던 숨을 길게 내쉬면서 '편안하다'는 자기암시를 한다.
  숨을 내쉴 때 느껴지는 편안한 기분이 등을 타고 하체까지 골고루 퍼져가도록 이완에 몰입한다.
- 3회~5회 반복 훈련하여 배의 긴장과 이완에 몰입한다.

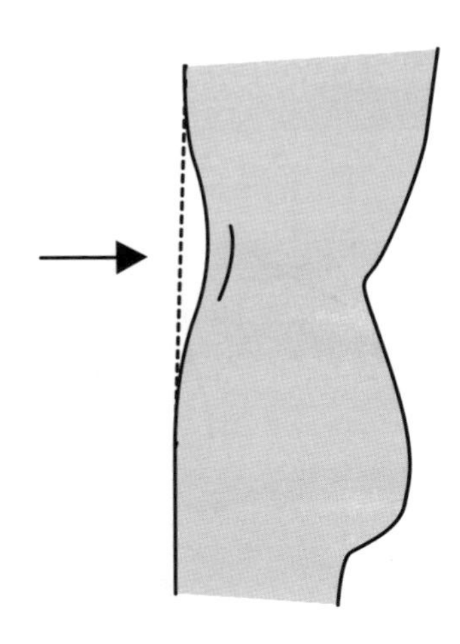

팔 부분

【손목 굽히기】

- 깊은 심호흡을 3회 실시하여 마음의 안정감을 유지한다.
- 숨을 깊고 길게 들이마시면서 손목은 최대한 앞으로 굽힌다.
- 숨을 멈추고 손등과 전완부의 긴장감에 몰입한다.
- 멈추었던 숨을 길게 내쉬면서 팔과 손에 힘을 천천히 빼며 '편안하고 차분하다'는 자기암시를 한다.
- 손목의 편안함과 차분함을 느끼며 5초 정도 휴식한다.
- 3회~5회 반복 훈련하여 손목의 긴장과 이완에 몰입한다.

【팔 굽히기】

- 깊은 심호흡을 3회 실시하여 마음의 안정감을 유지한다.
- 숨을 깊고 길게 들이마시면서 두 주먹을 꽉 쥐고 서서히 양쪽 어깨를 향해 팔을 최대한 구부린다.
- 마음속으로 무거운 운동기구를 들어 올리는 것과 같은 느낌으로 팔을 구부린다. 양 어깨와 팔 뒤꿈치는 몸통에 붙이고 목에 힘이 가해지지 않도록 한다.
- 숨을 멈추고 팔의 긴장감에 몰입한다.
- 멈추었던 숨을 길게 내쉬면서 팔의 힘을 빼고 원상태로 내려놓을 때 '긴장이 풀리고 편안하다'는 자기암시를 한다.
- 팔의 이완과 편안함을 느끼며 5초 정도 휴식한다.

■ 3회~5회 반복 훈련하여 팔의 긴장과 이완에 몰입한다.

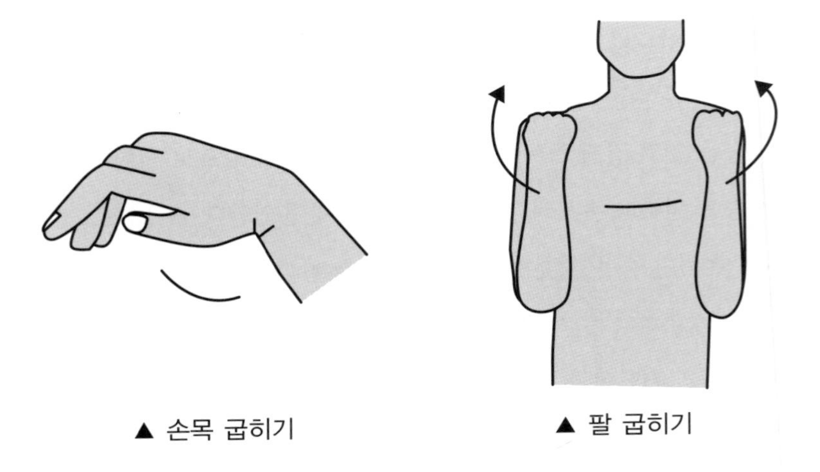

▲ 손목 굽히기 ▲ 팔 굽히기

목 부분

【목 앞뒤로 젖히기】

■ 깊은 심호흡을 3회 실시하여 마음의 안정감을 유지한다.

■ 의자에 편안하게 앉거나 편안하게 선 자세로 한다.

■ 상체를 바르게 세운 상태에서 숨을 깊고 길게 들이마시고 턱을 최대한 가슴 쪽으로 붙인다.

■ 숨을 멈추고 목 뒷부분의 긴장감에 완전히 몰입한다.

■ 멈추었던 숨을 길게 내쉬면서 원위치하며 자기암시를 한다.

■ 숨을 깊고 길게 들이마시면서 머리를 최대한 뒤로 젖힌다.

■ 숨을 멈추고 목 부분의 긴장감에 몰입한다.

- 멈추었던 숨을 길게 내쉬면서 원위치하며 자기암시를 한다.
- 3회~5회 반복 훈련하여 목의 긴장과 이완에 몰입한다.

【목 좌우로 돌리기】

- 깊은 심호흡을 3회 실시하여 마음의 안정감을 유지한다.
- 바른 자세에서 숨을 깊고 길게 들이마시면서 머리를 왼쪽으로 최대한 돌린 후 숨을 멈춘 상태에서 턱과 목이 떨리는 듯한 긴장감에 몰입한다.
- 멈추었던 숨을 길게 내쉬면서 자기암시를 한다.
- 다시 숨을 깊고 길게 들이마시면서 머리를 오른쪽으로 최대한 돌린 후 숨을 멈추고 긴장감에 몰입한다.
- 멈추었던 숨을 길게 내쉬면서 자기암시를 한다.
- 3회~5회 반복 훈련하여 목의 긴장과 이완에 몰입한다.

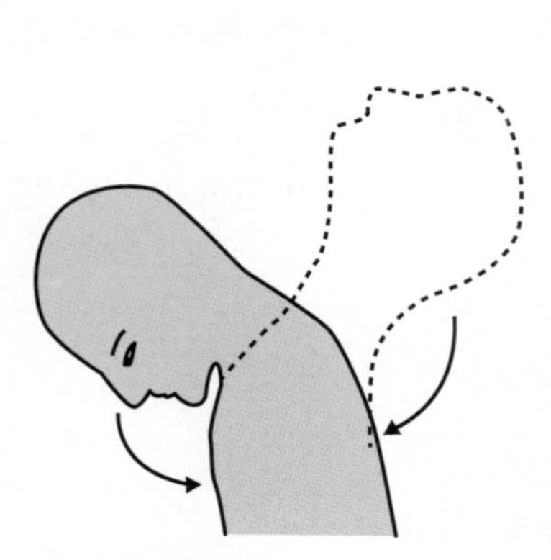

▲ 목 앞뒤로 젖히기

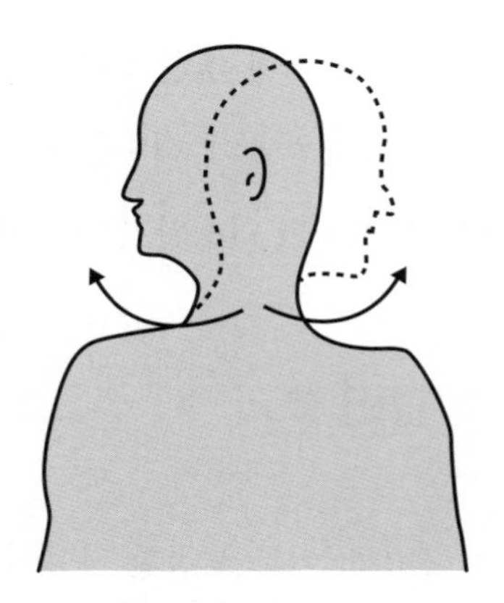

▲ 목 좌우로 돌리기

점진적 멘탈이완기법

뇌가 갖고 있는 별명이 착각의 챔피언이다. 뇌는 몰입상태에서 무엇이든 반복해서 정보를 입력하거나 특정 신경회로를 활성화시키게 되면 그것을 사실로 받아들이고 강한 믿음을 만든다. 뇌는 실제 경험과 상상의 차이를 구분하는 기능이 없기 때문에 생생하게 상상하는 것에 대해서도 그것을 사실로 믿어버린다.

우리 뇌는 그 무엇이든 반복하면 사실로 받아들이고 믿음을 만들어 그 믿음에 스스로 통제당하게 된다. 그래서 잠재의식에 반복적인 암시를 통해 마음을 변화시키게 되면 심신상관성에 의해 몸도 함께 변화되어 균형과 조화를 이루게 해준다.

시합 전후에 선수의 마음과 몸은 많은 긴장과 스트레스에 노출되면서 각성된 상태를 유지하는 경우가 많다. 평소 훈련과정에서 반복적으로 실시하는 점진적 멘탈이완기법 훈련이 시합과정에서 생기는 긴장과 불안, 스트레스에 대한 적응력을 키우고 심리적으로 편안함과 안정감, 자신감, 활력을 갖게 해주는데 도움이 된다.

시합상황에서의 안정된 멘탈상태는 훈련과정에서 만들어지는 것이다.

∴ 훈련 효과

- 심리적 이완을 통한 자유를 느낄 수 있다.
- 신체적 이완을 통한 피로회복에 도움이 된다.

- 신체적 이완과 정신적 이완이 조화롭게 균형을 맞추어 완전한 일치시키기가 된다.
- 시합상황에서의 각성과 불안을 조절할 수 있다.
- 자신감과 안정감을 갖게 하여 경기력을 높인다.

∴ 훈련방법

선수가 안정된 상태에서 훈련을 할 수 있도록 편안한 의자나 침대를 준비하며 빛과 소음을 차단하고 안정감과 편안함을 느낄 수 있는 환경을 조성한다. 선수에게 점진적 멘탈이완기법의 효과와 방법에 대해 설명하고 훈련을 시작한다.

- 편안한 자세에서 온몸의 힘이 빠진 느낌을 갖는다.
- 눈을 감은 상태에서 깊은 심호흡을 10회 실시하고 마음과 몸상태의 변화를 느껴보게 한다.
- 호흡을 통해 편안함을 느낀 후 코치가 암시를 보낸다.

"지금부터 내 말에 완전한 몰입을 하고 내 말을 그대로 상상합니다. 어떤 느낌이 있던 없던 상관이 없습니다. 지금 내 목소리를 듣고 몰입하는 자체만으로 이미 멘탈이완기법의 효과가 나타나기 때문입니다. 머리에서 발끝까지 온몸의 힘이 빠지는 체험을 통해 마음과 몸의 긍정적인 변화를 느끼게 될 것입니다."

1단계

- 머리에 힘이 빠집니다. 쑥~쑥 빠집니다.
  머리에 힘이 빠집니다. 쑥~쑥 빠집니다.
  이마에 힘이 빠집니다. 쑥~쑥 빠집니다.
  이마에 힘이 빠집니다. 쑥~쑥 빠집니다.
  눈꺼풀의 힘이 빠집니다. 쑥~쑥 빠집니다.
  눈꺼풀의 힘이 빠집니다. 쑥~쑥 빠집니다.
  턱에 힘이 빠집니다. 쑥~쑥 빠집니다.
  턱에 힘이 빠집니다. 쑥~쑥 빠집니다.
  얼굴 전체에 힘이 빠집니다. 쑥~쑥 빠집니다.
  얼굴 전체에 힘이 빠집니다. 쑥~쑥 빠집니다.

2단계

- 목에 힘이 빠집니다. 쑥~쑥 빠집니다.
  목에 힘이 빠집니다. 쑥~쑥 빠집니다.
  어깨에 힘이 빠집니다. 쑥~쑥 빠집니다.
  어깨에 힘이 빠집니다. 쑥~쑥 빠집니다.
  팔꿈치의 힘이 빠집니다. 쑥~쑥 빠집니다.
  팔꿈치의 힘이 빠집니다. 쑥~쑥 빠집니다.
  손목의 힘이 빠집니다. 쑥~쑥 빠집니다.

손목의 힘이 빠집니다. 쑥~쑥 빠집니다.

손등, 손바닥, 손가락의 힘이 모두 빠집니다. 쑥~쑥 빠집니다.

손등, 손바닥, 손가락의 힘이 모두 빠집니다. 쑥~쑥 빠집니다.

3단계

■ 가슴에 힘이 빠집니다. 쑥~쑥 빠집니다.

가슴에 힘이 빠집니다. 쑥~쑥 빠집니다.

배에 힘이 빠집니다. 쑥~쑥 빠집니다.

배에 힘이 빠집니다. 쑥~쑥 빠집니다.

4단계

■ 허벅지의 힘이 완전히 빠집니다. 쑥~쑥 빠집니다.

허벅지의 힘이 완전히 빠집니다. 쑥~쑥 빠집니다.

무릎의 힘이 완전히 빠집니다. 쑥~쑥 빠집니다.

무릎의 힘이 완전히 빠집니다. 쑥~쑥 빠집니다.

종아리의 힘이 완전히 빠집니다. 쑥~쑥 빠집니다.

종아리의 힘이 완전히 빠집니다. 쑥~쑥 빠집니다.

발목의 힘이 완전히 빠집니다. 쑥~쑥 빠집니다.

발목의 힘이 완전히 빠집니다. 쑥~쑥 빠집니다.

발등과 발바닥, 발가락의 힘까지 완전히 빠집니다.

쑥~쑥 빠집니다.

발등과 발바닥, 발가락의 힘까지 완전히 빠집니다.

쑥~쑥 빠집니다.

5단계

■ 이제 머리에서부터 발끝까지 온몸의 힘이 모두 빠지고 근육이 느슨하게 늘어졌습니다. 몸이 아래로 축 가라앉는 듯한 느낌을 느끼게 되면 마음과 몸이 편안해집니다.
온몸의 힘이 빠진 상태는 그 어떤 구속과 정보간섭도 없이 편안하고 안정된 상태입니다. 몸의 이완은 마음에서도 동시에 느끼고 있으며 마음과 몸이 완전히 이완된 하나의 상태가 되었습니다.
이것이 완전한 자유로움이며 이 편안하고 안정된 완전한 자유로움이 훈련과 시합과정에서 보다 더 큰 자신감과 편안한 심리를 갖게 만들어 줄 것입니다.
온몸의 힘이 완전히 빠진 상태에서 느끼는 자유로움과 이완, 나른함이 너무나 편안합니다. 아주 편안합니다.

∴ 마무리

■ 잘했습니다. 완전한 몰입상태에서 멘탈이완기법에 대한 훈련을 아주 훌륭하게 잘했습니다. 이제 이 훈련으로 변화된 자신의 마음

과 몸상태를 느껴보세요. 지금의 이 긍정적인 변화된 상태가 앞으로 훈련과 시합과정에서 보다 더 편안하고 안정적인 상태로 자신감 넘치는 행동을 할 수 있게 도움을 줄 것입니다.

지금의 이 느낌을 생생하게 기억하세요. 굳이 기억하려고 노력하지 않아도 이미 잠재의식에 깊이 기억되었습니다.

이제 잠시후 숫자를 하나에서 셋까지 세게 되면 아주 상쾌하고 편안한 기분과 안정된 마음으로 천천히 눈을 뜨면 됩니다.

자, 숫자를 세겠습니다. 하나, 둘, 셋...

네, 수고많았습니다. 지금의 변화된 상태를 느끼고 그것을 말로 표현해보세요. 어떤 변화가 느껴지나요?

집중력 향상을 위한 멘탈훈련

집중력은 스포츠에서 가장 중요한 멘탈능력이다.

운동학습과 반복 훈련은 선수의 집중력을 활용하는 것이며 훈련과정에서 또 다시 집중력이 향상된다. 멘탈코칭을 통하여 선수의 집중력을 향상시키기 위해서는 코치가 멘탈트레이닝에 대한 전문적인 코칭을 할 수 있는 능력을 가져야 한다. 반복적인 운동학습과 훈련 자체가 선수의 집중력을 향상시키는 효과를 가져오지만 전문적인 멘탈코칭을 병행한다면 보다 더 나은 집중력 향상 효과를 기대할 수 있게 된다.

시합에서 집중력이 부족해지면 선수는 자신이 가진 재능과 기술을 충분히 발휘하지 못하고 불필요한 정보간섭 때문에 과제에 대한 초점이 흐려진다. 초점이 흐려지게 되면 성취결과를 얻지 못하는 혼란한 상태에 머물러있게 된다. 그래서 선수의 집중력을 향상시킬 수 있는 멘탈트레이닝을 많이 반복해야 하는 것이다.

반복적인 멘탈코칭을 통해 집중력을 향상시키게 되면 운동과제나 목표에 초점이 일치되어 정보간섭을 완전히 차단하는 몰입능력을 가질 수 있게 된다. 선수의 집중력을 향상시키고 상상력, 창의력을 함께 향상시킬 수 있는 간단한 멘탈훈련방법이 많이 있다. 멘탈훈련을 통해 누구나 쉽고 간단하게 활용이 가능하며 반복해서 실시하면 집중력의 놀라운 변화를 경험하게 된다.

주의집중을 위한 멘탈트레이닝은 특정 과제에 대한 선택적인 주의집중을 향상시키고 목표에 대한 동기유발과 성공적인 운동수행을 위한 정신적 준비상태를 높여준다. 시합상황에서 가장 효과적인 주의집중은 정보간섭을 차단하고 경기 자체와 관련된 내용에만 초점을 맞추고 집중하는 것이다.

많은 선수들이 운동과제 이외의 다른 자극과 정보에 생각을 분산시킴으로써 효과적인 주의집중을 하지 못한다. 시합과정에서 어느 한순간에 멘탈이 무너지는 원인이 정보간섭에 의해 시합에 초점을 보내지 못하고 심판 판정이나 관중, 상대 선수, 실패에 대한 예상 등의 부정적인 상태에 초점을 분산시키기 때문이다.

주의집중력을 높이기 위해서는 많은 시간과 연습이 필요하다.
그러나 일단 주의집중이 반복 학습되고 습관으로 굳어지게 되면 일관성을 갖게 되어 운동수행을 향상시키는데 큰 도움이 된다.

∴ 심상트레이닝

스포츠에서 심상훈련은 선수의 특정한 기능이나 기술을 습득하거나 마음을 조율하기 위해 하는 훈련방법이다. 반복적인 심상훈련은 실제 시합상황에서 자신감과 집중력을 높여준다. 우리 뇌는 감각을 통해 모든 정보를 처리한다. 그렇기 때문에 실제 감각경험과 상상을 통한 감각경험의 차이를 알아차리지 못한다.

상상기법(imagery technique)으로 불리기도 하는 심리적 시연기법은 자신의 가장 성공적인 운동장면을 실제로 행하는 것과 같이 정신적으로 연습하는 것이다. 체조나 다이빙, 골프, 양궁, 사격, 테니스, 배드민턴, 동계스포츠 종목 등과 같이 비교적 복잡한 기술을 요하는 종목과 고도의 정신력을 요하는 모든 운동 종목의 훈련과정에서 집중력 향상을 위해 반드시 필요한 멘탈훈련기법이다.

심상트레이닝은 특정한 운동수행과정을 심상을 통해 체계적이고 순서적으로 시연해나가는 사고의 전 과정이다. 운동수행과 경기력에 도움이 되는 전용 신경회로를 굵게 만들어 부정적인 영향을 미치게 되는 정보간섭을 차단시켜 주의집중력을 높여준다.

이 방법은 훈련을 할 때나 새로운 복잡한 기술을 익히는 과정에서 신체적인 훈련 후 휴식시간이나 일과 후에 실시하며 시간과 공간의 제약없이 언제 어디서나 훈련이 가능하다. 평소에 잘 되지 않는 부분을 수정하거나 잘 되는 부분을 강화하기 위해 실제훈련하는 것과 같이 생생하게 집중적으로 상상하여 뇌에 프로그래밍시키는 방법이다.
편안하고 안정된 심리상태에서 완벽한 운동기술과 동작을 체계적으로 심상하면서 전용 신경회로를 만들게 되면 불안 및 긴장을 해소할 뿐만 아니라 집중력과 자신감을 높여준다.

훈련 효과

- 성공적인 운동수행을 위한 심리적, 생리적 준비를 하게 된다.
- 익숙함과 친밀감을 갖게 하여 지나친 각성과 불안으로 인한 근긴장 및 강직 등에서 벗어날 수 있다.
- 운동수행과정에서의 상황에 대한 부정적인 생각을 일으키는 신경회로를 통제하여 긍정적인 전용 신경회로로 전환한다.
- 심상트레이닝을 통해 형성된 전용 신경회로에 의해 성공적인 운동수행에 꼭 필요한 과제에만 집중할 수 있다.

훈련 프로그램

【훈련 중 심상트레이닝】

새로운 동작이나 기술을 배울 때도 활용할 수 있으며 반복해서 트레이닝하면 뇌에 고속도로와 같은 전용 신경회로가 구축된다.
예를 들어 배구의 플로트 서브 훈련을 할 때 심상트레이닝을 하게 되면 운동수행향상의 효과가 생긴다.

- 심호흡을 3회 실시하며 편안한 상태를 유지한다.
- 조용하고 편안한 자세를 취한다.
- 두 눈을 감고 천천히 호흡을 깊게 하며 온몸의 힘을 뺀다.
- 서브를 하려고 서있는 자신의 모습은 물론 상대팀 코트의 빈자리를 선명하게 떠올린다.
- 플로트 서브의 기술요령에 따라 가장 성공적으로 서브하는 장면을 상상한다. 첫 동작을 성공적으로 진행하며 원하는 결과를 만드는 자신의 모습을 상상한다. 팔동작, 자세, 발동작 등을 실제보다 느리게 하며 부분적으로 분습법에 의해 정확하게 상상하다가 점차적으로 전습법에 의해 통합된 형태로 연상한다.
- 볼이 손을 떠나 상대편 코트에 떨어질 때 소리, 박수소리와 긍정적인 피드백을 느끼며 동료 선수에게 감사의 표시를 한다.
- 자신의 성공한 모습을 보고 동료들이 고개를 끄덕이고 격려하는 소리가 생생하게 들려온다.
- 멋지게 성공한 나의 모습이 조명을 받으며 더욱더 빛난다.

【시합 전 심상트레이닝】

시합 전에는 선수의 상태가 안정적이고 긍정적인 정서를 느낄 수 있도록 성공적인 훈련과정이나 성공경험들을 회상하며 자화를 하는 것이 좋다. 과거 성공경험이나 미래 성공체험을 심상하게 되면 실제 시합에서 그와 관련된 동작이나 기술이 성공될 가능성이 높아진다.

테니스나 배드민턴 시합 전에도 심상트레이닝을 하게 되면 안정된 심리 상태에서 주의집중력이 높아져 경기력이 좋아질 수 있다.

- 가능한 편안한 자세를 취한다.
- 심호흡을 3회하며 편안한 마음으로 두 눈을 감는다.
- 약 30초 정도로 오늘의 시합에 대비해 평소에 열심히 훈련했던 자신의 모습을 생생하게 그려본다.
- '그동안 나는 최선을 다해 훈련했다', '나의 지금 컨디션은 최상이다'라고 자기 확신 암시를 한다.
- 시합을 하기 위해 경기장으로 걸어나가는 자신감 있고 당당한 자신의 모습을 떠올린다. 수많은 관중들이 자신의 승리를 응원하는 사람들이라는 생각과 함께 최상의 컨디션인 자신의 모습을 떠올리며 조용히 미소를 지어본다. 미소 띤 자신의 선명한 이미지에 몰입한다.
- 경기장의 바닥 색깔, 라인, 조명, 매트, 심판, 관중 등 시합상황과 똑같은 시합장 상황을 연상한다. 중요한 것은 모든 상황이 사실적이고 선명하게 그려져야 한다.
- 자신의 성공적인 시합장면을 떠올린다.
  이때 실제로 행하는 절차를 그대로 떠올리며 똑같은 속도로 선명하게 상상하되 자신의 시합장면은 긍정적이고 성공적이며 최상의 상태에서 시합하는 장면을 연상한다.

- 첫 세트를 마치고 자기 자리로 돌아오는 자신감에 차있는 자신의 모습을 그려보며 이 상태라면 오늘 승리할 수 있다는 암시를 한다. 그리고 미소를 살짝 지어보인다.
- 잠시 후 두 번째 세트에 임하는 자신의 모습을 다시 상상한다.
- 실제로 있을 수 있는 다양한 긍정적 상황을 떠올린다.
  서브가 성공적으로 수행되는 장면을 상상한다.
  자신의 시합장면이 평소 연습 때처럼 공격과 수비에서 성공적으로 그려질 수 있도록 생생하게 심상을 한다.
- 끝으로 시합을 마친 후 만족해하는 나 자신의 모습과 관중들의 힘찬 박수소리를 상상한다.

∴ 주의집중 통제트레이닝

주의집중 통제트레이닝은 특정 과제에 대한 선택적인 주의집중과 목표에 대한 동기유발 및 성공적 운동수행을 위한 정신적 준비상태를 높여준다. 운동상황에서 가장 효과적인 주의집중은 운동수행 자체와 관련된 내용에만 집중하는 것이다.

그러나 운동수행 중에 선수는 한 가지 과제에 집중했다가는 곧 운동과제 이외의 다른 여러 가지 문제에 생각을 분산시킴으로써 효과적인 주의집중을 하지 못하는 경우가 많다. 주위소음, 자신감 상실, 주변시야, 실수 등 부정적인 측면에 집중할 수도 있다.

따라서 이러한 효율적인 운동수행에 부정적 영향을 미치는 주의집중의 분산을 최소화시키기 위해서는 주의집중훈련을 실시하는 것이 중요하다. 주의집중훈련은 많은 시간과 연습을 요한다.
그러나 일단 학습되면 정보간섭이 차단되고 보다 효과적인 주의집중이 가능해져 성공적인 운동수행에 큰 도움이 된다.

훈련 효과

- 운동수행과정에서 파생되는 경쟁불안을 낮출 수 있게 되어 최적의 각성수준을 유지할 수 있게 한다.
- 운동수행과 주변상황에 대한 부정적인 생각을 통제하여 과제에 초점을 일치시킬 수 있다.
- 운동수행과정에 꼭 필요한 과제에만 집중할 수 있다.
- 선명한 목표에 대한 동기유발의 효과가 있다.
- 목표나 과제에 대한 일치시키기와 초점 맞추기를 통해 최상의 운동효과를 얻을 수 있다.

훈련 프로그램

【시계바늘 움직이기】

초보자의 경우 선명하게 잘 그려지지 않을 수가 있다.
이런 경우에는 시계를 실제로 자신의 시야에 들어오도록 가까이 두고 집중하여 초침을 보면서 숫자를 헤아리는 훈련을 한다.

운동 종목에 따라 시각과 청각을 선택하는 과정이 필요하다. 예를 들어 골프선수의 경우 청각적 감각을 예민하게 활성화시키는 주의집중훈련을 하게 되면 시합상황에서 갤러리의 소음이 정보간섭을 일으키는 부작용이 생길 수도 있기 때문에 시계소리는 생략시키는 것이 도움이 된다.

- 아날로그 시계를 준비한다.
- 조용한 장소에서 편안한 자세를 취한다.
- 깊게 심호흡을 3번 실시한다.
- 실제 시계를 바라보며 초침의 움직임과 소리를 보고 듣는다.
- 눈을 감고 시계를 볼 수 없는 상황에서 호흡을 고르게 하고 마음속으로 시계바늘의 초침을 선명하게 시각화시킨다.
- 초침이 시계 상단 중앙에 멈춰있는 상태에서 마음속으로 '하나', '둘'을 세는 것과 동시에 초침도 1초 간격으로 선명하게 한 칸씩 움직이는 것을 이미지화시킨다. 소리도 함께 들으며 초침의 움직임을 시각화한다.
- 1분 동안 계속 실시한다. 1분 후 선수가 마음으로 측정한 시간과 실제 시간과의 차이를 확인해본다.
- 1분 동안 휴식하고 다시 반복한다. 초침소리와 움직임이 더욱더 선명해지고 정확해진다.
- 매일 생각날 때마다 수시로 연습하면 집중력이 향상된다.

【표적지 맞추기】

초보자나 어린 선수의 경우에는 표적지를 실제로 보면서 훈련하는 것이 도움되며 숙달되면 눈을 감고 실시한다.

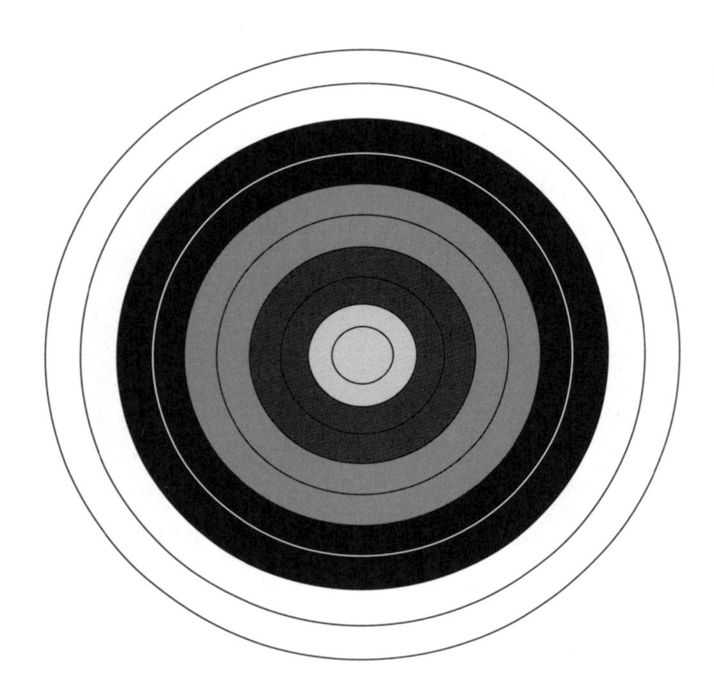

- 먼저 사진이나 영상을 이용해 표적지를 볼 수 있게 한다.
- 조용히 눈을 감고 심호흡을 3회 실시한다.
- 호흡을 고르게 한 후 마음속으로 양궁 또는 사격의 표적을 크고 선명하게 이미지화시킨다.
- 표적은 외곽부터 천천히 그리기 시작하여 한가운데 10점에서 움직이지 않고 고정한다.

- 약 20초간 10점의 흑점에만 주의를 집중시킨다.
- 검은 흑점이 흔들리거나 희미해질 때 외곽부터 빠른 속도로 회전하여 다시 흑점에 집중하는 연습을 반복한다.
- 반복을 통해 표적의 흑점에 초점이 모아지면 10점의 흑점에 화살촉 또는 실탄이 1~2초 간격으로 적중하는 장면을 반복해서 연상한다. 표적지가 명중되는 이미지를 오감적으로 생생하게 그린다.
- 이때 마음속으로 하나, 둘 숫자를 헤아리면서 동시에 적중하는 장면을 선명하게 상상한다.
- 표적지에 적중될 때의 감각을 최대화시키고 그 순간 신체 특정부위에 앵커를 고정시킨다. 성공체험이 뇌에 프로그래밍될 때 앵커가 함께 조건형성되어 필요한 상황에서 언제든지 그 느낌을 다시 불러낼 수 있게 된다.

【호흡수 세기】

- 편안한 자세로 눈을 감고 심호흡을 3회 실시한다.
- 호흡의 안정된 패턴을 만들기 위해 숨을 들이마시면서 '하나'라고 마음속으로 세고 다음 내쉬는 것을 '둘'이라고 세고 들이마시면서 '셋'하고 내쉬면서 '넷'이라고 센다.
- '넷'까지만 세고 다시 '하나'부터 시작한다.
  계속 높은 숫자로 진행해도 상관없다.
- 호흡수를 세는 동안 정보간섭에 의해 다른 생각이 떠오를 경우에는 '넷'까지 세고 거꾸로 '넷', '셋', '둘', '하나' 세어나간다.

이 훈련은 호흡에만 집중하면서 1~2분 정도 실시한다. 숫자 대신 암시단어를 사용해도 된다.

【그림·도형의 활용】

편안하게 앉은 상태에서 복식호흡을 통해 신체를 이완시키고 마음을 차분하게 가라앉힌다. 코치가 멘탈트레이닝을 통해 얻게 될 집중력의 중요성과 효과에 대해 간단하게 설명을 해준다. 이 훈련방법은 선수의 집중력 향상뿐만 아니라 창의력을 높여주는 효과가 있다.

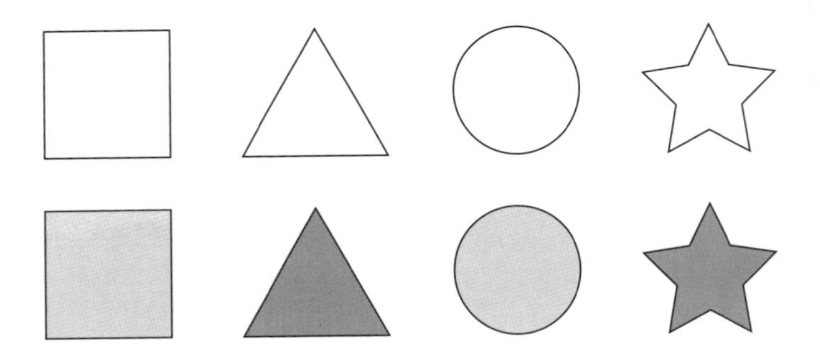

- 스크린이나 스케치북에 그려진 그림이나 사각, 삼각, 원형과 같은 도형 또는 모형을 선수에게 보여주고 5초 동안 시선의 초점을 모아 응시하게 한 후에 눈을 감고 심호흡을 3회 실시한다.
  그리고 조금 전에 보았던 그림이나 도형을 마음속에 디테일한 이미지로 떠올려 생생하게 재생시키는 멘탈트레이닝을 실시한다.
  이때 완전한 몰입과 초점모으기가 된다. 여기까지만 하고 종료해도 집중력 향상에 도움이 된다.

■ 그림이나 도형에 색상을 입히는 멘탈트레이닝을 한다.
색상을 바꿔가며 선수의 상상력과 창의력을 높여주면서 고도의 집중상태를 경험할 수 있다.

■ 그림이나 도형에 좋은 글이나 특별한 의미의 숫자를 떠올리게 하고 잠시후 지우는 훈련을 되풀이 한다. 다양한 글자와 숫자를 활용하여 훈련을 진행할 수 있다.

다양한 응용방법

■ 그림이나 도형의 크기를 바꾸거나 거리를 조절하고 다른 그림이나 도형으로 변화시킬 수도 있다.

■ 그림이나 도형 안에 메달이나 트로피를 떠올릴 수도 있고 가족이나 친구 등 좋아하는 사람의 얼굴을 떠올릴 수도 있다.

■ 그림이나 도형 안에서 선수의 과거 성취경험을 떠올리게 한다.

■ 차분하게 멘탈트레이닝을 하고 있는 자신의 모습을 관조적 입장에서 떠올리게 한다.

■ 그림이나 도형에 따라 음악이나 향기를 짝지워 조건화시킨다.

■ 훈련을 마칠 때는 마무리 멘트로 미리 예고를 해준다.

마무리 멘트

■ 잠시후 숫자를 하나에서 다섯까지 세고 나면 차분한 마음으로 조용히 눈을 뜨면 됩니다. 눈을 뜨고 나면 멘탈트레이닝을 통해 변화된 자신의 상태를 스스로 확인할 수가 있을 것입니다.

여러분은 멘탈트레이닝을 통해 집중력과 상상력, 창의력이 훨씬 더 좋아졌다는 것을 알게 되었습니다.

좋습니다. 아주 좋습니다.

하나, 둘, 셋, 넷, 다섯 자 눈을 뜨세요.

【과일을 활용한 훈련】

선수가 앉은 상태에서 복식호흡을 통해 신체와 정신을 차분하게 가라앉히게 한다. 오늘 실시할 멘탈트레이닝의 중요성과 효과에 대해 간단하게 설명을 해준다.

훈련방법

사과나 귤, 레몬 등의 과일을 보여주고 선수가 약 5초 정도 과일에 오감적으로 집중하게 한 후에 눈을 감고 심호흡을 3회 실시한다.
그리고 마음으로 조금 전에 보았던 과일의 모양을 선명하게 떠올리도록 한 후에 선수가 멘탈트레이닝을 할 수 있도록 오감을 자극하는 멘트를 들려준다. 과일을 시식한 후에 실시하여도 좋다.

유도멘트

■ 레몬의 크기와 색깔을 보고 껍질을 바라봅니다.

손으로 딱딱한 껍질을 가볍게 만져봅니다.

코를 가까이 대고 레몬 껍질의 냄새를 맡아봅니다.

그리고 레몬 껍질을 벗겨냅니다.

레몬과즙이 흘러나오는 레몬속살을 바라보세요.
그리고 손으로 레몬즙이 터지도록 강하게 눌러보세요.
레몬이 터지면서 어떤 소리가 나는지 들어보세요.
레몬즙을 손가락으로 만져봅니다. 끈적끈적한 느낌이 있는지...
껍질을 벗겨낸 신맛이 나는 레몬을 얼굴 가까이 가져가서 냄새가 나는지 빛깔은 어떤지 가까이에서 자세히 살펴보세요.
그리고 혀끝으로 맛을 봅니다.
입속에 넣어 한 번에 씹어봅니다.
입안에서 레몬이 뭉개지면서 신맛이 입안 가득해집니다.

마무리 멘트

다음과 같이 마지막 멘탈언어를 들려주며 집중력 훈련에 대한 긍정적인 피드백을 제공해준다.

■ 여러분은 멘탈트레이닝을 통해 마음으로 레몬을 먹는 집중력 훈련을 했습니다. 여러분의 집중력에 따라 레몬에 대한 느낌이 강했든 약했든 모두가 어떤 형태로든 느낌을 가졌다는 것은 여러분이 집중을 했다는 것을 의미합니다. 이것이 여러분의 집중력입니다. 멘탈훈련을 통해 이미 여러분 안에 있는 놀라운 집중력의 힘을 직접 체험하였습니다. 레몬에 대해 집중해서 상상하는 것만으로도 입안에 침이 고이고 레몬을 먹었던 기억이 남게 되었습니다. 여러분의 집중력은 타고나는 것이 아니라 지금처럼 훈련을 통해

만들어가는 것입니다.

운동과 멘탈트레이닝을 통해 집중하는 습관을 갖게 된다면 여러분은 놀라운 성취를 이룰 수 있는 멘탈의 힘을 얻게 될 것입니다.

좋습니다. 자, 모두 눈을 떠보세요.

오늘 여러분은 집중력을 활용하면 몸의 변화를 일으킬 뿐만 아니라 그 어떤 일도 못할 일이 없다는 소중한 교훈을 얻었습니다.

【시각화 멘탈훈련】

우리의 뇌는 상상과 현실을 구분할 수 있는 능력을 가지고 있지 않기 때문에 운동수행에 대해 오감적으로 생생하게 시각화하는 멘탈트레이닝을 반복하게 되면 실제로 운동을 했을 때와 비슷한 경험과 기억의 구조를 만들게 된다.

운동 전 시각화 훈련

운동을 하기 전에 편안하게 앉은 자세에서 심호흡을 크게 세 번 하고 눈을 감은 후 마음속으로 자신이 운동을 하고 있는 동작과 자세, 기술 등을 영상으로 시각화하여 실제 운동할 때와 같은 생생한 감각으로 몰입하는 훈련방법이다.

- 지금 현재 멘탈트레이닝을 하고 있는 자신의 모습을 떠올려봅니다. 오늘 특별히 더 열심히 하여 실력을 향상시키고 싶은 동작이나 기술이 있는지 생각해봅니다.

오늘 집중해서 운동을 잘하기 위하여 어떤 마음자세와 태도를 가지고 자신의 초점을 어떻게 맞추어야 하는지를 생각해보세요.
그리고 상상을 통해 준비운동과 스트레칭하는 모습을 떠올려보세요. 스트레칭을 할 때 특별히 더 연습해야 할 신체부위에 초점을 맞추고 유연성이 좋아지는 자신의 모습을 떠올립니다.
집중해서 최선을 다해 열심히 운동하는 자신의 모습을 생생하게 상상해보세요. 오늘 최고의 집중력으로 최선을 다해 열심히 운동하는 멋진 자신이 될 것이라는 마음속 다짐을 합니다.

운동 후 시각화 훈련

운동을 마친 후에도 멘탈트레이닝을 실시한다.
운동을 마친 후에는 자신이 운동했던 실제기억을 불러내어 어떤 부분을 잘했는지 어떤 부분이 부족했는지를 회상하고 앞으로 어떤 부분을 더 열심히 해야 할지를 구체적으로 피드백하는 상상을 한다.
운동 전 시각화 훈련방법과 동일하게 실시하면 된다.

【미래기억만들기 훈련】

자신이 원하는 미래의 목표가 이미 이루어진 이후의 모습을 상상하여 뇌에 전용 신경회로를 생성시키는 멘탈훈련기법이다. 선수 자신의 성공, 변화된 위상, 리더십, 자신감 넘치는 당당한 모습을 생생하게 떠올려 성공한 이후의 변화된 자신으로서 미래체험을 하여 뇌에 미래기억을 선명하게 프로그래밍시킨다.

미래기억만들기는 성공한 자신의 모습을 뇌에 선명하고 분명하게 프로그래밍시켜 성공을 위한 초점 일치시키와 행동을 유도하여 미래기억을 현실화시키는 시각화 훈련기법으로서 뇌를 착각시키는 것이다. 미래기억은 훈련을 할 때는 미래체험이지만 뇌에 기억될 때는 이미 과거기억 형태로 저장되어 미래가 선명하게 프로그래밍된다. 방법은 시각화 훈련방법과 동일하게 실시한다.

【주먹쥐기 훈련】

운동 전이나 운동을 마친 후에 편안하게 앉은 자세나 서있는 자세로 실시한다. 훈련 전에 코치가 멘탈트레이닝의 중요성과 효과에 대해 간단하게 설명을 해준다. 훈련 전에 이 훈련의 기대효과는 선수의 집중력과 상상력의 차이에 따라 달라진다는 사실을 강조하여 선수의 집중을 유도한다. 낮은 목소리로 천천히 선수의 마음에 스며들듯이 진행하며 무드 있는 소리로 감정이입을 하는 것이 효과적이다.

감정이입이 되는 무드있는 낮은 목소리는 선수의 의식을 우회하여 잠재의식에 그대로 녹아들기 때문에 아무런 저항 없이 스며들어 선수의 마음과 행동을 통제하게 된다. 환경적 상황과 대상에 맞는 내용으로 바꾸어 코칭에 활용한다면 선수의 긍정적인 변화와 성취를 위한 중요한 수단과 도구가 될 수 있다.

■ 여러분! 눈을 감은 상태에서도 내 말이 또렷이 잘 들리나요?

지금부터 내 말에 집중할 수 있는 자신의 상태가 얼마나 준비되었는지 확인해보세요. 좀 더 여러분의 집중력을 높이기 위해 심호흡을 크게 세 번만 하도록 하겠습니다.

자기가 할 수 있는 만큼 최대한 숨을 크게 들이마십니다.

그리고 천천히 숨을 편안하게 내쉬면 됩니다.

숨을 들이마실 때는 '마음이'를 생각하고 내쉴 때는 '편안하다'고 생각하면 실제로 편안해지게 되는 느낌을 가질 수 있을 것입니다.

편안한 마음으로 눈을 감고 심호흡을 크게 반복해보세요.

(여유를 주고 기다려준다)

네, 좋습니다. 아주 잘하고 있습니다.

지금 나의 이야기를 더욱 또렷이 들으면서 심호흡을 할수록 마음이 편안해지는 느낌을 알아차릴 수 있다면 여러분은 지금 아주 집중된 마음상태에 있는 것입니다.

아주 편안하다고 생각하세요. 네, 잘하고 있습니다.

이제부터 내가 숫자를 열에서 하나까지 거꾸로 세겠습니다.

숫자가 하나씩 줄어드는 소리를 듣게 되면 지금보다 더욱더 편안하고 집중된 마음상태를 경험하게 될 것입니다.

열, 아홉, 여덟..., 하나 아주 잘했습니다.

마음과 몸이 아주 편안합니다.

자, 두 손을 앞으로 뻗어 주먹을 쥐어봅니다.

그리고 주먹을 다시 펴봅니다. 여러분은 여러분의 생각대로 자유롭게 주먹을 쥐었다 펼 수 있습니다.

잠시후 여러분은 자신의 주먹이 펴지지 않는 경험을 하게 될 것입니다. 다시 한 번만 심호흡을 해볼까요?

주먹을 꽉 쥐어보세요. 그리고 지금부터 쉬지 않고 계속 '주먹을 펼 수 없다'는 생각을 반복하세요. '주먹을 펼 수 없다', '주먹을 펼 수 없다' 여러분의 주먹은 절대로 펴지지 않습니다.

(10회 이상 반복 후 잠시 여유)

좋습니다. 이제 펼 수 없다는 생각을 멈추고 '주먹을 펼 수 있다'고 생각하고 주먹을 펴보세요.

이제 여러분은 주먹을 펼 수가 있습니다.

(주먹이 펴진 것을 확인)

여러분의 상상이 여러분의 몸을 통제하는 체험을 하였습니다.

여러분의 집중력이 여러분의 몸상태를 바꾸게 되었습니다.

할 수 있다고 반복해서 상상하면 할 수 있는 사람이 됩니다.

할 수 없다고 반복해서 상상하면 할 수 없는 사람이 됩니다.

여러분은 어떤 사람이 되고 싶습니까?

여러분은 어떤 사람이 되어야 할까요?

여러분의 상상과 집중력이 여러분이 가진 무한 성취의 긍정자원을 꽃피우는 빛이 되고 영양분이 될 것입니다.

여러분의 생각이 현실이 되는 사실을 알았습니까?

자, 이제 내가 하나에서 다섯까지 숫자를 세면 편안한 마음으로 눈을 뜨며 천천히 활력을 찾게 될 것입니다.

하나, 둘, 셋, 넷, 다섯 좋습니다. 잘했습니다.

【손 올리기와 손 내리기】

뇌는 오감적으로 생생하게 상상하면 그것이 사실이든 아니든 상관하지 않고 상상을 현실로 만드는 힘을 갖고 있다. 이것은 선수의 집중력과 상상력의 힘을 키우고 긍정적인 변화와 성장을 이끌어내는 멘탈트레이닝 기법이다.

■ 여러분의 집중력과 상상력을 향상시키는 멘탈트레이닝을 시작하겠습니다. 눈을 감은 상태에서 크게 심호흡을 세 번 하세요.
심호흡을 하는 요령은 크게 숨을 들이마시고 천천히 내쉬면 됩니다. (잠시 기다려준다)
심호흡을 하면서 얼마나 편안해졌는지를 느껴보세요.
심호흡을 크게 하는 것만으로 조금 전보다 마음과 몸의 어떤 부분이 달라졌다는 작은 느낌이라도 가질 수 있다면 초점을 일치시킬 수 있는 집중력과 유연성을 가진 것입니다.
네, 좋습니다. 아주 잘하고 있습니다.
자, 이제 두 손을 앞으로 내밉니다.
오른손은 손바닥을 아래로 향하게 하고 왼손은 손바닥을 위로 향하게 합니다. 여러분의 오른손에는 무거운 쇳덩어리가 묶여져 연결되어 있다고 상상합니다. 그리고 왼손에는 하늘로 날아오르는 수소풍선이 끈으로 연결되어 있다고 상상합니다.
먼저 오른손에 연결된 쇳덩어리를 떠올려봅니다.
무거운 쇳덩이가 오른손을 점점 아래로 내려가게 만듭니다.

오른손이 점점 더 아래로 내려가는 상상을 합니다.
내려갑니다. 점점 더 내려갑니다. 아래로... 아래로...
다음에는 왼손에 연결된 수소풍선이 위로 올라가면서 왼손이 올라가는 상상을 합니다. 풍선이 점점 더 커지면서 하늘 위로 높이, 높이 올라갑니다. 올라갑니다. 점점 더 올라갑니다.
오른손은 더 많이 아래로 내려가고 왼손은 점점 더 위로 올라갑니다. 네, 잘했습니다.
여러분의 놀라운 집중력으로 상상을 통해 손이 어떻게 움직였는지를 잠시후 확인할 수 있게 될 것입니다. 여러분의 손이 약간이라도 움직였다면 그것은 여러분의 상상력과 집중력의 힘이 만든 결과입니다. 어떤 사람은 손이 많이 움직였고 어떤 사람은 조금 움직였을 것입니다.
그리고 어떤 사람은 손이 전혀 움직이지 않았을 수도 있습니다.
어떤 상태라도 상관없습니다. 왜냐하면 여러분 모두가 이미 나의 말에 귀를 기울이고 초점을 집중하는 과정에서 여러분의 멘탈이 보다 더 수용적인 상태로 바뀌어 버렸기 때문입니다.
자, 그럼 내가 셋을 세면 눈을 뜨고 자신의 손을 확인해봅니다.
하나, 둘, 셋. 자, 이제 눈을 뜨고 자신의 손을 확인해봅니다.
여러분 모두가 최고의 집중력으로 멘탈트레이닝을 잘했습니다.
이 훈련을 통해 여러분은 자신이 원하는 목표를 성취하기 위해 필요한 멘탈의 힘을 얻게 되었습니다.
여러분 모두가 잘했습니다.

【감각을 활용한 집중력 훈련】

눈동자 훈련

■ 자기 눈동자 응시하기

거울을 보고 20초간 자기 자신의 눈동자를 응시하는 훈련을 반복한다. 처음에는 시간을 짧게 하고 점차적으로 늘린다.

■ 다른 사람 눈동자 응시하기

다른 사람과 짝을 이루고 20초간 바라보는 훈련을 반복한다.
처음에는 시간을 짧게 하고 점차적으로 늘린다.

■ 물체 응시하기

특정한 물체를 20초간 응시하는 훈련을 반복한다.
처음에는 시간을 짧게 하고 점차적으로 늘린다.

■ 초점 전환하기

다양한 각도로 고개를 돌리거나 몸을 움직여 다른 대상으로 초점을 전환하여 20초간 응시하는 훈련을 반복한다.
미리 초점전환에 대한 프로그램을 설정하면 더 효과적이다.

눈감고 소리 찾기 청각 훈련

■ 여러 가지 소리 알아내기

눈을 감은 상태에서 3가지 다른 소리를 들려준 후 알아맞추기를 통해 감각적인 민감성을 발달시키고 청각적인 자극에 초점을 일치시킬 수 있는 몰입능력을 키우게 된다.

■ 목소리 집중하기

목소리는 사람들마다 모두 다르다. 목소리의 고저, 장단, 톤을 듣고 마음상태나 정서를 알아차리는 민감성을 향상시킨다.

■ 명곡청취

눈을 감고 깊은 심호흡을 한 후 편안한 상태로 앉아 명곡을 감상한다. 정서, 집중력에 도움이 된다.

촉각 훈련

운동은 감각을 활용한 신경계통의 작용이며 신경회로의 새로운 생성과 강화과정이다. 신체적 경험은 뇌에 기억될 때 경험 당시의 감각이 함께 연합되어 저장되기 때문에 촉각 훈련을 통해 민감성과 주의집중력을 향상시킬 수 있다.

■ 손바닥 비비기를 통해 뜨거워지는 감각을 생생하게 느낀다.

■ 손뼉치기를 하며 손바닥의 느낌에 몰입한다.

■ 손가락치기는 열 손가락을 마주 보게 하여 마치 박수를 치듯이 소리 내서 친다. 처음에는 적은 횟수로 약하게 치고 숙달되면 횟수와 강도를 올린다.

■ 합장하기는 두 손바닥을 서로 밀며 중간에서 생기는 힘을 생생하게 느끼면서 손바닥의 감각을 발달시킨다.

■ 평소에 잘하지 않는 손등을 비비며 새로운 감각을 생생하게 느끼는 과정에서 촉각에 몰입한다.

- 손등 때리기는 손등을 서로 때리며 강도를 5단계로 나누어 1단계에서부터 점진적으로 강도를 높여가며 촉각에 몰입한다.
- 공수는 두 손을 포개어 바깥 손의 손바닥과 안쪽 손의 손등에 대한 촉각에 몰입한다.
- 깍지 끼기를 통해 손가락에 힘을 주거나 변화를 주며 손가락의 촉각에 몰입한다.
- 팔짱 끼기를 했을 때의 신체적인 느낌과 심리적인 정서의 변화에 대한 느낌에 몰입한다.
- 신체 마사지를 통해 신체부위별 자극에 대한 촉각에 몰입한다.
- 발바닥 때리기는 주먹이나 봉을 이용하여 자극을 주고 난 후 느낌에 몰입한다.
- 상호 마사지하기를 통하여 상대의 손길에 따라 반응하는 신체적 느낌에 몰입한다.

【숫자를 활용한 집중력 훈련】

다양한 숫자 배열을 통해 완전한 몰입이 가능하다.

- 숫자 1에서 99까지 홀수만 세기를 한다.
- 숫자 1에서 100까지 짝수만 세기를 한다.
- 숫자 100에서 1까지 거꾸로 홀수만 세기를 한다.
- 숫자 100에서 0까지 거꾸로 짝수만 세기를 한다.
- 2의 배수로 100까지 세기를 한다.

- 3의 배수로 99까지 세기를 한다.
- 5의 배수로 100까지 세기를 한다.
- 7의 배수로 98까지 세기를 한다.
- 9의 배수로 99까지 세기를 한다.
- 기타 다양한 숫자 배열을 통해 훈련이 가능하다.

【격자판 훈련】

격자판은 가로, 세로 25cm인 정사각형에 100개의 칸을 만들어서 무작위 순으로 0에서 99까지의 숫자를 써놓고 선수들에게 분간의 시간을 주어 미리 주어진 일정한 숫자로부터 차례로 몇 개를 찾아내는가를 검사하는 방법이다.

68	07	79	87	05	72	77	42	22	96
71	04	47	85	90	58	69	84	16	35
01	24	11	26	91	25	65	95	48	75
89	98	60	76	83	94	57	02	12	14
06	63	37	31	21	93	78	64	30	27
41	20	38	19	44	54	59	70	67	40
92	13	50	55	17	43	49	86	28	88
56	10	55	46	52	18	74	03	39	29
62	32	36	09	81	97	33	61	45	53
34	00	23	15	08	73	80	99	82	51

집중력이 발달된 선수들은 보통 1분간에 20~25개의 숫자를 찾아낸다. 이와 같은 간단한 방법을 이용하여 코치는 자신이 지도하는 선수들의 집중력을 발달시켜 줄 수 있다.

훈련방법은 영상을 통해 큰 화면을 보며 숫자를 차례로 찾는 방법과 개인별로 유인물을 나누어주어 펜으로 직접 체크하게 하는 방법이 있으며 확대한 인쇄물이나 현수막을 활용하기도 한다. 격자판은 숫자 배열을 바꾸어 반복해서 훈련할 수 있다. 훈련을 반복할수록 찾아내는 숫자가 늘어나는 것은 집중력이 향상되었기 때문이다.

자율훈련법

∴ 자율훈련법의 목표

자기 최면의 하나라고 할 수 있는 '자율훈련'은 독일의 정신의학교수인 슐츠(Johannes Schultz)박사가 1932년에 명상기법을 포함하여 심리, 생리적인 체계적 실험을 통하여 고안하였다.

이것은 1930년에 제이콥슨(Edmund Jacobson)이 개발한 '점진적 이완법'과 함께 스포츠에서 선수들의 멘탈트레이닝 프로그램으로 많이 호응을 얻고 있으며 심리치료기법으로도 많이 활용하고 있다.

자율훈련법은 공식화된 자기암시에 따라 팔다리의 이완과 심장, 호흡, 복부 등의 자율신경계를 통제하며 나아가서 신체기관의 취약한 부분을 개선할 수도 있고 멘탈을 강화시켜 성격을 개조할 수도 있는 자생적인 훈련법이다.

수동적 주의집중으로 자율이완상태로 들어가게 되면 의식은 가라앉고 자각기능이 제한되어 잠재의식이 활성화된다. 심신상관성에 의해 신체의 이완과 자유로움이 정신적 이완을 함께 가져오고 최면상태와 비슷한 고도로 집중된 이완상태에서 원하는 변화를 일으킬 수 있는 멘탈훈련방법이다.

자율훈련법은 자기 최면과 같은 개념이며 확실한 효과가 검증된 우수한 방법으로 평가받고 있다. 그 이유는 자율훈련법의 기법이 공식화되어 있고 임상적 효과에 대한 검증이 충분히 이루어졌기 때문이다.
자기 최면, 자생훈련 등의 이름으로 알려지기도 했으며 자율훈련법이 심리요법으로 널리 인정을 받게 되면서 세계 각국에 널리 보급되어 학교, 병원, 기업, 기관, 스포츠, 자기계발, 코칭 등의 분야에 널리 확산되고 있다. 특히 질병치유와 건강관리, 스포츠 수행 향상과 경기력을 높이는 멘탈트레이닝 기법으로도 긍정적인 효과가 입증되었다.

자율훈련법이 탄생하게 된 배경을 살펴보면 최면유도과정에서 트랜스에 빠지게 될 때 공통적으로 체험하는 주관적 느낌이 첫째, 팔과 다리가 무겁다는 중감을 느끼는 것이고 둘째, 팔과 다리가 따뜻하다는 온감을 느낀다는 것을 알게 되었다. 이러한 중감과 온감의 느낌을 발생하도록 하는 심리적이고 생리적인 조건을 인위적으로 만들기 위한 암시를 각성상태에서 반복하게 되면 최면상태가 된다.
만약 각성상태에서 이완을 통한 트랜스를 유도할 수 있다면 자율훈련법의 효과는 더욱더 커진다.

슐츠박사는 자율훈련과정에서 '무겁다'라고 하는 암시가 최면현상과 같은 이완상태라는 것을 발견하게 되었으며 그는 최면이 이루어지는데 무겁다는 느낌이 심리적이고 생리적인 필수 조건이라고 보았다.
따라서 반복적인 자기암시를 통해 심신의 이완을 체계적으로 진전시키면 생리적으로 최면과 비슷한 상태가 만들어진다고 가정했던 것이다.

우리 마음과 몸의 치유와 긍정적인 변화를 만들고 지속시키는 것은 자기 자신이다. 스스로 자기 자신의 상태를 변화시킬 수 있는 주체성과 자결성을 가지게 될 때 문제를 극복할 수 있는 능력을 가지게 된다.
바로 자율훈련법은 스스로 자신의 상태를 원하는 상태로 변화시키기 위한 자기암시로 심리적, 생리적 변화를 일으키는 최고의 멘탈트레이닝 기법이라고 할 수 있다.

자율훈련법의 목표는 내적인 이완과 각 단계의 반복 훈련을 통해 점진적으로 내면의 심리적, 생리적, 신체적 긴장을 완화시키는 것이다.
심리적 이완이 생리적, 신체적 이완을 돕고 생리적, 신체적 이완이 심리적 이완을 도와 몸과 마음이 함께 이완되면서 심신이 일치되는 전체성을 만들게 된다.

건강한 심신의 통합으로 안정감과 편안함, 침착함, 주의집중력이 좋아지고 최상의 수행을 할 수 있는 내면의 일치된 상태를 유지할 수 있다. 몸과 마음이 불일치되면 운동수행과정에서 정보간섭이 생겨 과제수행에 지장을 받을 수 있다. 자율훈련은 선수의 심신이 통일되어 정보간섭 없이 최상의 운동수행을 할 수 있도록 도움을 준다.

첫째, 선수가 가지고 있는 불안, 초조, 소심함, 두려움, 우울, 불면, 두통, 산만함 등의 증세를 줄이거나 없애준다.

둘째, 과거의 학습과 경험에 의해 조건형성된 지나친 심리적, 신체적 긴장이나 각성을 줄여 안정감과 편안함을 느끼게 해준다.

셋째, 적절한 각성상태에서 자신이 원하는 운동수행에 가장 적합한 주의의 폭을 유지시켜준다.

넷째, 몸과 마음이 일치되어 적응력이 좋아진다.

다섯째, 경기결과에 대한 부정적 귀인을 벗어나 긍정적인 피드백을 할 수 있는 자기 조절 능력을 배양시킨다.

∴ 자율훈련법의 과정

준비

■ 장소

외부의 방해를 받지 않는 조용하고 아늑한 곳이 좋다.

■ 복장

간편하고 편안한 차림이면 특별한 제한이 없다.

■ 자세

바로 누운 자세 또는 소파나 의자에 기대앉은 자세에서 실시하며 편안함과 안정감을 느끼는 자세가 좋다.

■ 훈련

1일 3회가 적당하며 규칙적이고 지속적으로 반복한다.

■ 끝내기

주먹을 세 번 쥐었다 펴고 팔다리를 세 번 굴신운동을 하고 난 후 눈을 뜨면 훈련과정이 종료된다.

문제별 특수 암시

특수 암시는 자율훈련 6단계 연습을 실시한 후 깨어나기 전에 각자에게 맞는 암시를 하는 것이다. 예를 들면 불면증으로 고생하는 사람이라면 '오늘 밤부터 잠을 푹 잘 잔다. 오늘 밤부터 잠이 잘 온다'와 같은 특수한 암시어를 말한다.

각 단계마다 특수 암시를 3번 정도 반복하는 방법도 있으며 어떤 방법을 선택하더라도 특수 암시는 선수의 뇌에 프로그래밍 된다.

초기단계에서는 '편안하다', '자신감이 넘친다', '난 할 수 있다'와 같은 간단한 특수 암시를 반복하고 숙달되면 원하는 상태의 구체적인 암시를 통해 원하는 변화를 할 수 있다.

수동적 주의집중

자율훈련의 성패는 '수동적이고 피동적인 주의집중'의 태도에 달려있다고 할만큼 이것은 중요한 원리이다. 수동적 주의집중은 집착하지 않는 태도를 강조한다. 즉, '반드시 되어야 한다'는 것이 아니라 '되면 좋은 것이고 안 되어도 상관없다'는 구속되지 않는 마음가짐, 무심한 기분, 아무렇지도 않은 태도가 중요하다.

능동적 주의집중과 수동적 주의집중의 차이점은 '달성하려는 목표'에 대해서 어떠한 태도로 임하느냐의 차이에 있다고 할 수 있다.
능동적 주의집중은 목표달성을 위해 관심, 주의, 의지, 행위 등을 촉구하거나 활용함으로써 목표를 성취할 수 있도록 촉구하는 것이다.

그렇지만 수동적 주의집중은 '오른팔이 무겁다'라고 하는 연습에서 '오른팔에 어떤 느낌이 날까'를 유의하면서 마음속으로 태연하게 암시어를 천천히 되풀이하는 것이다. 오른팔이 좀 무겁게 느껴지거나 나른하게 혹은 팔이 '축 늘어진' 것처럼 느낄 수 있게 된다면 바람직하지만 그런 느낌이 없어도 상관없다. 암시어를 반복하는 과정에서 이미 신경회로가 광케이블처럼 굵어져 변화가 시작되고 있기 때문이다.

모든 사람들이 연습 초기에 반드시 느낌을 갖게 되는 것은 아니다.
연습을 계속 하다보면 어느덧 오른팔을 들 수 없을 정도로 무거운 경험을 하게 되지만 처음부터 그렇게 되어야 한다고 믿거나 기대하다 보면 오히려 방해가 될 수 있으므로 여유 있는 마음으로 아무 생각 없이 무심한 상태로 기다리는 것이 필요하다.

연습 효과를 빨리 보고자 노력한다든지 암시한대로 반응이 나오지 않는다고 초조하게 생각하면 오히려 긴장이 되어 방해가 된다.
모든 사람에게 처음부터 같은 정도의 효과가 나타나거나 잘 되는 것은 아니므로 실망하지 말고 순서대로 연습을 꾸준히 하면 반드시 효과를 볼 수 있을 것이라는 점을 인식하는 것이 중요하다.

몰입된 상태에서 암시어를 반복하면 뇌는 그것을 사실로 받아들이고 믿음을 만들기 때문에 시간의 차이가 있을 뿐 누구든지 연습의 효과를 확인할 수 있다.

자율훈련의 실제

준비가 완료되면 1단계부터 연습을 시작한다.
1단계를 연습하기 전에 먼저 '안정감 훈련'을 하는 것이 좋다.
그 자체가 자율훈련의 단계는 아니지만 본격적인 자율훈련을 연습하기 위한 '시작 신호'의 의미가 있고 차후에는 '안정감 훈련'에 나오는 암시만 해도 편안함을 느낄 수 있게 된다.

자율훈련은 스포츠에서 '루틴'과 비슷한 효과를 나타낸다. 루틴은 선수가 최상의 경기력을 얻을 수 있도록 최적의 상태를 일관성 있게 유지할 수 있는 패턴을 조건형성시키는 것으로 자율훈련의 효과와 비슷하다고 볼 수 있다.

안정감 훈련

- 암시어 : 마음이 (매우) 편안하다.

이것은 특수 암시와 비슷한 방법이며 안정감 훈련을 특수 암시로 사용해도 된다. 자율훈련 6단계 연습을 본격적으로 시작하기 직전에 하는 것이지만 자율훈련 6단계 연습을 하는 도중에 3~4회 정도 첨가하여 실시해도 좋으며 자율훈련 연습을 끝마치기 전에 3회~4회 정도 실시하는 방법도 있다.

자율훈련은 한 단계를 완전히 익힌 후 다음 단계로 넘어가는 것이 좋다. 그렇지만 6단계를 모두 마스터하는데 대체로 3개월~4개월이나 소요되어 중도탈락자가 많기 때문에 통합해서 전체로 안정감 연습을 하는 것이 나을 수도 있다. 그리고 1단계부터 6단계까지의 모든 단계를 처음부터 꾸준히 한꺼번에 연습을 하더라도 좋은 결과를 얻을 수 있기 때문에 어떤 방법으로 하든 상관이 없다.

∴ 자율훈련법 진행방법

1단계 : 무거운 감각훈련

- 암시어 : 오른팔이 매우 무겁다.
- 효과 : 긴장, 불안, 불면, 얼굴 홍조, 집중력 향상의 긍정적 효과
- 훈련원리와 방법

  팔, 다리의 근육을 반복적인 암시어를 통해 이완시킴으로써 말초신경을 쉬게 하고 스트레스와 긴장으로 경직된 마음을 자연스럽고 부드러운 상태로 되돌리는 훈련방법이다. 그래서 마음이 편안하다는 생각을 바탕에 깔고 하면 효과가 더 좋다.

  실제로는 팔, 다리가 무겁다는 것보다는 '축 늘어진다'는 의미가 더 잘 전달될 수 있다. 개인의 감각에 따라 '늘어진다', '축쳐진다'

등의 암시어를 선택해서 사용해도 관계없다.

구체적인 방법은 들이마시고 내쉬는 숨에 리듬을 맞춘다.

예를 들면 숨을 들이마실 때는 '오른팔이'라고 생각하고 내쉬는 숨에 '매우 무겁다'라고 암시를 보낸다. 연습할 때 먼저 좌우의 팔 중에서 어느 한쪽을 정한다. 오른손잡이는 오른팔을 왼손잡이는 왼팔을 먼저 연습하면 된다. 오른팔에 무거운 느낌이 나타나면 더욱 그 느낌을 강화한다.

그렇게 되면 왼팔의 부위에도 암시어 속으로 끌어들여 무거운 느낌이 나타나도록 몰입한다. 양팔에 연습반응이 잘 나오면 차츰 그 느낌을 강하게 확대시켜 오른다리, 왼다리로 나타나도록 한다. 양팔과 양다리에 무거운 느낌이 들어갈 때까지는 반복해서 훈련하는 것이 좋다.

■ 실제연습

마음이 편안하다.

(마음으로 또는 중얼거리듯 3~4번 반복)

오른팔이 (매우) 무겁다.

(마음으로 또는 중얼거리듯 7~10번 반복)

왼팔이 (매우) 무겁다.

(마음으로 또는 중얼거리듯 7~10번 반복)

양팔이 (매우) 무겁다.

(마음으로 또는 중얼거리듯 7~10번 반복)

오른다리가 (매우) 무겁다.

(마음으로 또는 중얼거리듯 7~10번 반복)

왼다리가 (매우) 무겁다.

(마음으로 또는 중얼거리듯 7~10번 반복)

양다리가 (매우) 무겁다.

(마음으로 또는 중얼거리듯 7~10번 반복)

양팔과 양다리가 (매우) 무겁다.

(마음으로 또는 중얼거리듯 7~10번 반복)

2단계 : 따뜻한 감각훈련

- 암시어 : 오른팔이 매우 따뜻하다.
- 효과 : 스트레스, 긴장, 자신감 결핍, 비관적 사고, 손 떨림, 집중력, 마음의 안정에 긍정적 효과
- 훈련원리와 방법

  근육 말초혈관의 피 흐름을 좋아지게 함으로써 몸과 마음의 긴장을 풀어주는 방법이다. 팔다리에 따뜻한 기분을 느끼기 위해 따뜻한 목욕탕이나 찜질방에 누워있다고 생각하면 도움이 된다.

  각 과정별로 7~10번 반복한다.
- 실제연습

  오른팔이 (매우) 따뜻하다.

  (마음으로 또는 중얼거리듯 7~10번 반복)

  왼팔이 (매우) 따뜻하다.

(마음으로 또는 중얼거리듯 7~10번 반복)

양팔이 (매우) 따뜻하다.

(마음으로 또는 중얼거리듯 7~10번 반복)

오른다리가 (매우) 따뜻하다.

(마음으로 또는 중얼거리듯 7~10번 반복)

왼다리가 (매우) 따뜻하다.

(마음으로 또는 중얼거리듯 7~10번 반복)

양다리가 (매우) 따뜻하다.

(마음으로 또는 중얼거리듯 7~10번 반복)

양팔과 양다리가 (매우) 따뜻하다.

(마음으로 또는 중얼거리듯 7~10번 반복)

3단계 : 심장조절 감각훈련

- 암시어 : 심장이 조용히 규칙적으로 뛰고 있다 또는 심장이 매우 조용히 뛰고 있다.
- 효과 : 집중력, 마음의 안정, 항상성 유지, 혈압관리, 성격개조, 불안해소 등에 긍정적 효과
- 훈련원리와 방법

심장이 규칙적으로 뛰는 상태가 혈액순환을 고르게 해줌으로써 신체적, 정신적 긴장을 이완시키는 방법이다.

마음의 안정을 취하기 위해 심장이 조용히 규칙적으로 뛰고 있다

고 반복 암시한다. 이때 가만히 심장에 귀를 기울여본다.

처음에는 심장이 뛰는 소리를 들을 수 없지만 반복적인 자기암시를 하면서 심장의 생명력을 느낄 수 있게 된다.

■ 실제연습

심장이 조용히 규칙적으로 뛰고 있다.

(마음으로 또는 중얼거리듯 7~10번 반복)

4단계 : 호흡조절 감각훈련

■ 암시어 : 호흡이 편안하다.

■ 효과 : 스트레스 제거, 집중력 향상, 이완, 마음의 안정, 긴장불안 해소, 무력감 탈피, 편안함 등에 긍정적 효과

■ 훈련원리와 방법

호흡을 편안하게 조절함으로써 몸과 정신의 긴장을 이완시키는 방법이다. 호흡이 편안해지면서 마치 파도가 밀려오고 밀려가는 것처럼 손과 발에서 실제로 리듬이 일어난다.

리듬에 맞추어 숨을 들이마시면서 '호흡이'라고 생각하고 숨을 내쉬면서 '편안하다'고 생각하면 호흡이 안정되고 마음이 편안해짐을 느낄 수 있다. 우리 뇌는 호흡의 속도와 상태를 잠재의식에서 시간적으로 정확하게 체크하고 있기 때문에 호흡을 천천히 편안하게 하면 몸상태를 호흡에 맞추게 된다.

호흡조절을 통해 심리적, 생리적 상태를 통제할 수 있다.

■ 실제연습

호흡이 편안하다. (마음으로 또는 중얼거리듯 7~10번 반복)

5단계 : 복부 감각훈련

■ 암시어 : 아랫배가 따뜻하다 또는 배가 따뜻하다.

■ 효과 : 내장기관의 활성화, 소화기능 개선, 자신감, 신체기능 개선, 활력 증진, 심리적 압박감 등에 긍정적 효과

■ 훈련원리와 방법

자율신경은 몸을 자동적으로 조절하는 신경인데 위장, 심장, 폐, 간, 신장, 췌장, 비장, 방광, 자궁 등의 장기는 물론 혈관, 내분비샘, 땀샘, 침샘 등도 이 자율신경이 지배하여 사람의 의지와 관계없이 조절하고 있다. 반복적인 암시는 잠재의식에 굵은 신경회로를 형성하여 자율신경계를 통제한다. 배가 따뜻하다는 암시어가 실제로 배가 따뜻해지는 신체적인 느낌을 갖게 만드는 것이다.

이 단계의 연습은 자율신경계를 통제하여 배를 따뜻하게 함으로써 여러 내장기관의 긍정적인 변화를 조절하고 마음을 편안하게 유지하는데도 도움이 된다. 배 부위가 따뜻하다고 반복해서 암시를 하면 실제로 배가 따뜻해진다. 느낌이 잘 오지 않으면 배 위에 찜질팩을 올려놓았다고 생각한다. 숨을 들이마실 때 '복부가'라고 생각하고 숨을 내쉴 때 '따뜻하다'라고 생각한다.

이 연습을 잘하면 특히 소화기능이 좋아지고 활력이 생긴다.

그리고 신체의 잔질병을 예방하고 심리적인 안정감과 자신감, 긍정의 에너지가 충만해진다.

■ 실제연습

복부가 따뜻하다. (마음으로 또는 중얼거리듯 7~10번 반복)

6단계 : 이마 감각훈련

■ 암시어 : 이마가 시원하다 또는 이마가 차갑다.

■ 효과 : 집중력 향상, 기억력 향상, 뇌기능 발달, 두뇌훈련, 판단력 증진, 학습능력 향상,

■ 훈련원리와 방법

이마를 시원하게 함으로써 뇌기능을 향상시켜 효과적으로 작동되도록 하고 나아가서는 안정감과 판단력을 증진시키는 방법이다. 옛날부터 '두한족열'이라고 하여 머리는 시원하게 하고 발은 따뜻하게 하는 것이 좋은데 이것은 그 원리를 임상실험적으로 체계화한 것이다. 사람에 따라 차가운 느낌을 싫어하는 경우도 있다. 차가움에 대한 거부가 심한 사람은 암시어를 '이마가 차갑다' 대신에 '이마가 시원하다'로 하는 것이 좋다.

훈련방법은 숨을 들이마시면서 '이마가'라고 생각하고 숨을 내쉴 때 '시원하다'라고 생각하면서 훈련한다.

■ 실제연습

이마가 시원하다. (마음으로 또는 중얼거리듯 7~10번 반복)

자율훈련법 전체 과정 연습방법

1단계~6단계까지 마음이 (매우) 편안하다. 마음으로 또는 중얼거리듯 3~4번 반복한다.

- 안정감 연습 : 마음이 (매우) 편안하다.
  (마음으로 또는 중얼거리듯 3~4번 반복)
- 1단계 : 양팔과 양다리가 (매우) 무겁다.
  (마음으로 또는 중얼거리듯 7~10번 반복)
- 2단계 : 양팔과 양다리가 (매우) 따뜻하다.
  (마음으로 또는 중얼거리듯 7~10번 반복)
- 3단계 : 심장이 조용히 규칙적으로 뛰고 있다.
  (마음으로 또는 중얼거리듯 7~10번 반복)
- 4단계 : 호흡이 편안하다.
  (마음으로 또는 중얼거리듯 7~10번 반복)
- 5단계 : 복부가 따뜻하다.
  (마음으로 또는 중얼거리듯 7~10번 반복)
- 6단계 : 이마가 시원하다.
  (마음으로 또는 중얼거리듯 7~10번 반복)
- 끝내기
  마음속으로 하나에서 셋까지 세고 난 후 눈을 뜬다.
  그런 다음 각성상태로 돌아온다.

앵커링

올림픽에서 금메달을 획득한 후에 시상대에서 태극기가 게양되고 애국가가 울려 퍼지는 감격적인 순간 두 주먹을 불끈 쥐는 경험을 했다면 이 선수는 이후에 주먹만 불끈 쥐어도 올림픽에서 금메달을 목에 걸었던 감동적인 순간이 재현되어 활력 있고 자신감 넘치는 상태가 된다. 태극기만 봐도 가슴이 설레고 애국가만 들어도 우승 당시의 모든 성취 경험이 생생하게 불려 나온다.

이처럼 일관된 정서적 반응 유형을 불러일으키는 주먹 쥐기나 태극기, 애국가를 앵커(anchor)라고 하며 우승의 벅찬 감동과 앵커가 연합되어 조건형성된 상태를 앵커링이라고 한다. 감각으로 받아들이는 특정한 자극과 경험은 조건반사적으로 다른 행동과 감정을 함께 발현시키게 되는 것이다.

예를 들어 길을 걷다가 빨간 신호등 앞에서 사람들은 생각 없이 반사적으로 멈춘다. 이러한 행동은 신호등의 빨간색은 멈추는 행동과 연합되어 있기 때문이다. 빨간색에 건너는 것은 위험하고 벌금을 낼 수도 있으며 법을 위반하는 나쁜 행동이라는 반복된 학습에 의해 조건형성된 결과이다.

신호등의 색깔이 초록색으로 바뀌면 사람들은 생각 없이 다시 길을 걷는다. 신호등의 색깔만 바뀌었을 뿐인데 사람들은 가던 길을 멈추기도 하고 다시 출발하기도 한다. 신호등 불빛의 색깔은 행동을 통제하는 신호가 되는 앵커이며 색깔에 따라 정지하거나 출발하는 행동은 색깔과 연합된 앵커링이다.

앵커링을 이용하면 현재상태를 자신이 원하는 상태로 얼마든지 바꿀 수 있다. 만약 의식하지 못하는 가운데 원하지 않는 부정적 앵커링이 선수의 능력을 제한하고 있다면 그러한 정서는 분리시켜야 하며 새로운 긍정적 앵커링을 사용함으로써 자신의 자원을 증폭시킬 수 있는 새로운 반응과 상태를 만들어낼 수 있게 된다.

선수들이 훈련이나 시합상황에서 원하는 자신의 멘탈상태를 유지하기 위해 루틴(routine)을 활용하는데 루틴도 앵커링과 비슷한 멘탈강화 기법이다. 수영의 박태환 선수는 경기시작 전까지 음악을 들으면서 자신의 각성을 조절하고 평정심을 유지했으며 무에타이 선수는 경기 전에 특유의 전통의식을 치르면서 습관적인 행동을 하며 자신의 마음과 몸을 최상의 상태로 만든다.

양궁 국가대표인 박성현 선수는 자신만의 독특한 루틴을 사용하여 멘탈을 강화한다. 시합에 임하는 자세에서 활에 화살을 꽂은 후 소매 끝을 한 번씩 살짝 당긴다. 그리고 유니폼 상의 카라를 매만진 후 손가락으로 선글라스를 끌어올린다. 마지막으로 심호흡을 한 후에 무심으로 활시위를 당긴다. 이러한 동작은 조금의 오차도 없이 이루어지며 그 과정을 통해 마음의 평정심과 집중력을 높이고 경기에 대한 자신감을 갖게 되었다.

골프선수가 스윙 전에 스윙 연습과 타켓 설정, 심호흡 등의 패턴을 만들어 자신만의 고정된 루틴을 30초 이내로 하는 것도 일관된 안정적인 멘탈상태를 유지하는 방법이다.

상태를 긍정적으로 유지하고 에너지가 충만한 상태에 앵커를 고정하기 위해서는 과거의 성취경험 상태에 정서가 연합된 기억을 활용하는 것이 좋다. 과거의 특정한 정서와 관련된 신경회로가 현재의 상태를 그대로 재연시키게 된다. 특정한 것을 보고 듣거나 접촉하는 경험에 앵커를 고정시켜 필요할 때 언제든지 재연하여 자신의 상태를 변화시킬 수 있으며 원하는 상태로의 선택을 할 수 있다.
앵커링은 모든 스포츠에서 활용이 가능하며 특히 멘탈의 비중이 큰 스포츠일수록 더 유용한 멘탈훈련방법이다.

∴ 자원 앵커링

자원 앵커링은 조건반사가 일어나는 앵커를 의도적으로 만들어 과거에 경험했던 긍정의 정서적 자원들을 현재상태로 이끌어내기 위하여 이루어지는 가장 기본적인 앵커링 기법이다. 자원 앵커링을 효율적으로 실천하기 위해서 먼저 선수 자신이 어떤 상태를 원하는지를 알아야 하며 경기력 향상이나 운동수행에 도움이 되는 자신의 완벽한 상태를 결정해야 한다.

예를 들어 '자신감을 갖고 싶다'처럼 원하는 상태를 먼저 결정하는 것이다. 그 다음 과거경험 중에서 자신감 충만했던 기억에 몰입하여 연합시킨다. 과거의 다양한 경험 중에서 자신감이 충만했던 특별한 정서를 생각하고 그것이 언제, 어디서, 어떤 일이었으며 무엇을 했는지 오감적으로 회상한다. 만약 자신의 긍정적 회상 자원이 없다면 주위에 그 자원을 가진 모델을 실제적인 느낌이 들도록 떠올리거나 자신이 원하는 상상을 해도 된다.

앵커링에는 신체감각, 청각, 시각적인 앵커링이 있으며 신체감각을 이용한 앵커링의 경우 주먹을 강하게 쥐거나 손가락 접촉하기, 손등 비비기, 팔꿈치 문지르기, 팔짱끼기, 가슴에 손 포개 올리기 등 몸 전체가 앵커가 될 수 있다. 선수들이 자신감을 높이기 위해 주먹을 불끈 쥐고 파이팅을 외치는 것과 코치가 선수의 어깨를 두드리며 격려하는 것도 앵커가 된다. 멘탈트레이닝을 할 때 특정한 앉은 자세나 호흡도 앵커가 될 수 있다.

청각을 이용한 앵커링의 경우에는 특정 단어나 소리를 이용한다. 활력적인 신체 움직임에는 빠르고 힘 있는 음악을 듣고 이미지 트레이닝을 할 때는 조용한 효과음을 활용하는 것이 앵커가 될 수 있다. 특정한 동작이 이루어질 때마다 '좋았어. 바로 그거야'라고 반복하거나 '파이팅'이라고 외치는 것도 앵커가 되며 긍정적인 자기암시나 특정 음악, 종교의식에서의 염불과 목탁, 기도소리도 반복되면 청각적 앵커에 해당한다.

시각을 이용한 앵커링의 경우는 특정한 이미지나 색상, 장면, 동작 등을 떠올려 정서를 이끌어내는 앵커로 활용할 수 있다. 운동용품이나 경기장, 유니폼, 관중을 보기만 해도 특정한 정서상태를 느끼게 된다면 시각적 앵커링이 된 것이다.

훈련과정에서 선택된 앵커를 활용하여 자원상태로 들어가서 그 상태를 충분히 경험시킨다. 그 당시의 자원상황으로 들어가서 생생하게 연합을 하고 그때 보고 듣고 느꼈던 정서를 지금 상태에서 경험하고 있는 것으로 상상한다. 정서가 최고조에 이르기 직전에 선택한 앵커를 고정한다. 몰입했던 상태에서 나온 후 상태를 단절시키기 위해 심호흡과 스트레칭을 실시하고 안정을 되찾은 상태에서 앵커를 테스트한 후 여러 번 반복한다.

∴ 붕괴 앵커링

차가운 물에 아주 뜨거운 물을 혼합하게 되면 물의 온도가 미지근하거나 따뜻해진다. 마찬가지로 부정적인 마음을 일으키는 과거의 나쁜 기억 때문에 힘든 선수에게 긍정적인 마음을 일으키는 성취경험을 떠올리게 하거나 희망적인 이야기를 들려주게 되면 강한 긍정적인 요소로 인하여 선수의 부정적인 정서를 많이 약화시키거나 사라지게 만드는 것을 붕괴 앵커링이라고 한다.

현재의 부정적인 상태에서 벗어나고 싶을 때 부정적 앵커를 붕괴시킬 수 있는 새로운 긍정적인 자극이 필요하다. 원하지 않는 부정적 정서와 원하는 긍정적 정서를 각각 앵커링한 다음 두 가지 앵커를 함께 발화시키게 되면 잠깐의 짧은 혼란의 시간이 지나면서 부정의 정서가 약해지고 새로운 상태가 생겨난다. 부정의 요인을 강력하게 막아낼 수 있는 긍정적인 앵커를 강화하는 것이 중요하다.

성장과정에서 자신의 의지와 관계없이 조건형성된 부정적인 앵커링 때문에 자신의 능력과 기술을 제대로 사용하지 못하는 무기력한 상태에 있는 선수들을 많이 볼 수 있다. 잘못 형성되어 있는 부정의 앵커링 하나만 붕괴시켜도 좋은 성적을 얻게 된다.
붕괴 앵커링은 선수를 부정의 늪에서 구원해줄 수 있는 구원의 밧줄과 같은 기능을 하며 긍정적인 상태를 유지하여 더 좋은 성과를 만들어줄 수도 있는 것이다.

붕괴 앵커링의 방법은 먼저 부정적인 나쁜 기억과 감정을 결정한다. 부정적 과거기억을 떠올리고 몰입한 상태에서 왼손을 왼쪽 무릎에 붙이고 부정적 앵커를 고정한다. 초점을 전환하여 상태 단절 후 왼쪽 무릎에 앵커를 발화했을 때 부정적 상태가 불려 나오면 다시 무릎에서 손을 떼고 상태를 단절한다.

다음에 긍정적인 과거기억과 정서에 몰입한 상태에서 오른손을 오른쪽 무릎에 붙이고 긍정적 앵커를 고정한다. 초점을 전환하여 상태 단절 후 앵커를 발화했을 때 긍정적 상태가 불려 나오면 다시 손을 떼고 상태를 단절시킨다. 그리고 동시에 모든 앵커를 발화한다.
오른손을 먼저 오른쪽 무릎에 붙이고 다음에 왼손을 왼쪽 무릎에 붙인다. 손을 뗄 때는 왼손을 먼저 떼고 오른손을 뒤에 뗀다.
최종적으로 현재의 상태를 점검해본다.

∴ 연쇄 앵커링

연쇄 앵커링은 마치 도미노처럼 여러 가지 단계를 거치며 최종 목표에 연결되어 전체적으로 하나의 연결관계를 이끌어내는 앵커링 기법이다. 즉, 하나가 그 다음 것을 일으키기 위해서 앵커가 연쇄적으로 작용하는 것이다. 각각의 앵커는 연쇄의 고리가 되어 그 다음 앵커의 자극 신호로 작용하여 변화를 일으킨다.

연쇄 앵커링은 선수의 습관이나 성격을 바꾸고자 할 때 활용하면 효과가 좋으며 자신감, 집중력, 불안 해소, 관점 전환 등에도 아주 효과적인 기법이다. 예를 들어 중요한 시합을 앞두고 열정이 부족하거나 도전하지 못하는 나약한 성격과 습관적인 상태를 동기상태와 결단상태로 바꾸는데 좋은 기법이다.

연쇄 앵커링의 방법은 먼저 목표를 달성할 수 있는 상태를 순서대로 선택한다. 자신감이 없다는 무기력감에서 자신감이 넘치는 활력상태로 이동하기 위해서는 연쇄 앵커링을 설정해야 한다. 이때 이웃 앵커와의 연관성이 있어야 연쇄가 된다. (자신감이 없다 ☞ 심호흡을 크게 하고 주먹을 강하게 쥔다 ☞ 휴식을 취한다 ☞ 개운하다 ☞ 기대된다 ☞ 할 수 있다 ☞ 자신감이 넘친다)

먼저 첫 번째 상태 '자신감이 없다'에 대한 앵커를 고정한다.
첫 번째 앵커와 가까운 지점에 '심호흡을 크게 하고 주먹을 강하게 쥔다'는 두 번째 앵커를 고정한다. 그 다음 '휴식을 취한다', '개운하다', '기대된다'는 순서대로 앵커를 고정하여 '자신감이 넘친다'까지 각각 다른 지점에 앵커를 고정한다. 그리고 초점을 전환하여 상태를 단절한다. 이때 연결이 처음 앵커로 돌아가지 않도록 주의한다.

그 다음 첫 번째 앵커를 발화하여 최고조가 되었을 때 두 번째 앵커를 발화하며 두 번째 앵커가 발화하여 최고조가 되었을 때 세 번째 앵커를 발화시킨다. 다시 순서대로 계속 앵커를 발화시켜 최후의 앵커까지 같은 방법으로 연결한다. 반복해서 실행하면 첫 번째 앵커가 발화되는 순간 도미노처럼 차례대로 발화하여 최종목표까지 순식간에 도달한다. '자신감이 없다'를 발화시키면 단숨에 '자신감이 넘친다'는 상태로 변화하게 된다.

긍정적인 연쇄 앵커링이 만들어지면 부정적인 상태에서 긍정적인 상태로 연쇄적으로 바뀌게 되면서 신경회로가 굵게 만들어진다.
이 신경회로가 다른 느낌과 생각, 말, 행동에도 영향을 미치게 되어 부정적인 상태에서 긍정적인 상태로의 연쇄적인 변화가 일어나게 된다.
이처럼 연쇄 앵커링을 통해 마음과 몸의 상태를 원하는 상태로 얼마든지 조절할 수가 있다.

연쇄 앵커링을 긍정적인 과정으로만 연결하여 골프나 양궁과 같은 종목의 루틴을 만들 때 활용할 수도 있으며 운동 종목마다 특정 동작이나 기술, 준비운동, 정리운동, 스트레칭에 접목하여 활용할 수도 있다.

기타 멘탈트레이닝 기법

∴ 휘-익 기법

운동수행에 방해가 되는 좋지 않는 습관이나 행동반응을 없애고자 할 때 효과적인 기법이다. 대상에 대한 내부표상체계나 이미지를 바꿈으로써 대상에 대한 감각과 정서를 바꾸는 것이다.

기법의 실행

- 먼저 현재 경험하고 있는 문제상황이나 고치고 싶은 나쁜 습관을 떠올린다. 이것이 현재 상황 'A'가 된다.
- 다음은 모델링하고 싶은 대상이나 긍정적인 느낌을 주는 상황에 대해 오감적으로 생생하게 묘사한다.
  이것이 모델링 상황 'B'가 된다.
- 눈을 감고 깊게 심호흡을 하며 편안한 이완상태를 유지한다.
- 현재 상황 'A'를 생각하고 오감적 차원에서 상상하며 그 속으로 들어가서 연합한다.
- 모델링 상황 'B'를 생각하고 오감적 차원에서 상상하며 그 속으로 들어가서 연합한다.
- 현재 상황 'A'를 떠올리고 큰 칼라사진으로 만들어 그 속으로 들어가서 연합한다.
- 모델링 상황 'B'를 떠올리고 아주 작은 흑백사진으로 축소하여 'A' 사진 왼쪽 하단 구석에 삽입한다.
- 휘–익 소리와 함께 두 손바닥을 스치듯이 치는 순간 아주 빠른 속도로 'A'사진과 'B'사진이 바뀌면서 'A'는 흑백의 작은 점으로 줄어들고 'B'는 칼라로 확대되었을 때 그 속으로 들어가서 오감적 차원에서 느끼고 경험한다.

- 5~7회 반복한 후에 처음의 문제상황이나 고치고 싶었던 나쁜 습관을 떠올려보면 바뀐 상태를 확인할 수 있다.

∴ 분리기법

과거의 부정적인 경험과 특정 대상이나 상황에서 느끼는 불안한 정서, 고통, 공포 등에서 벗어날 수 있게 하는 효과적인 기법이다.
충격적인 패배나 반복된 좌절에서 오는 무력감, 경기불안 등에서 자유로울 수 있는 멘탈상태를 유지하는데 도움이 된다. 이 기법은 관점과 포지션을 변화시켜 문제에서 분리되고 원하는 것과 좋아하는 것에 초점을 맞추어 관조할 수 있게 해준다.

분리기법이란 문제상황을 객관화하고 먼 거리에서 바라보듯이 상상함으로써 마치 강 건너 불구경하듯이 편안한 마음상태가 될 수 있게 만든다. 지나친 각성이나 불안 때문에 운동수행에 방해를 받는 선수의 경우 분리기법으로 긍정적인 효과를 볼 수 있다.

분리기법은 거리 분리기법과 공중 분리기법이 있으며 어느 것을 선택해도 관계가 없지만 고소공포증이 있는 선수의 경우 공중 분리기법보다 거리 분리기법을 활용하는 것이 좋다.

기법의 실행

- 조용하고 편안한 장소에서 의자나 바닥에 앉는다.

- 눈을 감고 깊게 심호흡을 하며 이완상태를 유지한다.
- 자신이 좋아하는 꽃과 음악, 사람, 장소, 성공경험 등을 정한다. 그것만 생각하면 마음이 편안하고 자신감과 활력, 설레임이 생기는 자극이 될 수 있는 것이 좋다.
- 현재의 부정적인 정서상태에 연합하여 경험하고 구체적이며 오감적으로 고통을 느껴야 한다. 입고 있는 옷, 현재의 행동, 주변 사람, 다른 사람의 태도, 들리는 말, 주변 상황에서 느끼는 나쁜 기분, 패배감, 무력감 등을 생생하게 떠올린다.
- 앉아있는 자신의 모습을 그대로 고정시켜두고 빠져나와 천장 높이로 올라가서 부정적 정서 때문에 고통스러워하는 자신의 모습을 내려다본다. 자신의 모습과 표정, 소리, 주변 사람들의 모습이나 표정 등을 관찰해본다.
- 100m 높이의 상공에서 자신의 모습을 내려다본다.
  작고 희미해지는 모습과 멀어지는 느낌을 가진다.
- 비행기 높이로 올라가서 자신의 모습을 내려다본다.
  크기와 밝기, 자신의 모습, 주변 사람들이 보이거나 소리가 들리는지 느낌이 있는지를 확인해본다.
- 대기권을 벗어나서 우주로 이동하여 지구 밖에서 지구를 바라본다. 지구의 모습이 어떠한지 지구가 움직이는지를 살펴본다.
  지구 밖에서 자신의 모습이 보이는지 상상해본다.
  희미해졌거나 보이지 않게 되고 완전히 분리된다.
- 저 멀리 우주로 더 날아가서 수많은 아름다운 별들이 반짝이고

자신이 좋아하는 꽃과 향기, 좋아하는 음악소리가 들리고 좋아하는 사람과의 만남 등 긍정적인 상태를 이끌어내는 자원에 연합한다. 잠시 동안 그 느낌에 몰입한다. 이때 원하는 상태의 과거회상이나 심상을 할 수도 있다.

■ 처음의 위치로 내려가서 상태를 점검하고 변화된 마음상태를 확인한다. 여러 번 반복하면 변화된 상태를 확인할 수 있다.

∴ 관점 전환법

어떤 현상과 상황을 어떤 포지션에서 어떠한 관점을 가지고 보는가에 따라 느낌과 이해가 전혀 다르게 경험될 수 있다. 시합상황에 대해 선수들은 다양한 견해와 관점으로 경험하게 된다. 선수의 관점을 바꿈으로써 감정이나 행동을 변화시킬 수 있다.

시합에 져서 우울하고 무력한 부정적인 감정을 가진 선수가 시합 패배에 대한 관점을 긍정적으로 바꾸게 되면 현재의 패배가 미래의 더 큰 성공을 위한 훈련을 열심히 하게 만드는 동기가 된다. 더 많은 훈련을 통해 우수한 선수로 바뀔 수 있는 좋은 계기라고 생각하는 순간 편안한 마음으로 집중해서 운동을 더 열심히 할 수 있게 되는 것이다.

이처럼 관점을 긍정적으로 바꿈으로써 자신의 상태뿐 아니라 외부상황과 내용을 긍정적으로 바라본다. 불안에 대한 관점을 바꾸면 활력이나 설레임으로 변하고 지루함에 대해 관점을 바꾸면 편안함과 이완상태로 변하게 되는 것이 관점 전환법의 효과이다.

관점 바꾸기를 리프레이밍이라고 하며 전환이론과 같은 맥락으로 이해할 수 있다. 관점을 전환하는 방법에는 상황과 내용적으로 전환할 수도 있고 포지션적인 측면에서 1차적, 2차적, 3차적 입장으로 전환할 수도 있다.

상황적 관점 전환법

선수의 모든 행동과 결과에는 어떤 가치를 긍정적으로 살릴 수 있는 상황이 있다. 지금 현재 상황에서는 도움이 되지 않지만 다른 상황에서는 도움이 될 수 있다는 관점을 가짐으로써 긍정적 상황을 찾아내는 기법을 상황 리프레이밍이라고 한다.

예를 들어 인간관계에서 너무 '계산적이다'는 비판을 받을 수 있는 선수에게 논리적이고 이성적인 판단이나 결단이 요구되는 중요한 상황에서 대처능력이 탁월하다고 말해주면 다른 상황에서의 긍정적인 능력을 현재상태로 이끌어낼 수가 있다.

'말이 많고 수다스럽다'는 부정적 평가를 받고 있는 선수에게 선수들의 사기진작이나 분위기 조성, 긍정적인 소통, 리더십 등의 능력이 있다고 말해주면 실제로 긍정적인 반응을 하게 된다. 인간관계에서 공격성이 강한 선수가 시합에서는 공격적 플레이로 좋은 성적을 낼 수가 있다는 관점을 가질 수 있다.

상황적 관점 전환법을 선수에게 적용하면 현재 눈에 보이는 선수의 단점이 다른 상황에서는 장점이 될 수 있게 되고 그렇게 될 때 현재 상황에서의 단점을 장점으로 승화시켜 줄 수 있는 코치의 리더십이 발휘될 수 있게 된다.

내용적 관점 전환법

현재의 드러난 상황 이외에 어떤 의미가 있는지 다른 관점에서 바라보고 생각하는 것이다. 즉, 상황은 그대로이지만 내용과 의미를 바꿈으로써 선수의 단점이라고 생각했던 상황과 행동이 장점으로 여겨질 수 있도록 관점을 전환하는 방법이다.

예를 들어 '산만하다'에 대해 내용적 관점 전환법을 적용시키면 '호기심이 많고 실험정신이 강한 선수'라는 관점을 갖게 되며 '계획성이 없다'를 '유연성이 높다'는 것으로 관점을 바꾸게 되면 부정이 긍정으로 바뀌게 된다. '쉽게 화를 잘 낸다'는 것은 '에너지가 강하다'로 관점을 바꿀 수 있다. '결정을 빨리 하지 못하고 우유부단하다'를 '생각이 깊고 융통성이 많다'로 관점을 바꾸는 순간 부정의 자원이 긍정의 자원으로 변화하게 된다. 현재 부정적으로 드러난 선수의 행동이나 상태에 다른 의미나 내용으로 관점을 바꾸면 단점이 오히려 장점으로 바뀐다.

포지션에 따라 다른 관점 전환법

그것이 절대적으로 좋거나 나쁜 것이 아니라 우리가 어떠한 관점을 갖고 바라보는가에 의해 그렇게 보이는 것이다. 현상을 인식하는 관점을 위치적으로 다르게 접근할 수 있다. 즉, 어떤 포지션에서 바라보는가에 따라 전혀 다르게 보이게 되는 것이다.

1차적 관점은 코치의 입장에서 직접 조망하며 주관적으로 연합된 상태이다. 코치 자신이 중심이 되기 때문에 생략, 왜곡, 일반화된 주관적 필터를 갖는다.

2차적 관점은 상황에 관련된 선수의 입장에서 코치가 조망하는 것으로서 선수의 입장을 이해하는데 도움이 된다.

3차적 관점은 분리된 시각을 가지고 전체 상황을 관조하는 것으로 객관적인 관점이며 분리된 상태이다.

연합(긍정적 경험의 강화)	분리(부정적 경험의 약화)
주관화 / 몰입	객관화 / 분산
오감기능의 작용	감정의 중립화
제1차 입장	제3차 입장
직접적 경험과 유사	간접적 경험과 유사
생생한 느낌과 정서	마치 남의 일 같이

코치나 선수의 관점에 따라 상황과 내용이 정반대로 달라질 수 있다. 부정적인 상황이나 감정상태에 대해 자신이 가진 관점을 바꾸는 것만으로도 상황과 내용을 얼마든지 쉽게 바꿀 수 있게 된다.

중요한 것은 코치가 상황과 대상에 대해 가장 최상의 관점을 유연하게 선택할 수 있는 능력을 가지는 것이다.

자신에게 닥친 작은 불행을 해결하는 과정에서 더 큰 위험을 막을 수 있었다면 그것은 불행이 아니라 오히려 삶의 전화위복이 되는 고마운 것으로 바뀌게 된다.

∴ 부정적 정서 제거법

운동수행과정이나 시합을 앞둔 상황에서 부정적인 정서를 느낄 때 선수의 부정적 정서를 제거하기 위해 다양한 기법들을 활용할 수 있다. 평소 즐겨 부르는 노래나 특별히 좋아하는 밝고 경쾌한 음악을 활용하여 부정적 정서를 제거하는 '주제음악기법'이 있다.

주제음악기법은 누구나 쉽고 빠르게 배워 활용할 수 있으며 감정상태의 조절이나 좋은 정서적 일관성을 유지하는데도 도움이 된다.
이 기법을 응용해서 루틴으로 활용을 할 수도 있다.

기법의 실행

- 먼저 좋아하는 음악을 선정한다. 듣기만 해도 신나고 즐거우면서 흥겨운 노래나 음악을 선택한다. 춤을 추고 싶을 정도의 힘 있고 경쾌한 음악이면 더 좋다.
- 선수의 과거경험 중에서 버리고 싶은 부정적 정서나 기억을 정하고 오감적으로 몰입한다.

- 부정적 상황이 진행되는 것을 비행기 높이 위에서 내려다보는 동안에 볼륨을 높여 음악을 크게 듣는다. 볼륨을 높였다 낮추었다 조절하고 음악을 더 빠르게 해본다.
- 음악을 거꾸로 틀어 알아들을 수 없는 상태에서 그 소리를 들어보고 느낌을 가져본다. 처음 들었던 정상적인 속도와 적당한 볼륨으로 음악을 들으며 몰입한다.
- 처음보다 어떻게 좋은 상태로 변화되었는지 점검해본다.

∴ 자기 강화 기법

자신감이 부족한 선수에게 스스로 긍정적 정보와 피드백을 제공하여 자신감을 높일 수 있게 해주는 기법이다. 인간의 뇌는 상상과 현실을 구분하지 못하기 때문에 스스로에게 긍정적인 피드백을 반복하면 그것을 사실로 받아들이고 믿음을 가지게 된다.
그리고 긍정과 관련된 분명한 믿음이 스스로를 통제하게 되면서 자신감이 높아지게 되는 멘탈강화기법이다.

기법의 실행

- 오른손을 펴서 긍정적 장면을 오른손에 올려놓고 주먹을 꼭 쥔다. 예를 들어 시합에서 승리했을 때나 기분 좋았던 일, 인정받았던 기억, 활력 있는 상태 등을 떠올리며 주먹을 쥔다.

- 주먹을 쥔 오른손을 편다. 그 다음 손에 들어있는 긍정적인 내용물의 이미지와 크기, 색깔을 보며 소리와 감촉도 느껴본다.
  전체적인 느낌이 어떠한지를 느낀다.
- 왼손을 펴서 자신감이 부족하고 무력감, 열등감, 게으름, 산만함, 남의 눈치 보기 등의 고치고 싶은 부정적인 부분을 한 가지씩 손에 올려놓고 주먹을 꼭 쥔다.
- 주먹을 쥔 왼손을 편다. 그 다음 손에 들어있는 부정적인 내용물의 이미지와 크기, 색깔을 보며 소리와 감촉을 느낀다.
  전체적인 느낌이 어떠한지를 느껴본다.
- 마음속으로 하나, 둘, 셋 할 때 그릇의 물을 따르듯이 오른손의 긍정적 내용물을 왼손으로 따른다. 그래서 오른손에서 흘러내린 긍정의 내용물과 왼손에 있던 부정적 내용물이 섞이게 되면서 서로 같은 색과 모양, 소리, 느낌이 되도록 하여 전체적인 느낌이 어떠한지 확인한다.
- 오른손의 긍정적인 내용물을 다시 떠올린다. 그것을 오른손 주먹을 꽉 쥔 상태에서 연합하여 주먹 쥐기 앵커링을 한다.
- 반복하여 훈련하면 부정적인 부분이 사라지고 언제든지 원하는 긍정적인 상태를 느낄 수 있게 된다.

∴ 성공의 원

뇌는 실제 경험한 것과 상상을 반복한 것의 차이를 인식하지 못하기 때문에 선수 자신의 긍정적인 성취경험을 성공의 원과 연합시켜 자신감과 활력을 얻을 수 있는 훈련방법이다.

성공의 원은 선수의 긍정적인 상태를 이끌어내고 잠재의식적 차원에서 자신감과 활력상태를 유지하는데 도움을 주는 기법으로 선수의 멘탈트레이닝 효과를 극대화시켜준다.

선수가 자신의 자원을 발견하고 증폭시킬 수 있는 내적프로그램을 만드는 작업이다. 먼저 선수의 과거 성취경험 세 가지를 정한다.
구체적이고 생생하게 이미지나 소리, 냄새, 촉감 등을 연합하고 좋아하는 색상과 도형, 꽃, 향기 등을 정한다.

기법의 실행

- 바닥에 지름이 1m 정도 되는 적당한 크기의 동그라미를 상상 속에서 만들어 성공의 원이라고 이름을 붙인다.
  원 안에 좋아하는 색을 칠하고 그 색깔을 느껴본다.
- 원 안에서 과거의 성취경험을 한 가지씩 생각하고 그때의 상황에 연합한다. 이때 원 안에서 꽃이 아름답고 화려하게 피는 장면을 생생하게 상상하며 꽃의 향기를 맡아본다.
  그리고 두 주먹을 불끈 쥔다.
- 상태가 희미해지기 시작할 때 원에서 벗어나도록 한다.
  그리고 원 밖에서 기분이 어떤지를 느껴보고 원 안을 마음의 눈으로 들여다보며 원 안과 원 밖의 정서가 어떻게 다르게 느껴지는지 비교해본다.

- 다시 원 안으로 들어가서 그와 같은 방법으로 다른 과거 성취경험을 첨가하고 연합한다.
- 위의 과정을 반복하면서 세 가지 상태들을 총합한 후에 다시 원 안으로 들어가서 테스트해보면 변화된 자신을 만나게 된다.

∴ 나쁜 습관 없애기

인간의 뇌는 본능적으로 쾌락을 추구하고 고통을 회피하는 프로그램이 세팅되어 있다. 바람직한 긍정적인 습관은 즐거움의 대상과 연결시키고 나쁜 습관은 고통을 주는 대상과 연결한다. 평소에 좋아하고 즐기지만 운동수행에 방해가 되는 나쁜 습관이나 욕구를 없애기 위해 효과적이며 중독적인 습관에서 자유로울 수 있는 기법이다.
자신이 좋아하는 것과 혐오하는 것을 연합시켜 좋아하는 마음이 약해지거나 사라지게 만든다.

먼저 제거하기를 원하는 중독적인 습관이나 욕구를 정한다.
예를 들면 TV 오래 보기, 핸드폰 보기, 커피, 술, 담배, 게임, 도박, 특정한 음식, 나태함 등의 목표행동을 정하는 것이다. 마음을 집중하여 오감적으로 목표행동을 시각화시켜야 한다. 그 다음 자신이 싫어하는 혐오대상물을 정한다. 예를 들어 바퀴벌레, 지렁이, 뱀, 구토물, 가래, 부패한 음식, 가난, 무시, 질병 등을 생생하게 시각화시킨다.

선수의 나쁜 습관에 혐오대상물을 연합시키면 부정적 정서에서 벗어나기 위해 나쁜 습관을 고치게 된다. 나쁜 습관에 고통을 연결시키면 잠재의식 차원에서 나쁜 습관을 회피하게 되는 것이다.

기법의 실행

- 심호흡을 크게 하고 몸을 이완시키며 정신집중을 한다.
- 두 손바닥을 위로 보게 펴서 앞 무릎 위에 가볍게 둔다.
- 시각화한 목표물을 왼손바닥 위에 올려놓는다.
  그리고 손 위에 있는 바꾸고 싶은 목표물을 오감적 차원으로 느끼면서 더 강렬한 느낌을 연합한다.
- 자신의 이름과 주민등록번호를 외운다.
- 오른손바닥에는 혐오 대상물을 올려놓는다.
- 오감적 차원에서 더 강하게 집중하고 '하나'에서 '다섯'까지 세는 동안에 혐오감이 점점 더 강해지는 것을 느끼도록 한다.
- 자신의 이름과 주민등록번호를 다시 외운다.
- 다시 왼손 위에 집중하고 느낌을 가지며 연합한다.
- 오늘이 무슨 요일인지 생각해본다.
- 다시 오른손 위에 집중하고 느낌을 가지며 연합한다.
- 오늘이 무슨 요일인지 생각해본다.
- '하나', '둘', '셋'을 센다. 마지막 '셋'할 때 손뼉을 치고 두 손을 맞잡는다. 그리고 두 손을 함께 비빔으로써 왼손의 목표물과 오른손의 혐오 대상물이 뒤범벅이 되고 짬뽕이 되게 하여 그 뒤범벅된

내용물을 오감적으로 충분히 몰입해서 느낄 수 있도록 한다.
더럽고 매스꺼워 구역질이 날 정도로 느끼게 한다.
그래서 이제는 욕구나 습관을 생각만해도 구역질이 나고 싫어하게 되도록 몰입상태로 경험하며 연합한다.

- 손을 털게 한다. 그리고 마음속으로 두 손을 비눗물로 깨끗이 씻도록 한다. 손을 깨끗이 씻으면서 물로 헹구는 소리를 마음의 귀로 듣도록 한다.
- 손을 비눗물로 깨끗이 씻은 후 마른 수건으로 닦는다.
- 이제 욕구를 느끼기 이전의 시간으로 돌아가 보도록 한다.
- 이제 그 자유감을 경험하도록 한다.

  그리고 자신의 가슴을 스스로 안아주도록 한다.
  이러한 가슴 안기는 마음의 자산이다. 언제든지 그 자유감, 해방감을 느끼고 싶을 때는 시도할 수 있다.
  자유감을 느낀다면 이미 변화가 일어난 것이다.
- 자유감이 색깔로 경험되도록 한다.
- 손을 풀고 욕구가 어느 정도 남아있는지 느껴본다.

  다시 처음과 같이 욕구를 왼손에 오게 하고 그것을 상상하게 한다. 그리고 앞의 과정을 한 번 더 반복할 수도 있다.
- 욕구나 습관이 완전히 붕괴된 것을 확인하고 종료한다.

부록

멘탈용어해설

ㄱ

가치(value)

명예, 부, 사랑, 건강, 행복과 같이 자신이 중요하게 생각하거나 행동하는 것이다.

감각양식(sensory mode)

외부의 정보나 자극을 받아들이고 경험하는 시각, 청각, 촉각, 후각, 미각의 다섯 가지 감각통로를 말한다.

감각적 민감성(sensory acuity)

오감을 통한 감각정보를 보다 세밀하고 디테일하게 구분하여 유용하게 해석하는 과정이다.

거울신경(mirror neuron)

다른 사람의 특정 움직임을 관찰할 때 활동하는 신경세포이다.
이 신경세포는 다른 사람의 행동을 거울처럼 반영한다고 표현한다.

기억(memory)

과거의 학습과 경험을 신경망에 저장하고 재현하는 것이다.

결단(decision)

결정적인 판단을 하거나 단정을 내리는 것이다.

모든 변화의 시작은 결단이다. 좀 더 빨리 결단해야 한다.

기저선 상태(baseline stae)
평상시에 익숙하고 편안한 습관적인 마음상태이며 개인의 유전과 학습, 경험에 의해 형성된다.

계측(calibration)
상대의 비언어적 신호나 단서를 디테일하게 관찰하고 그 관찰을 바탕으로 상대의 심리상태를 알아맞히는 것을 말한다.

과정(process)
코칭은 결과도 중요하지만 과정을 더 중요하게 여긴다.
과정은 코칭이 어떻게 이루어지는지를 의미하며 최종적인 성취결과를 가져다주는 실행이나 활동, 단계를 말한다.

관점 바꾸기(reframing)
특정 기억이나 사실을 여러 관점에서 바라보고 다른 의미를 부여하게 되면 자신의 상태가 바뀌는 기법이다.

긍정적 의도(positive intention)
신념이나 행동 이면에 가려져 있는 긍정적인 마음 또는 목적을 말한다.

ㄴ

내면집중상태(downtime)

내면의 생각과 느낌의 방향으로 주의가 모아진 트랜스 상태를 말한다.

내부표상(internal representation)

세상모형과 같은 개념으로 현실을 지각하고 경험하는 주관적 세계를 말한다. 자신의 과거경험과 가치, 신념, 교육, 종교, 정서, 기억, 문화 등에 따라서 동일한 현실적 상황에서도 서로 다르게 지각하고 이해하여 내면적 경험을 다르게 하는 것이다.

능력(ability)

어떤 일을 수행하기 위한 성공전략으로서 과제를 성공적으로 수행할 수 있는 기술이다.

ㄷ

닻(anchor)

특정한 기억과 반응을 일관성 있게 재창조해내는 모든 형태의 자극을 말한다.

ㄹ

라포(rapport)

모든 관계의 시작이며 신뢰관계, 협응관계, 촉진관계를 말한다.

리딩(reading)
라포를 유지하며 특정 방향으로 상대를 유도하는 것을 말한다.

ㅁ

마음(mind)
뇌가 만들어낸 산물이며 천억 개가 넘는 뉴런이 전기적 신호를 주고받으며 형성된 신경회로에서 만들어진다.

매칭(matching)
자세, 몸짓, 손짓, 표상체계, 목소리 톤, 리듬, 언어사용법, 이야기 내용, 표정, 호흡 등을 상대와 맞추는 것을 말한다.

메타모형(meta model)
언어를 경험과 연결시키는 일련의 언어양식과 질문을 총칭한다.
커뮤니케이션과정에서 생략, 왜곡, 일반화된 정보를 구체적이고 세밀하게 복원하는 언어표현 방법이다.

메타프로그램(meta program)
인간이 지닌 생각과 행동을 결정짓는 상위 프로그램을 말한다.

맞추기(pacing)
상대를 이끌기 위해서 라포를 형성하는 과정이다.

모방하기(modeling)
성공한 사람의 핵심기술을 추려내어 그대로 따라하여 그와 같은 성과를 이루는 과정이다.

목표(goal)
활동을 통하여 성취하거나 도달하려는 실제적 대상이다.

미래가보기(future pacing)
불확실한 미래를 상상하여 체험함으로써 뇌에 미래기억을 남기고 현재에 영향을 미친다.

무의식(unconsciousness)
의식상태에서 접근할 수 없는 잠재된 의식이다.

밀턴모형(milton model)
추상적이고 모호한 표현으로 상대를 트랜스 상태로 유도하는 최면적 언어패턴이다.

ㅂ

비일상적 실재(non-consensus reality)
눈으로 확인할 수 없고 만질 수 없지만 존재하고 있는 가상적인 거대한 실재이다. 도덕, 사명, 영감, 신념, 가치관, 준거, 나무의 뿌리, 자신감 등은 비일상적 실재이지만 일상적 실재와 연결을 통해 삶의 중심이 된다.

분리(dissociation)
기억을 재생할 때 방관자로서 외부에서 바라보는 상태를 말한다.
실제 그 장소에 있을 때의 감각을 느끼기 어려워지며 자신을 비추는 영상을 바라보는 느낌이 든다.

ㅅ

삼차적 입장(third position)
상황과 분리상태에서 관찰자의 관점으로 세상을 인식하고 경험하는 것을 말한다.

상태파괴(break state)
특정한 감정과 정서상태에서 벗어나는 것을 말한다.

상태(states)
사고, 느낌, 감정, 신체적, 정신적 에너지의 총체를 말하며 상태에 따라 경험이 달라진다.

생태(ecological)
상호관계와 상호의존성을 말하며 하나의 모든 생명체는 서로 간에 유기적인 관계를 맺고 있어 영향을 미친다는 것을 전제로 하고 있다.

생략(deletion)

경험을 표현하거나 입력할 때 정보의 일부만이 전달되는 과정이다.

선호표상체계(preferred representational system)

내적으로 사고하고 자신의 경험을 조직화하기 위하여 시각, 청각, 신체감각 중에서 대체적으로 많이 사용하는 표상체계이다.

선수(player)

사전적 의미는 많은 사람들 중에서 대표로 뽑혀 운동경기에 나가는 사람을 뜻한다. 스포츠멘탈코칭에서는 코칭과정에서 코치로부터 기술과 훈련을 받아 경기에 나서는 대상이라고 볼 수 있다.

세상모형(model of the world)

내부표상과 같은 개념으로 현실을 지각하고 경험하는 주관적인 세계를 말한다.

성과(outcome)

목표보다 더 구체적인 개념으로 목표를 달성한 후 무엇을 보고 듣고 느끼게 될지에 초점을 맞춘다.

성장(growth)

스포츠멘탈코칭은 선수의 성장을 지원하며 코칭에서 합의된 목표의 성취를 경험하는 선수들은 자신의 변화와 성장을 스스로 확인한다.

심층구조(deep structure)
내면의 경험을 말하며 생략, 왜곡, 일반화가 되기 전의 마음상태이다.

신경가소성(neuroplasticity)
새로운 정보의 입력이 뉴런의 연결을 바꾸는 것을 말하며 사람이 변화하는 것은 신경가소성이 있기 때문이다.

신경망(neural network)
뉴런과 시냅스가 연결된 형태의 그물망을 구성하여 뉴런간의 신호전달 역할을 한다.

신경언어프로그래밍(neuro linguistic programming)
우수성과 탁월성에 대한 연구로서 언어와 관련된 두뇌사용설명서이다.

신념(belief)
자신과 타인, 세상에 대해 변하지 않는 믿음으로 일반화의 개념이다.

신체언어(body language)
신체적 움직임을 통해 커뮤니케이션을 하는 것이다. 자세, 눈빛, 표정, 몸짓 등을 말한다.

ㅇ

연합상태(associated state)

직접적 경험으로서 마음의 눈으로 보고 모든 감각을 동원해서 경험하는 것으로 일차적 입장이다.

왜곡(distortion)

편향된 시각으로 정보를 사실과 다르게 파악하는 것을 말한다. 자신의 주관적인 경험에 의해 정보를 처리하기 때문에 생기는 현상이다.

의미기억(semantic memory)

특정 시점이나 맥락과 연합되어 있지 않은 대상간의 관계 또는 단어 의미들간의 관계에 관한 지식을 말한다. 기억유형 중 일반적인 지식형태로 저장되어 있는 기억이다.

의식(consciousness)

깨어있는 상태에서 자신과 타인, 환경을 지각할 수 있는 상태를 말한다.

이끌어내기(elicitation)

행동을 통해서 특정한 상태를 유도하거나 끄집어내는 것을 말한다.

이차적 입장(second position)

상대의 입장과 관점에서 이해하고 바라보는 입장이다.

일관성(congruence)

자신과의 라포가 이루어진 상태로서 신념, 가치관, 기술, 행동의 일관성을 말한다.

일반화(generalization)

하나의 경험이 다른 모든 경험을 대표하게 되는 과정을 말한다.

일상적 실재(consensus reality)

신체, 물질, 나무의 줄기와 가지, 돈, 직장 등과 같이 현실적이고 물질적이며 눈으로 확인이 가능한 드러나 있는 실재이다.

일차적 입장(first position)

자신의 입장에서 상대와 세상을 지각하는 것을 말한다. 자신의 내면적 실재와 접근하고 있는 상태이다.

일치시키기(matching)

상대의 신념이나 행동에 대한 수용과 맞추어 주는 기법이다.

일화기억(episodic memory)

개인의 경험 즉, 자전적 사건에 대한 기억으로 사건이 일어난 시간, 장소, 상황 등의 맥락을 함께 포함한다.

ㅈ

자원(resources)

성취와 긍정적 상태를 만드는데 도움이 되는 자신과 상대, 환경이 갖고 있는 모든 것이 자원이다.

잠재의식(subconsciousness)

의식이 접근할 수 없거나 부분적으로 의식되지 않는 정신영역이다.

전략(strategy)

결과를 달성하기 위해 실행하는 정신적, 행동적 일련의 단계이며 바람직한 성과를 내기 위한 과정이다.

전제조건(presuppositions)

사실과 진실에 관계없이 그것을 사실과 진실로 믿고 그대로 행동하게 되면 변화와 성과를 낼 수 있다는 전제된 생각이나 신념을 말한다.

준거(criterion)

어떤 판단의 틀이나 기준이 되며 특정한 맥락에서 중요하게 생각하는 것을 말한다.

정체성(identity)

스스로 자기 자신을 어떻게 생각하는지 자아상을 말한다.

ㅌ

트랜스(trance)

일시적으로 자신의 내부에 확고하고 일정한 주의를 집중함으로써 일어나는 변형된 의식 상태로서 몽환상태라고도 한다.

트레이닝(training)

트레이닝은 코치나 트레이너가 중심이 되어 선수에게 특별한 지식과 기술을 전수하는 것이다.

ㅋ

코치(coach)

스포츠에서 선수에게 기술 등을 훈련시키고 지도하는 사람이다.

코칭(coaching)

현재의 상태에서 원하는 목표상태로 가는데 필요한 잠재된 내적자원을 발견하여 성공을 위한 긍정적인 변화와 성장을 지원해주는 코치의 총체적인 행위이다.

ㅍ

표상체계(representational System)

오감적 감각양식을 사용하여 내면에서 정보나 경험, 기억을 드러내는 여러 가지 통로를 말한다.

표층구조(surface structure)

심층구조의 반대 개념으로 밖으로 드러난 표현이다. 생략, 왜곡, 일반화 된 상태이다.

ㅎ

하위양식(submodalities)

사고나 감정, 믿음의 가장 작은 기본단위이다. 표상체계 내에서 더 구체적이고 섬세하게 구분된다.

헵의 원리(hebb's Rule)

함께 활성화된 뉴런은 연결이 강화되고 사용하지 않는 회로는 쇠퇴한다.

현실지도(map of reality)

현실을 지각하는 주관적인 세계로서 세상모형과도 같은 개념이다.

스포츠에 날개를 달다

초판 1쇄 발행 2018년 3월 2일

지 은 이 박영곤
총괄디자인 맑은샘
편집디자인 차지연
본 문 편 집 강윤정
펴낸곳주소 도서출판벗
주 소 부산광역시 해운대구 센텀중앙로(스카이비즈 707호)
전 화 051) 784-8497
팩 스 051) 783-9996
이 메 일 inlp1305@hanmail.net
등 록 2018년 2월 8일
I S B N 979-11-955753-6-7
정 가 18,000원